Marco Frenschkowski
Die Geheimbünde

Marco Frenschkowski

Die Geheimbünde

Eine kulturgeschichtliche Analyse

marixverlag

Bibliografische Information der Deutschen Nationalbibliothek
Die Deutsche Nationalbibliothek verzeichnet diese Publikation in der
Deutschen Nationalbibliografie; detaillierte bibliografische Daten sind
im Internet über http://dnb.d-nb.de abrufbar.

4. Auflage 2010

Copyright © by marixverlag GmbH, Wiesbaden 2007
Covergestaltung: Thomas Jarzina, Köln
Bildnachweis: akg-images, Berlin
Lektorat: Kerstin Groß, Mainz
Satz und Bearbeitung: Medienservice Feiß, Burgwitz
Gesamtherstellung: CPI books GmbH, Ulm
Printed in Germany

ISBN: 978-3-86539-926-7

www.marixverlag.de
www.marixwissen.de

INHALT

*„Schon das bloße Wort ‚Geheimhaltung' ist in einer freien und offenen
Gesellschaft abstoßend. Wir sind als Nation von unserem Erbe her und
historisch Gegner geheimer Gesellschaften, geheimer Eide und geheimer
Unternehmungen."*

Präsident John F. Kennedy,
27. April 1961

*„Was verborgenes Wissen betrifft, so sind die wahren Geheimnisse des
Universums jene, die durch die Wissenschaft aufgehellt und entdeckt
werden. Alles Wissen, das die Menschheit über die Welt erworben
hat, stammt aus Studium, Experiment, Gelehrsamkeit, Nachmessen
und Logik. „Göttliche Rituale" haben uns weder Einblicke in die
Quantenmenchanik noch Heilmethoden für Krebs oder eine Kenntnis
der Struktur der DNS gebracht."*

Nick Harding,
Secret Societies. Edison, NJ 2005, 144.

*„Ein junger Narr wie Freirs würde es wahrscheinlich nicht glauben
wollen. Wie der Rest seiner verfluchten Gattung würde er solche
Kunde in alten ledergebundenen Bänden in gotischer Schrift und
ominös sinistren Buchtiteln erwarten. Er würde in mysteriösen alten
Truhen und Kellergewölben Ausschau halten, in den „Giftschrank"-
Sektionen der Bibliotheken, in kunstvoll verzierten Kisten mit geheimen
Schlössern. Dabei gibt es gar keine wirklichen Geheimnisse, wie der
Alte wohl weiß. Es wäre letztlich zu schwierig, sie zu verbergen. Die
Schlüssel zu den Riten, welche die Welt transformieren werden, sind
weder verborgen noch selten oder teuer. Sie sind jedem zugänglich. Man
kann sie in den Paperbackregalen oder in billigen Ramschantiquariaten
finden. Man muss nur wissen, wo man suchen muss – und wie sich
die Teile zusammenfügen lassen."*

T. E. D. Klein,
The Ceremonies. New York 1984, 297f.

VORWORT

Geheimbünde, Gesellschaften und Gruppen mit Elementen der Geheimhaltung sind ein Thema der tatsächlichen äußeren Geschichte. Vor allem aber sind sie ein Thema der Imagination: Sie beschäftigen unsere Fantasie, sie verbinden sich mit Faszination, Hoffnung und Angst. Die vorliegende kulturgeschichtlich orientierte Übersicht kann und will die Facetten des Themas nur exemplarisch behandeln. Dabei sollten nicht so sehr möglichst viele Gruppen, sondern möglichst viele kulturelle Aspekte des Themas anhand konkreter Beispiele zur Sprache kommen. Der Fragehorizont ist also durchgehend kulturgeschichtlicher Art. Welchen Platz, welchen sozialen und imaginativen Stellenwert in den jeweiligen Gesellschaften und Kulturen nehmen reale oder fiktionale Gruppen ein, die Geheimhaltung praktizieren? Wie interagieren sie mit ihrer kulturellen, sozialen und religiösen Umwelt? Inwiefern werden sie zum Gegenstand gesellschaftlicher Hoffnungen, Utopien, aber auch Befürchtungen und Unterwanderungsängste?

Dieses Buch ist nicht mit den Arbeitsmethoden des investigativen Journalismus entstanden, sondern mit denen der traditionellen historischen Quellenarbeit. Fast alle Informationen entstammen öffentlich zugänglichen Quellen (wobei Bücher entgegen einem sich ausbreitenden Aberglauben nach wie vor wichtiger sind als das Internet). Allerdings ist dies insofern cum grano salis zu nehmen, als nicht wenige der hier verarbeiteten Quellen und Studien nur in wenigen Bibliotheken vorhanden sind (in Deutschland öfters gar nicht). Mein Dank gilt daher einerseits den institutionellen Bibliotheken, die ich benutzen konnte (insbesondere der Library of Congress, Washington, DC, und verschiedenen freimaurerischen Bibliotheken), außerdem privaten Sammlern, die mir manches zugänglich gemacht haben, und last not least auch den Spezialantiquaren, deren in mühevoller Arbeit entstandene Kataloge mich oft erst auf Bücher aufmerksam gemacht haben, die über akademische Bezugssysteme kaum aufzufinden sind (z.B. Todd Pratum, um nur einen von vielen zu nennen). Trotz der unübersehbaren Produktion an populären oder (was nicht identisch ist) sensationalistischen Büchern zum Thema ist die Zahl seriöser, wissenschaftlich verantworteter Monographien durchaus überschaubar. Am besten erforscht ist natürlich die Geschichte des Freimaurertums in seinen zahlreichen Schattierungen, aber auch über eine Reihe anderer Gemeinschaften existieren solide Arbeiten. Gruppen wie die bayerischen Illuminaten sind in den letzten Jahren Objekt ausgedehnter Untersuchungen gewesen. Es ist oft gar nicht so schwierig zu eruieren, was sich tatsächlich über eine Gruppe sagen lässt – viel schwieriger ist oft die Frage, wie und warum bestimmte Vorurteile, Klischees, Verschwörungsideen oder Legenden entstanden sind. Eine Arbeit über Geheimgesellschaften kann sich aber nicht auf das „Tatsächliche" beschränken, sondern muss gesellschaftliche Projektionen und Klischees in die Untersuchung miteinbeziehen. Diese müssen selbst Gegenstand der Forschung sein: Warum treten zu bestimmten Zeiten bestimmte Gruppen in den Mittelpunkt des literarischen oder sonstigen gesellschaftlichen Interesses? Warum z.B. ist die französische Revolution mit einem explosionsartigen Anwachsen der Verschwörungsliteratur mit Blick auf Geheimbünde verbunden gewesen (an dem auch die deutsche Klassik partizipiert)? Solche Fragen sollten hier zumindest exemplarisch zur Sprache kommen.

Ich bin kein Mitglied oder Sympathisant einer der hier vorgestellten Gruppen, sondern arbeite als Religionswissenschaftler über Fragen an den Schnittstellen zwischen Religion und allgemeiner Kulturgeschichte. Mein weiterer Hintergrund als evangelischer Theologe spielt kaum in die Untersuchung hinein, da Wertungen aus dem Blickwinkel evangelischer Theologie nicht ein primäres Anliegen dieser Studie sein sollten (so legitim und notwendig sie am gegebenen Platze sind). Im Gegenteil habe ich mich bemüht, traditionelle kirchliche (und akademische) Berührungsängste möglichst zu vermeiden, und Phänomene und Gruppen ausschließlich nach ihrer kulturellen Bedeutung und der Vielfalt der durch sie sichtbar zu machenden Aspekte des Themas auszuwählen. Ich habe in vielen Gesprächen mit

Menschen unterschiedlichster Anbindung gelernt, dass ein Zurückstellen des Wertens und Urteilens oft erst die Türen zu den interessanteren Informationen öffnet. Allerdings ist dieses Buch in erster Linie nicht aus Interviews erwachsen, obwohl ich im Laufe der Jahre viele Gespräche mit Mitgliedern einer ganzen Zahl hier vorgestellter Gruppen führen konnte, so in den USA, Kanada, Indien, Korea, Großbritannien, Frankreich und anderen Ländern, weniger aber in Deutschland. Doch habe ich gelegentlich auf neuere und neueste Arbeiten von Kolleginnen und Kollegen aus dem Bereich des investigativen Journalismus hingewiesen, wenn mir dies förderlich erschien. Dabei bin ich der Hoffnung, neben einer allgemeinen Übersicht auch Informationen zu bieten, die auch solchen Leserinnen und Lesern weniger vertraut oder gänzlich unbekannt sind, die schon manches der zahllosen Bücher zum Thema gelesen haben. Über die bekannteste aller Geheimgesellschaften, die Freimaurer, handle ich nur ganz kurz, da es über sie zahlreiche exzellente knappe und auch ausführliche Darstellungen gibt. Überhaupt habe ich auf die Wiedergabe von manchem verzichtet, was sehr gut bekannt ist, um eine Reihe weniger bekannter, aber kulturgeschichtlich m.E. ebenfalls wichtiger Erscheinungen vorzustellen.

Mein Schwerpunkt liegt also auch nicht auf dem „Neuen" und „Sensationellen", sondern auf kulturgeschichtlichen Fakten und ihrer Relevanz und Aussagekraft für größere kulturelle und religionsgeschichtliche Zusammenhänge. Die Unterscheidung von historisch verifizierbaren Fakten, plausiblen Erwägungen und Spekulationen ist natürlich schlechterdings fundamental. Jedoch sind Spekulationen und Projektionen selbst kulturelle Tatsachen, wenn sie eine gewisse Ausbreitung erfahren, wie wir gerade aus unserem Thema nachhaltig lernen können. Auch der einsame Verschwörungstheoretiker, der seine Gedanken allenfalls auf einer Internetseite verbreitet, ist ein Teil unserer Kultur – und seine Zuhörer sind oft eine weit größere Gruppe, als man auf den ersten Blick vermuten würde. Daher sind Gegenstand dieses Buches auch allerlei Theorien, die nicht durch allgemein zugängliche Fakten abgestützt werden – die

Theorien, Ideen, Gerüchte und Hypothesen sind hier eben selbst kulturelle „Fakten", die als solche Beachtung verdienen. Aus dem gleichen Grund treten in diesem Buch auch nicht wenige Themen in den Blick, um welche die Geisteswissenschaften herkömmlicherweise einen weiten Bogen zu machen pflegten. Dies kann sich eine empirische (nicht normative) Kulturwissenschaft jedoch nicht leisten. Kulturelle Phänomene sind nach quantitativen und qualitativen Kriterien zu beschreiben, auch wenn die sie tragenden Überzeugungen auf den Forscher nicht „seriös" wirken. Leitende Überzeugungen müssen sogar sehr bewusst und programmatisch hintangestellt werden, um die betreffenden Überzeugungswelten in ihrer kulturellen Relevanz auch nur wirklich wahrnehmen zu können.

Es geht hier also oft nicht so sehr um „wahr" oder „falsch". Was Menschen glauben und praktizieren – und die betreffenden Menschen selbst – sind Gegenstand kulturwissenschaftlicher Arbeit, nicht die letztliche Wahrheit ihrer Überzeugungen. Wenn z.B. weltweit wahrscheinlich mehrere Millionen Menschen behaupten, von „Außerirdischen" entführt und zum Gegenstand von Experimenten gemacht worden zu sein, ist das z.B. selbst ein erstaunliches kulturelles Faktum, das Analyse verdient – auch ganz unabhängig von der (natürlich legitimen und notwendigen) Frage, ob diesen Berichten irgendeine Art transsubjektiver Wahrheit zukommt. Der Glaube selbst, die Überzeugungswelten sind kulturelle Tatsachen von erheblicher Tragweite und Aussagekraft. Überzeugungen spannen einen imaginativen Kosmos auf, der zu unserem Lebensraum gehört. Ähnliches gilt für Spekulationen über Geheimgesellschaften, Verschwörungstheorien, aber auch utopische Bilder von idealen geheimen Orden. Sie selbst sind kulturgeschichtliche Fakten, aus denen etwas zu lernen ist über unsere Gesellschaft, ihre Geschichte und über den Menschen selbst als kulturelles Wesen, das nicht nur in der „realen" Welt lebt, sondern immer auch in einer imaginierten Welt, welche das Vorfindliche deutet und interpretiert. Damit ist der Fragehorizont des vorliegenden Buches beschrieben. Wir beschreiben unser Thema systemisch

– auch wenn dieser Gesichtspunkt hier jeweils nur sehr knapp skizziert werden kann.

Fragen über z.b. die „Wirklichkeit" von Verschwörungen sollen nicht grundsätzlich desavouiert werden. (An die skandalöse Geschichte der Loge Propaganda Due, welche vor wenigen Jahren das politische System Italiens ins Chaos stürzte, muss nicht erst erinnert werden.) Sie sind aber nicht in erster Linie Gegenstand eines kulturwissenschaftlichen Buches. Dies ist kein Enthüllungsbuch. Wer gruseliges Entertainment (oder „Infotainment") über angeblich die Weltherrschaft anstrebende Geheimgruppen sucht, wird auf den folgenden Seiten nicht fündig werden. Wer aber wissen möchte, warum und in welchen kulturellen Kontexten solche Ängste in besonderer Weise virulent werden, wie sie in Literatur und Film umgesetzt werden, und wann sie offenbar eine besonders große Zahl von Menschen ansprechen, wird in den folgenden Kapiteln eine Reihe interessanter Fakten finden. Und natürlich sind die realen Geheimbünde, Mysterienkulte und Orden mit Arkandisziplin mit ihrem kulturwissenschaftlich sichtbaren Einfluss auch an und für sich interessant, nicht nur als Gegenstand gesellschaftlicher Projektionen. Ausschließlich politisch motivierte Geheimgesellschaften, die keine religiösen oder sonst außerpolitischen Absichten in ihrer Programmatik aufweisen und deren Geheimhaltung nur auf widrigen äußeren Umständen beruht, sind dagegen nicht Gegenstand dieses Buches. Manche andere Gruppe hätte mit gleichem Recht besprochen werden können: Die Auswahl ist exemplarisch und in gewissem Maße auch willkürlich. Das ist freilich bei einem Buch deutlich begrenzten Inhaltes nicht zu vermeiden.

Da dies nur eine kurze, auf Lesbarkeit angelegte Studie sein kann, die in das Thema einführen soll, muss auf eine ausführliche Dokumentation verzichtet werden. Doch wird in jedem Einzelfall der Grundsatz verfolgt, so weit es irgend möglich ist, aus den Quellen selbst zu schöpfen, sofern diese zugänglich sind, und diese auch zu benennen. Daher enthält jedes Kapitel Literaturangaben, bei denen der Schwerpunkt auf seriösen Arbeiten und Quellen liegt, und die eine sinnvolle Weiterarbeit ermöglichen sollten. Ich habe lange überlegt, ob ich eine grundsätzliche Trennung zwischen „seriösen" und „unseriösen" Büchern in irgendeiner Form durchführen soll, mich dann aber gegen eine solche Simplifikation entschieden. Die Frage, was eine Darstellung „unseriös" (nicht einfach: falsch!) macht, habe ich an anderer Stelle versucht, einer Klärung näherzuführen (Marco Frenschkowski, Literaturführer Theologie und Religionswissenschaft. Paderborn 2004, 363-378). In den allgemeineren Literaturangaben habe ich mich meist auf deutsch- und englischsprachige Bücher beschränkt und gelegentlich angegeben, aus welchen Darstellungen ich meine, am meisten zur Sache gelernt zu haben. Eine ausführlichere Dokumentation ist an dieser Stelle nicht möglich. Eine kommentierte Bibliographie zum Thema (wie es sie für Ausschnitte wie die Freimaurergeschichte bereits in verschiedenen Formen gibt) wäre ein Desiderat. Ich schließe mit einer Widmung: This little book is dedicated to the memory of James Webb (1946-1980) – who would have been the century's greatest scholar of rejected knowledge – had he but lived.

Für die zweite Auflage wurde der Text durchgesehen. Herrn Christof Drobny danke ich sehr herzlich für den freundlichen Hinweis auf einige Versehen und Druckfehler.

Marco Frenschkowski   Hofheim (Ts.), im März 2008

1. Geheimbünde und geheime Gesellschaften: eine Typologie

Eine kulturphänomenologische Typologie

Es empfiehlt sich, mit einer kleinen Typologie zu beginnen, die möglichst wenige theoretische oder heuristische Vorgaben impliziert, sondern sich an sehr schlichten äußerlichen Unterscheidungskriterien orientiert. Wir haben nicht das allgemein kulturelle und religiöse Phänomen der Geheimhaltung im Blick, sondern speziell Gruppen – abgrenzbare, sich als zusammengehörig erfahrende Gemeinschaften von Menschen – in deren Struktur Geheimhaltung wichtig ist. Diese Geheimhaltung kann sich freilich auf ganz verschiedene Dinge beziehen. So kann es sein, dass sich Mitglieder zwar untereinander kennen, aber nicht als solche in der Öffentlichkeit auftreten und also nicht als solche identifizierbar sein wollen (das Geheimnis liegt also in der Mitgliedschaft). Bei Freimaurern ist es seit Anbeginn üblich, Aussagen über die Mitgliedschaft anderer nur zu machen, wenn der Betreffende das ausdrücklich autorisiert hat. Gruppen, die in bestimmten Staaten gesellschaftlich angefochten oder diskreditiert sind oder öffentlichen Verdächtigungen unterliegen, handhaben dies im allgemeinen ähnlich, in Deutschland z.B. die Scientology-Kirche e.V., ebenso auch manche neomagischen Gruppen. In diesen Fällen ist die Geheimhaltung nicht strukturell bedingt, sondern folgt aus gesellschaftlichen Rahmenbedingungen. Andere Gruppen treten nicht öffentlich auf und geben keine Informationen über Mitgliedschaften; in einigen seltenen Fällen sind Mitglieder durchaus identifizierbar, die Ordenleitungen dagegen für Außenstehende anonym oder pseudonym.

Andererseits kann sich die Geheimhaltung auf Inhalte, Ziele und Rituale beziehen. Diese sind dann arkan, d.h. nichtöffentlich. In Bünden und Gruppen mit einer gestaffelten Einweihungsstruktur sind öfters nur die oberen Einweihungsinhalte wirklich geheim, zuweilen auch nur Inhalte, die gesellschaftlich missverständlich oder anstößig erscheinen könnten (wie die sexualmagischen Lehren und Rituale mancher neomagischer Orden). Oft bezieht sich die Geheimhaltung nur auf sehr begrenzte Details (Passwörter, geheime Erkennungszeichen und Handschläge u.ä.), auch wenn die Rituale nicht öffentlich sind. Das gilt vor allem, wenn eine Geheimgesellschaft schon lange existiert hat und ihre Interna – oft durch ehemalige Mitglieder – im Großen und Ganzen publik gemacht worden sind. So gibt es im Grunde genommen rein äußerlich gesehen keine wirklichen freimaurerischen „Geheimnisse" mehr; jedenfalls in der regulären Freimaurerei (doch s. sofort zur grundsätzlichen Aussagbarkeit von Geheimnissen). Sehr häufig wird uns ein Zwischentyp begegnen, nämlich die Unterstellung, Projektion oder Behauptung, eine an und für sich bekannte Gesellschaft oder Gruppe habe in Wahrheit ganz andere geheime Ziele und Inhalte, als sie nach außen vorgibt, oder zumindest ein innerer Kern dieser Gesellschaft. Gruppen, die in diesem Sinn Gegenstand erheblicher imaginativer Energien gewesen sind, waren z.B. die Freimaurer, die Jesuiten, Opus Dei oder natürlich – in einem weiteren Sinn – die Juden. Daneben tritt die Geheimgesellschaft als esoterischer Orden, der seine Mitglieder durch Initiationen und Prüfungen rekrutiert und noble Ziele der Verbesserung der Gesellschaft pflegt oder diese zumindest auf seine Fahne schreibt. Auch in diesem Fall kann das „Geheimnis" aus einer Außenperspektive ganz andere Dimensionen annehmen als für die Mitglieder selbst. Projektionsphänomene, Unterstellungen und Legendenbildungen werden unsere steten Wegbegleiter auf unserem Weg durch die Welt der Geheimbünde sein.

Umgekehrt ist auch der Fall denkbar, dass sich die Geheimhaltung auf Sachverhalte oder eher Erfahrungen bezieht, die ohnehin kaum oder gar nicht in Worten mitgeteilt werden können. Dies gilt v.a. für die Struktur von Mysterieneinweihungen. Mit einiger Wahrscheinlichkeit bestand eines der zentralen Rituale der antiken eleusinischen Mysterien im Vorzeigen einer Getreideähre: Darauf wird nur äußerst verschlüsselt angespielt. Das „Geheimnis" besteht hier in einer außerhalb des Kontextes kaum zu übermittelnden mystischen Einsicht. Allerdings vermitteln die antiken Mysterien religiöse Erfahrungen, ohne wirkliche „Geheimbünde" zu begründen; die Eingeweihten bilden im allgemeinen keine eigenen, sozial stabilen Gruppen oder Verbände (Ausnahme sind die Isiaci der Isis und auch die Anhänger des Mithraskultes; dazu ausführlich in Kap. 3.) Die „Geheimhaltung" ist hier ein Schutz vor Profanierung; sie verdeckt nicht einen kognitiven Inhalt. Alle diese verschiedenen Fälle und Typen von Geheimhaltung werden uns vielfach begegnen, und wir werden dabei nach ihren sehr unterschiedlichen Funktionen fragen müssen. Geheimhaltung kann Schutz vor „Anderen" sein, aber auch einfach vor Profanierung.

Der leider früh verstorbene Hans Biedermann (1930-1989), u.a. Verfasser eines klugen Buches über die Freimaurer, schreibt über die eher „harmlosen" Aspekte der Geheimhaltung bzw. grundsätzlichen Nichtöffentlichkeit von Ritualen: „Mit der Geheimhaltung oder – vielleicht besser – Diskretion ist hingegen noch immer die Mitgliedschaft von Mitbrüdern zu behandeln, die sich nicht selbst öffentlich als Bundesbrüder zu erkennen geben. Dies erklärt sich einfach aus der historisch bedingten Tatsache, dass das Freimaurertum in vielen Ländern als suspekt gilt und dem Mitglied Nachteile erwachsen könnten, wenn seine Mitgliedschaft öffentlich bekannt würde. Schließlich wird der Großteil der Logenrituale mit dem Schleier des Mysteriösen umgeben; der Aufseher der Loge hat die Pflicht, bei ihrer Eröffnung zu untersuchen, ob die tempelartige Bauhütte „nach innen und außen gehörig gedeckt ist", ob also wirklich kein Profaner die „Arbeit" miterleben kann. Dafür gibt es kaum andere Gründe als den, dass die Ritualteilnehmer unter sich sein wollen und befürchten, bei den – für Außenstehende oft pathetisch und schwülstig wirkenden, für sie selbst jedoch tief bedeutungsvollen – Ritualen hämisch begafft und lächerlich gemacht zu werden. Was für den in die „Bruderkette" Eingebundenen ergreifend wirkt, sieht für den „Profanen" nicht selten antiquiert und gewollt gravitätisch aus. Oft hört der Chronist Äußerungen der Verwunderung darüber, dass „erwachsene

Männer sich einschließen, Lieder singen, sich an den Händen halten, eine Zeremonialtracht tragen und sich gebärden wie Kinder, die Pfarrer spielen" Dass die Freimaurer wenig Wert darauf legen, mit solchen Augen angesehen zu werden, ist klar" (Das verlorene Meisterwort. Bausteine zu einer Kultur- und Geistesgeschichte des Freimaurertums. Wien u.a. 3. Aufl. 1999, 44f.). Wer erlebt hat, wie eine unsensible und überhebliche Fernsehberichterstattung über religiöse Rituale und Erfahrungen durch Großaufnahmen zu unpassender Zeit Menschen lächerlich machen kann, wird solchen Erwägungen nicht leichtfertig widersprechen. Öffentlichkeit ist sicher nicht immer angemessen. Es sind freilich auch ganz andere Gründe für Geheimhaltung vorstellbar, und in der Tat sind nicht alle davon ehrbar. Auch kriminellen Geheimbünden werden wir begegnen, und einen kurzen Einblick in ihre innere Welt versuchen, sofern sie aus Mitgliederberichten, verdeckten Ermittlungen u.ä. bekannt geworden ist. Eine zu enge oder puristische Definition würde sicher in einer kulturgeschichtlichen Betrachtung nur schaden.

Nicht nur nach Art, Inhalt und Funktion ihrer Geheimhaltung lassen sich Geheimbünde typologisch gliedern, sondern auch nach ihrer gesellschaftlichen Einbindung und v.a. nach dem Grad ihrer „Realität" in dem breiten Spektrum zwischen geschichtlich manifester Existenz und gesellschaftlicher Imagination. Weiter ist natürlich zwischen „guten" und „bösen" Geheimbünden zu unterscheiden, wenn auch eine solche Unterscheidung nur bei den fiktionalen Bünden Sinn macht. Was die realen Geheimbünde betrifft, so besitzen selbstverständlich auch die aus einer Außenperspektive kriminellen Bünde eigene Legitimationsszenarios (z.B. solche nationalistischer oder wertekonservativer Art). Zwischen „guten" und „bösen" Gesellschaften wird daher nur bei den ausschließlich imaginierten Gruppen unterschieden. Eine solche Typologie kann etwa – wieder erst einmal sehr schlicht – so aussehen:

A. Reale Gesellschaften mit durchgehender bzw. weitgehender Arkandisziplin

B. Reale Gesellschaften bzw. Gruppen mit partieller Arkandisziplin

C. Reale Gesellschaften mit marginaler bzw. eher symbolischer Arkandisziplin

D. Reale Gesellschaften, deren Charakter als Geheimbund auf gesellschaftlicher Projektion beruht

E. Imaginierte ideale geheime Orden u.ä., an deren Realität doch geglaubt wird

F. Imaginierte verschwörerische, kriminelle geheime Gruppen, an deren Realität ebenfalls geglaubt wird

G. Nur literarisch, cineastisch etc. existierende ideale Geheimgesellschaften ohne Wirklichkeitsansprüche

H. Nur literarisch, cineastisch etc. existierende kriminelle Geheimgesellschaften ohne Wirklichkeitsansprüche

Eine kulturgeschichtliche Typologie muss immer auch die verschiedenen Konstellationen bedenken, in denen Geheimbünde innerhalb ihrer jeweiligen Gesamtgesellschaften begegnen. Sie sind ja in mehrerlei Hinsicht Gegenstand von Fantasien, Hoffnungen und Befürchtungen, überhaupt von gesellschaftlichen Projektionen. Das gilt nun in besonderer Weise auch für die rein fiktiven „bösen" Geheimbünde. Wenn es wahr sein sollte, dass jede Gesellschaft die Schrecken und Monster erfindet, die sie verdient hat, was besagt es dann für das Psychogramm einer Gesellschaft oder eine Gruppe, wenn sie sich als unterwandert, als gefährdet durch geheime Gesellschaften und Bünde erlebt? Die „Geheimgesellschaft" als Bild und Projektionsort von Furcht und Faszination reicht zwar vielleicht nicht so dicht an unsere Person, an unsere Vitalität heran wie Dämonen, Hexen, Massenmörder, Vampire und andere traditionelle Ikonen der Furcht, sie ist aber dafür um so stärker auf die Gesellschaft selbst, nicht nur auf das Individuum ausgerichtet. Sie stellt damit eine grundsätzliche und tiefsitzende Angst der Moderne dar, dass die überschaubare, rational geordnete (eventuell – in der jüngeren Vergangenheit – demokratisch verantwortete) Gesellschaft nur eine Maske für andere „Machtverhältnisse" sein könnte. Wo die

Mechanismen der Macht undurchschaubar werden, stellen sich Verschwörungsfantasien ein. Diese sind also eine bestimmte Art und Weise, Ohnmachtserfahrungen zu verarbeiten, und offenbar nur für bestimmte Typen von Menschen reizvoll. Es ist daher nicht überraschend, dass sie in den USA, wo der Staat in mancher Hinsicht weiter entfernt vom Bürger ist als in den überschaubareren und kleineren europäischen Ländern, eine besondere Rolle spielen. Nicht wenige US-Bürger können sich ihren Präsidenten oder sonstige hohe Funktionäre als Mitglieder finsterer Geheimbünde vorstellen: In Deutschland ist schon die bloße Vorstellung kaum nachvollziehbar. Dies selbst in ein kulturelles Faktum, das der Erklärung bedarf und mit dem imaginativen Spielraum zusammenhängen muss, den die unterschiedlichen politischen Systeme ermöglichen. Umgekehrt haben sich in der Geschichte Amerikas und Europas immer wieder utopische Hoffnungen auf geheime Gesellschaften gerichtet, denen möglich sein sollte, was die Gesellschaft als ganze so offensichtlich nicht zustande bringt: umfassende Aufklärung, Erziehung und „Besserung des Menschengeschlechts". Neben die „gefährlichen" treten also immer die „idealen" Geheimgesellschaften. Die Präsenz dieser imaginierten Geheimbünde ist zu unterschiedlichen Epochen ganz verschieden und trägt nicht wenig zum kulturellen Profil dieser Epochen bei. Ein ganz wesentliches Thema gesellschaftlicher Imagination waren sie z.B. in der Epoche der deutschen Klassik, d.h. in der Zeit Goethes und Schillers, und man muss fragen, warum dies so gewesen ist (sowohl Goethe als auch Schiller haben ausführlich zum Thema geschrieben).

Die Spannung zwischen „guter" und „böser" Geheimgesellschaft, vor allem im Fall fiktionaler Bünde, wird immer wieder in den Blick zu nehmen sein. Zwei Polaritäten überschneiden sich also bzw. bilden ein komplexes Koordinatensystem, in das die zu besprechenden Geheimbünde einzuzeichnen sind: jene zwischen weltverschwörerisch-gefährlichen und aufklärerisch-erzieherischen Geheimgesellschaften einerseits, und jene zwischen rein literarisch imaginierten Gruppen und realen Gruppen, die zur Projektionsfläche für Fantasien unterschiedlichster Art werden, andererseits. Insofern aus Angst Aggression und aus dem Gefühl der Gefährdung Verfolgung werden kann, ist unser Thema von erheblicher politischer Brisanz, auch wenn wir ausschließlich politisch motivierte Gruppen hier gar nicht behandeln. Das Szenario potentieller Verschwörungen z.b., das eine Gesellschaft prägt, durchdringt alle Bereiche des kulturellen Lebens, wozu man nicht erst an den impliziten Einfluss der RAF auf die BRD der 1970er oder der Al-Qaida auf die USA der Gegenwart denken muss. Energisch muss in jedem Fall daran erinnert werden, dass Phänomene von Geheimhaltung, Nicht-öffentlichkeit, Bundes- und Ordensbildung auch in gänzlich harmlosen Zusammenhängen eine Rolle spielen. Das Thema darf nicht zu sehr im Sog von Verschwörungsfantasien oder kriminellen Vereinigungen und ihrer Entlarvung oder Analyse verschwinden, um solide behandelt werden zu können.

Von Geheimbünden („secret societies") wird v.a. in den USA auch z.b. in Hinsicht auf Studentenverbindungen („collegi-ate fraternities", „fraternal organizations") gesprochen, von denen immerhin eine (Skull & Bones) in den letzten Jahren in einen Mittelpunkt gesellschaftlichen Interesses gerückt ist. Andere studentische Verbindungen, die in gewissem Umfang Geheimhaltung praktizieren, waren bzw. sind der Flat Hat Club (gegründet 1750) und Phi Beta Kappa (gegründet 1776) sowie Phi Gamma Delta (1848). Der dritte Präsident der USA, Thomas Jefferson, war Mitglied im Flat Hat Club, bezeichnete diesen Verein aber später als nutzlos. Tatsächlich besitzen nach wie vor die meisten amerikanischen Universitäten Studenten- und Studentinnenverbindungen, die in gewissem Umfang Geheim-haltung praktizieren, ein dem deutschen Universitätsleben völlig fremdes Phänomen, das mit den Korporationen und ähnlichen Verbänden kaum zu vergleichen ist. Wir sehen hier den ganz unterschiedlichen Stellenwert des Themas in verschiedenen nationalen und kulturellen Kontexten und Traditionen.

Literatur:
Alexandra Robbins, Pledged. The Secret Life of Sororities. New York 2004 *
Alexandra Kurth, Männer – Bünde – Rituale. Studentenverbindungen seit
1800. Frankfurt u. New York 2004.

Geheimbünde als Gegenstand der „Popular Culture"

Wir lassen in lockerer Folge einige Beispiele für Geheimbünde meist fiktionaler Art Revue passieren, um die immense
Faszination und das erzählerische und cineastische Potential
des Themas in den Blick zu nehmen, eher wir uns den genauer
zu beschreibenden realen Beispielen zuwenden. Erfolgsbücher,
wie die Romane Dan Browns, wären nicht vorstellbar ohne die
Funktion, welche Illuminaten und Opus Dei, die (vollständig
fiktive) Prieuré de Sion und andere Geheimbünde in ihnen
spielen. Das kaum entwirrbare Ineinander von Fakten und
Fiktionen macht hier offenbar gerade den Reiz der Sache aus.
Jede Leserin, jeder Leser versucht herauszubekommen, was
real, was erfunden ist. Solche Bücher laden zu Spekulation
ein und damit zu einem imaginativen „Es könnte doch sein,
dass...". Das Thema sinkt leicht ins Klischeehafte ab und eignet
sich auch für Parodie und Satire. Die „ernsthaften" Umsetzungen richten sich erstaunlicherweise in unseren Jahren um die
Jahrtausendwende herum, d.h. in unserer Gegenwart, eher auf
„gefährliche" Geheimbünde: Die Fiktion wohltätiger, tatsächlich
an einer Besserung der Menschheit interessierter Orden scheint
aus Literatur, Kino und Fernsehen weithin verschwunden. Sie ist
allenfalls noch in der Esoterikszene anzutreffen. Oft „kippt" das
Szenario, d.h. eine geheime Gesellschaft, die als Träger sozialer
Unterstützung und eines guten Gemeinsinnes auftritt, entpuppt
sich in Film und Buch als etwas durchaus Sinistres. Dieses auf
den ersten Blick sehr schlichte Motiv verkörpert offenbar ein tief-
sitzendes Misstrauen der Moderne gegenüber Geheimbünden,
überhaupt gegenüber undurchsichtiger Macht. Lange vorbei sind
die Tage, wo sich wie in den Tagen der Rosenkreuzermanifeste
(ab 1614) auf die (vollständig fiktionale) Erklärung eines Bundes

der edlen Wissenden halb Europa auf den Weg macht, diesen Bund zu finden. In der Gegenwart ist das allenfalls Gegenstand der Parodie. Wir nähern uns unserem Thema locker-assoziativ, um nicht durch zu frühzeitige Systematisierung unseren Blick einzuschränken.

Vor allem im „Mystery"-Bereich ist das Thema allgegenwärtig. „Twin Peaks" hatte seine „Bookhouse Boys", „Alias" hatte die „Alliance of 12", „SD-6" und natürlich „The Trust", „Get Smart" hatte „KAOS", „Millennium" hatte die besonders düstere „Millennium Group", und selbst die „Gilmore Girls" haben ihre „Life and Death Brigade". Es fällt wie gesagt ein starkes Übergewicht „böser", gefährlicher, machtversessener Gruppen in diesen Produkten der v.a. amerikanischen und britischen Populärkultur auf. Die zahlreichen kriminellen Verbindungen der James Bond-Filme gehen letztlich auf „SPECTRE" in den Romanen Ian Flemings zurück. Im deutschen Sprachraum wird man an Dr. Mabuses „Herrschaft des Verbrechens" denken, die durch die bekannte Filmreihe Fritz Langs aus der Romanform in den Film transponiert wurde (vgl. weiter in Kap. 15). Auch die „Sith" bzw. „Sith Lords" der Episoden I-III von „Star Wars" (USA 1999-2005) inszenieren offenbar kulturelle Ängste. Die ihrem Ende entgegengehende Republik dieser Filme ist ja eine Karikatur einer UNO-ähnlichen, umfassenden aber letztlich machtlosen Bürokratie, wie sie sich aus amerikanischer Sicht darstellt. Sie hat der anwachsenden Stärke des „Imperiums" nichts entgegenzustellen. „Star Wars" hat damit in den Episoden I-III (die ja viel später als die Episoden IV-VI von 1977-1983 entstanden sind) eine sehr amerikanische, populäre Wahrnehmung von politischer Welt mit den Themen Dekadenz, Untergang einer Republik, Totalitarismus und neuer Hoffnung aus uramerikanischen Werten und Leitbildern heraus inszeniert. Das historische Rahmenmuster erinnert nicht zufällig an das Ende der römischen Republik und den Beginn der Kaiserzeit, wird aber zum Vehikel für eine durchaus neue und für Europäer nicht sofort wahrnehmbare Inszenierung eines sehr amerikanischen Weltbildes. Die „Täter-Opfer"-Symbolik bzw. die Thematisierung von „Stärke" und „Schwäche" in diesen Filmen kann nahezu bruchlos als untergründige Bearbeitung der Eigenarten amerikanischer Selbstwahrnehmung mit ihrem extremen Schwanken zwischen Opfer- und Täterrollen gesehen werden.

Neben bedrohlichen, gefährlichen Geheimgesellschaften produziert die Populärkultur immer wieder auch die Idee uralter Bünde, die ein wertvolles Geheimnis bewahren (den Gral o.ä.). Ein bekanntes Beispiel wäre der Film „Indiana Jones and the Last Crusade" (USA 1989) mit seiner „Brotherhood of the Cruciform Sword". Selbst die studentischen Verbindungen sind Gegenstand populärkultureller Klischees (oft mit beherrschenden Verschwörungselementen) geworden, so die Yale Society „Skull & Bones" in den Filmen „The Good Shepherd" (Robert de Niro, USA 2006) und „The Skulls" (USA 2000, mit zwei Fortsetzungen). Der chinesische Film „The House of Flying Daggers" (2004) des Regisseurs Zhang Yimou thematisiert die Geheimgesellschaft aus den Tagen der Tang Dynastie (die Handlung spielt im Jahr 859 n. Chr.), nach der er in seiner amerikanischen Version benannt ist, ebenso „The League of Extraordinary Gentlemen" (USA 2003), um auch an einem eher naiven Beispiel nicht vorbeizugehen. Und Stanley Kubricks „Eyes Wide Shut" (1999, sehr frei nach der Erzählung „Traumnovelle" von Arthur Schnitzler, 1926) ist die faszinierende Geschichte eines Mannes (im Film Tom Cruise), der in einer Ehekrise in den Bann einer sexualmagischen Geheimgesellschaft gerät, wobei für ihn diese Erfahrung in ihrer traumhaft-albtraumhaften Ambiguität eine kathartisch-läuternde Wirkung hat. Dieser Film darf als eine der bedeutendsten neueren künstlerischen Umsetzungen des Themas „Geheimgesellschaft" gelten, gerade weil er sich jeder klischeehaften Etikettierung entzieht.

Auch die klassischen Romane des Genres Science Fiction bieten Beispiele, so die Bene Gesserit (ein Bund aufgeklärtmächtiger „Hexen") und die Bene Tleilax im „Dune Universum" des Frank Herbert, die „Brotherhood" in George Orwells „Nineteen Eighty-Four" (1948), das „Central Anarchist Council" in G. K. Chestertons „The Man Who Was Thursday" (1908), „Cabal" in diversen Romanen Robert A. Heinleins, das „Committee to Unelect the Patrician" und die „Elucidated Brethren of the Ebon Night" in der „Discworld Series" des Terry Pratchett, usw. Ein Geheimbund sind die Talamasca in Anne Rice' Serie „Witches Chronicles" (1990ff.). Die Beispiele lassen sich nahezu beliebig vermehren. Häufig ist eine vage Anlehnung an reale, geschichtlich vorgegebene Gruppen, so in den Romanen von Dan Brown, aber auch z.B. in Elizabeth Kostovas hochgelobtem neueren Vampirroman „The Historian" („Order of the Dragon"), der 2005 erschien. Die „Second Foundation" in Isaac Asimovs „Foundation"-Serie ist ursprünglich ein Geheimbund. In den Harry Potter-Romanen der J. K. Rowling spielen zahlreiche Geheimgesellschaften – oft zu einem bestimmten, begrenzten Zweck gebildet – eine tragende Rolle, im Guten wie im Bösen, so der „Order of the Phoenix", die „Death Eaters" und schließlich „Dumbledore's Army". Parodien sind häufig: Wer könnte je die Simpsons-Episode „Homer the Great" (Erstsendung 1.8.1995) vergessen mit ihrer geistreichen, nicht unfreundlichen, aber doch heftigen und in vielem nur für Insider verständlichen Satire auf das Brauchtum der Freimaurer (unter dem Namen „The Stonecutters")? Schon die Hanna Barbera-Zeichentrick-Serie „The Flintstones" (1960-1966) hatte mit ihren „Wasserbüffeln" eine Parodie auf geheimnistuerische Männerbunde nach freimaurerischem Muster; auch hier war das satirische Element nicht unfreundlich. Kaum erinnern müssen wir an den Klassiker dieses Genres, den Film „Sons of the Desert" (dt. „Die Wüstensöhne") mit Stan Laurel und Oliver Hardy (USA 1933). Gerade satirische Bearbeitungen sind für die Klischee- und Stereotypforschung oft besonders aufschlussreich.

In solchen literarischen und filmischen Umsetzungen, in denen der „Geheimbund" zum stabilen Motiv wird, spiegeln sich erwartungsgemäß jeweils konkrete gesellschaftliche Erfahrungen und vor allem öffentliche Diskussionen, die hier nun weitergeführt, radikalisiert, eventuell parodiert werden. Manche scheinbar fantastische Darstellung ist vielleicht erst im Rückblick als Bearbeitung zeitgenössischer Fragestellungen erkennbar. Als

John Ronald Reuel Tolkien (1892-1973) plante, eine Fortsetzung zu „The Lord of the Rings" (1954), dem ohne Frage bekanntesten Fantasy-Roman des 20. Jhdts., zu schreiben, wählte er als Thema das Erstarken einer bösen Geheimgesellschaft, gewissermaßen einer Untergrundreligion in einer Welt, die einige Jahre nach dem Tod der letzten Figuren des „Lord of the Rings" zu datieren ist. Es ist viel zu wenig bekannt, dass Tolkien eine solche Fortsetzung seines Magnum opus nicht nur geplant, sondern tatsächlich schon seit Ende der 1950er Jahre in mehreren Anläufen angefangen hatte zu schreiben, auch wenn der Text erst 1996 posthum unter dem Titel „The New Shadow" publiziert wurde. Dieses Fragment eines neuen Romans ist in seiner letzten Fassung intensiv durch die breite Diskussion dieser Jahre in Hinsicht auf neue, irritierende Religionen (damals sagte man: „Jugendreligionen") geprägt. Es sind geheime Kulte unter Jugendlichen, die den Ring-Krieg nicht erlebt haben und Sauron wieder zu Kraft und Einfluss verhelfen wollen: „secret societies practising dark cults, and 'orc-cults' among adolescents" nennt sie Tolkien in einem Brief 15 Monate vor seinem Tod. Er schreibt dies zu einer Zeit, als sich die bürgerliche Angst gegenüber neuen Religionen unter Jugendlichen in Großbritannien (und Deutschland) auf einem Höhepunkt befand, Ländern, die zu dieser Zeit erst langsam in die multireligiösen Verhältnisse der Gegenwart hineingewachsen sind. Die verschwörerischen Jugendlichen in Tolkiens Romanfragment tragen schwarze Kleidung und nehmen sich die Orks und ihre Lebensverachtung zum Vorbild. Tolkien benutzt hier die Klischees der Sekten- und Satanismusangst: Es ist sehr schade, dass der Text Bruchstück geblieben ist, obwohl Tolkien mindestens drei Anläufe nahm, ihn fortzuführen. (Als Gründer satanistischer Geheimkulte erscheinen in Tolkiens Briefen übrigens auch die beiden „blauen Zauberer", von deren Geschick wir in „The Lord of the Rings" nichts erfahren.) Tolkien hat sich in diesem Fragment in der Gestalt des greisen, aber körperlich rüstigen Borlas, der die geheimen Vorgänge zuerst beobachtet, ein literarisches Selbstporträt geschaffen. Die Ratlosigkeit, in der das Fragment endet, ist diejenige der bürgerlichen Gesellschaft vor neuen, als „geheim" und „untergrundhaft" empfundenen neuen Religionen und ihrer (gelegentlichen) Affinität zu „dunklen" Aspekten von Kultur. Aus dieser Aporie könnte sich erklären, warum Tolkien diesen Text trotz der genannten drei Anläufe nicht weiterschreiben konnte.

Unser kurzer exemplarischer Rundblick über Literatur und Film einschließlich der Populärkultur sensibilisiert uns für das imaginative Potential des Themas und seine bleibende gesellschaftliche Faszination. Erklären wir an dieser Stelle anhangsweise noch rasch die Herkunft der gehobenen, humanistendeutschen Redewendung „sub rosa" (eigentlich lateinisch „unter der Rose"), der seit alters die verborgenen Treffen von Geheimbünden und überhaupt alles bezeichnet, was im geheimen geschieht. Sie soll auf einen römischen Mythos zurückgehen: Cupido habe dem Gott Harpokrates (der mit einem Finger über dem Mund dargestellt und mit dem Schweigegebot der Mysterien zusammengebracht wurde) Rosen geschickt mit der Bitte, die Liebesaffären seiner Mutter Venus unter dem Siegel der Verschwiegenheit zu wahren. Diese Geschichte deutet den römischen Brauch, Rosen über der Tür eines nichtöffentlichen Treffens aufzuhängen. Die Humanisten übernahmen dies als Redensart und übertrugen es auf diverse Lebensbereiche. „Was wir kosen, bleibt unter den Rosen", schreibt Sebastian Brandt im „Narrenschiff" (1494), und später bei Goethe finden sich die Verse: „Dichter lieben nicht zu schweigen, wollen sich der Menge zeigen, Lob und Tadel muss ja sein! Niemand beichtet gern in Prosa, doch vertrauen wir oft sub rosa in der Musen stillem Hain." („An die Günstigen", Hamburger Ausgabe 1, 244). Über katholischen Beichtstühlen werden seit der Renaissance gerne geschnitzte Rosen dargestellt, ein Hinweis auf das strikte, in der Katholischen Kirche unverbrüchlich geltende Beichtgeheimnis.

Literatur:
John R. R. Tolkien, The History of Middle-Earth XII. The Peoples of Middle-Earth. Ed. by Christopher Tolkien. Boston u. New York 1996, 409-421 * Ders.,

Letters. A Selection by Humphrey Carpenter. London 1981, 344 u. 419 *
Marco Frenschkowski, Leben wir in Mittelerde? Religionswissenschaftliche
Beobachtungen zu Tolkiens „The Lord of the Rings". In: Thomas Le Blanc,
Bettina Twrsnick (Hrg.), Das Dritte Zeitalter. J.R.R. Tolkiens „Herr der Rin-
ge". Tagungsband 2005. Schriftenreihe und Materialien der Phantastischen
Bibliothek Wetzlar 92. Wetzlar 2006, 240-264 * Über Dan Browns Romane und
ihren Gehalt an Realität und Fiktion s. mit weiterführenden Literaturangaben
Marco Frenschkowski, Mysterien des Urchristentums. Wiesbaden 2007,
41-99. 229-244 u.ö.

Zur Soziologie der Geheimbünde

Last not least wäre es auch möglich, eine Typologie realer
Geheimbünde unter rein soziologischen Kategorien zu entwer-
fen. Die Spannbreite wäre freilich sehr groß, selbst wenn wir
nur Bünde des 20. Jhdts. und moderner Sozietäten betrachteten
und außer acht lassen, was Antike, Mittelalter und archaische
Gesellschaften zum Thema beitragen. Manche Vereinigungen
haben einen ausgesprochenen Oberschichtscharakter, andere
finden ihre Mitglieder in eher unteren schlichteren Verhältnissen.
Die kleinen okkulten Gesellschaften im Deutschland der Jahre
1900-1930 trafen sich oft im Hinterzimmer von Kneipen, in
Wohnzimmern oder sonst privaten Verhältnissen, während die
gleichzeitigen okkulten Vereinigungen Großbritanniens sich
auf höheren sozialen Niveaus bewegten und of über eigene
Häuser verfügten. Gesellschaften wie die Freimaurer besitzen
seit langem eine völlig andere gesellschaftliche Stellung und
auch ein anderes Potential als die zahlreichen kleinen Bünde,
die oft nur wenige Jahre bestehen. Manche „Geheimgesellschaft"
war und ist in Wahrheit ein Lesezirkel und Debattierclub, der
sich selbst einen mysteriösen Anstrich gibt. Die Frage, aus
welcher Klientel sich ein Geheimbund nährt, ist auch ohne
sozialempirische Untersuchungen (die selten möglich sind) oft
überraschend schnell zu beantworten, wenn Mitgliederlisten
oder sonst Rahmenfakten bekannt sind. Indizien sind z.B. auch
Werbeträger und Kommunikationswege eines Bundes, die
manchmal besser bekannt sind als die Namen der Mitglieder.
Dabei sind die nationalen Unterschiede erheblich. Die deutsche

Okkultszene des frühen 20. Jhdts. hat sich z.b. in ihrem Bildungsniveau im Allgemeinen deutlich unterhalb der britischen bewegt. Das gesellschaftliche Ansehen, das realen Bünden wie den Freimaurern entgegengebracht wird, unterscheidet sich deutlich und entsprechend ist die Attraktivität eines Bundes für Menschen von unterschiedlichem Status und Hintergrund sehr unterschiedlich. Wir werden an der einen oder anderen Stelle Hinweise zu diesen soziologischen Gesichtspunkten geben, ohne sie befriedigend vertiefen zu können. Eine umfassende Aufarbeitung soziologischer Aspekte zum Thema existiert bisher nur für Teilbereiche.

Wer sich für die vielen Service Clubs, Industrie-, Wirtschafts- und Business Clubs wie LIONS International (seit 1917) oder die Rotary Clubs (seit 1905, beide gegründet in Chicago), die heutigen Logen und logenähnlichen Vereinigungen, die studentischen Verbindungen bzw. Korporationen, die modernen Ritterorden und logenähnlichen Systeme, Vereine wie Schlaraffia etc. und ihre Bedeutung v.a. im deutschen Sprachraum sowie ihre jeweiligen Hintergründe, Aufnahmeregeln und Zielrichtungen interessiert, sei auf das faktenreiche Buch von Edwin A. Biedermann, Logen, Clubs und Bruderschaften. Düsseldorf 2004 (Neuausgabe angekündigt) hingewiesen, das sich vor allem der nachprüfbaren Beschreibung möglichst vieler einschlägiger Vereinigungen widmet. Es grenzt thematisch vielfach an unsere Fragen an, und zeigt sehr schön, dass auch ganz „säkulare" Vereinigungen ohne irgendwelche religiösen, okkulten oder auch politischen Abzweckungen in einem gewissen Umfang Nichtöffentlichkeit, Diskretion und Geheimhaltung praktizieren. Diese sind also offenbar menschliche Grundbedürfnisse in unserem allgemeinen Vergesellschaftungsstreben.

2. MÄNNERBÜNDE, FRAUENBÜNDE UND EINWEIHUNGSRITEN IN ARCHAISCHEN GESELLSCHAFTEN

Zur Begrifflichkeit und Typologie

Geheimbünde haben als eine Struktur religiösen und gesellschaftlichen Lebens eine Geschichte, die weit über die Mysterien der Antike zurückreicht. Dazu ist es erforderlich, einige Bemerkungen zur Begrifflichkeit und den Erscheinungsformen voranzuschicken. Von „Männerbünden" sprach zuerst 1902 der Völkerkundler Heinrich Schurtz im Blick auf Strukturen, die er in Ostafrika vorfand. Andere Begriffe in unserem Umfeld haben eine längere Geschichte, so diejenigen aus den Mysterien oder überhaupt aus der Antike. Die Rosenkreuzer hießen in den ältesten Texten einfach eine „Fraternität", eine Bruderschaft, während manche reale Geheimgesellschaft sich als Orden (nach dem Vorbild der katholischen Orden) bezeichnet hat. Alle aus unserer Kultur genommenen Begriffe sind freilich als Beschreibungen fremder Gesellschaften ideologiegefährdet, insofern sie oft eurozentrische und moderne Voraussetzungen implizieren. Dieses Problem stand in der zweiten Hälfte des 20. Jhdts. im Mittelpunkt ethnologischer Arbeit, wo immer man über die Grenzen Europas und Nordamerikas hinausschauen wollte. Z.B. ist heftig diskutiert worden, inwiefern die europäischen Begriffe „Religion" und „Magie" geeignet sind, abgrenzbare Teilbereiche archaischer außereuropäischer Gesellschaften in den Blick zu bekommen, ohne sie zu verzeichnen. Das gilt nun auch für die aneinander angrenzenden Phänomene „Geheimbünde" und „Initiationsriten" in Hinsicht auf ihre ethnologischen Aspekte. Aber die ethnologische Forschung – die sich in Ansätzen bereits im 19. Jhdt. aus kolonialen missionstheologischen Leitinteressen emanzipierte – hat doch im Laufe der Jahre Strukturen in archaischen (schriftlosen) und vormodernen Gesellschaften beschrieben, die den kulturgeschichtlichen Hintergrund des

Themas „Geheimbünde" bilden und daher hier zumindest knapp erwähnt werden müssen.

Zahlreiche Gesellschaften kennen Bünde von Männern, Frauen oder (seltener) beiden Geschlechtern, die Geheimhaltung insbesondere ihrer Initiationsrituale, aber auch ihrer Symbole, ihrer Masken, ihres Erzählgutes praktizieren. Dabei ist zwischen Bünden zu unterscheiden, die größere Teile der Bevölkerung umfassen, also z.b. Männerbünden, welche praktisch alle – kaum je wirklich alle – Männer eines Stammes zu Mitgliedern haben, solchen, die nur aus einem kleineren Teil einer Gesellschaft bestehen, aber doch gesellschaftlich gut bekannt, greifbar und präsent sind, und schließlich solchen Bünden, die nur eine sehr kleine Gruppe von Menschen umfassten. Letzteres sind vor allem berufsspezifische Bünde, z.b. die in manchen afrikanischen Gesellschaften wichtigen Schmiedebünde. Berufliches Fachwissen kann oft als Geheimwissen eines Bundes bewahrt und vor Außenstehenden geschützt werden; das Berufsgeheimnis erhält auf diese Weise eine soziale Absicherung. In der soziologischen und insbesondere in der feministischen Forschung wird der Begriff „Männerbund" über solche Erscheinungen hinaus auch benutzt, um heutige Formen elitärer Mitgliedschaft zu beschreiben, in denen Männer etwa durch indirekte Ausschlussverfahren Frauen den Zugang zu gesellschaftlichen Machtpositionen verwehren. Männerbünde dienen dann dem Patriarchat bzw. der Hegemonie des Männlichen. Dabei spielt weniger strikte Geheimhaltung eine Rolle als „stillschweigende" Organisationsformen von Macht und Kommunikation, die Frauen faktisch eine Partizipation unmöglich oder zumindest schwer machen.

Man kann durchaus von Männer- und Frauenbünden sprechen, da ein geschlechtsspezifisch eingeschränkter Zugang mehr Regel als Ausnahme ist. Geheimbünde in archaischen Gesellschaften definieren sich nicht unbedingt durch äußere gemeinsame Ziele, sondern eher durch Ätiologien, d.h. mythologische Ursprungsgeschichten. Nach außen wird ihre Gemeinschaft durch feste Regeln und Rituale und öfters durch bestimmte Kennzeichen abgegrenzt. Man trägt bestimmte Kleidungsstücke oder symbolische Accessoires, eine bestimmte Haartracht oder bestimmte Tätowierungen oder sonstige Körperveränderungen. Die Beschneidung hat hier eine ihrer Wurzeln. Hierarchie ist häufig, aber es gibt auch egalitäre Gesellschaften. Vor allem gibt es in jedem Fall ein klares „drinnen" und „draußen", welches das durch Rituale und Aspekte gemeinsamen Lebens geschaffene Gemeinschaftsgefühl noch weiter stärkt. Zugang ist im Allgemeinen nur durch eine Initiation möglich (dazu gleich). In Männerbünden sind Frauen meist von der Mitgliedschaft ausgeschlossen (und vice versa). Speziell Männerbünde sehen sich selbst oft als gesellschafts-, ja welterhaltend. Ihre Initiationsriten haben dann nicht selten Bezüge zu kosmogonischen Mythologien. Sowohl in Männer- als auch Frauenbünden erhält die jeweils nächste Generation Unterweisung über das angemessene Verhalten in der Ehe und im Stamm u.ä. Oft verbinden ihre Rituale mit den Ahnen, die in Form von Masken oder noch in einem buchstäblicheren Sinn anwesend sind. Eigene Treffpunkte und Häuser – meist außerhalb der Wohndörfer und Siedlungen – sind häufig; fast immer dürfen sie durch Nichtmitglieder nicht betreten werden.

Ganz allgemein erfüllen Geheimbünde in vielen Fällen protostaatliche Funktionen: Sie erziehen die Jugend, reglementieren das gesellschaftlich „Schickliche" und bestrafen Devianz, vor allem aber vermitteln sie Beheimatung über die biologischen Bande hinaus. Krieger und Priester besitzen darüber hinaus oft spezielle Bünde, und so auch oft die jungen, noch unverheirateten Männer eines Stammes, die vielfach bestimmte Freiheiten besitzen, die sie später nicht mehr haben. In Männer- und Frauenbünden geschieht geselliges Leben und finden religiöse Riten statt. Ihr z.T. protostaatlicher Charakter führt in kolonialen Situationen und überhaupt im Kontext der Entstehung moderner Staatswesen vielfach zu neuartigen Geheimbünden, die auch von ihren Trägergesellschaften als problematisch, zumindest als ambivalent in ihrem gesellschaftlichen Nutzen gesehen werden. Ein bekanntes Beispiel wäre die Mau-Mau-Bewegung im Kenia der 1940er und 1950er Jahre, die sich an Fragen des Landbesitzes entzündete. Nach der Unabhängigkeit Kenias

1963 wurden die Mau-Mau als Freiheitskämpfer geehrt, doch hat die neueren Forschung ihre tiefere Verwurzelung in afrikanischen Männerbünden gezeigt, die in Konflikt mit neuen sozialen und wirtschaftlichen Strukturen gerieten, und darüber zu einer kämpfenden Bewegung wurden. Die britische Armee nahm die Mau-Mau anfänglich als heidnischen, in Zauberei und grausame Rituale verstrickten Geheimbund wahr, dem eher durch Missionare als durch Kriegsführung beizukommen sei – und wurde sich erst allmählich der unentwirrbaren Einheit sozialer und religiöser Motive im gewaltsamen Kampf der Mau-Mau bewusst. Die Aussichtslosigkeit junger Männer, eigenes Land erwerben zu können, führte zu einem Interesse an alten Überlieferungen über Männergeheimbünde und ihre Rituale. Etwa 10 000 Mau-Mau verloren in dem Konflikt ihr Leben, jedoch nur etwa 100 Europäer. Dies ist ein Beispiel für die Entstehung einer politischen Geheimgesellschaft aus der Struktur archaischer Männerbünde.

Gegenüber älteren Forschungen hat es neben der Infragestellung des eurozentrischen Blickwinkels in der Ethnologie zwei weitere wesentliche Verschiebungen gegeben, welche u.a. das Verständnis von Geheimbünden betreffen. Sehr plakativ lassen sich diese so beschreiben, dass diachrone Fragestellungen gegenüber synchronen zurückgetreten sind, und dass der phänomenologische Ansatz radikal dislegitimiert wurde. Man kann dies sehr schön im Blick auf eine populäre, nach wie vor vielfach nachgedruckte Darstellung wie die von Will-Erich Peuckert, Geheimkulte (Heidelberg 1951. Nachdruck z.B. Hildesheim u.a. 1988) sehen. Peuckert (1895-1969) – ein angesehener Volkskundler, der z.B. zur Einbeziehung der Lebenswelt von modernen Arbeitern in die volkskundlichen Arbeit Wichtiges geleistet hat, und der auch ein Erforscher der frühen Neuzeit gewesen ist – stellt ein breites Spektrum an Bünden, Vergemeinschaftungen und Gruppenbildungsphänomenen in zahlreichen Gesellschaften vor. Dabei ist sein Ansatz hermeneutisch: Gemeinsame Grundstrukturen werden in den verschiedenen Gesellschaften geringfügig variiert und können im kulturübergreifenden

Blick erklärt werden. Ziel ist ein Verstehen der Phänomene des Geheimbundwesens in Kategorien unserer Kultur. Dazu werden die einzelnen Phänomene in ein evolutionistisches, diachrones Schema geordnet. „Zauberwesen" z.B. gelten „älter" als Religion. Es gibt daher ein erkennbares Vorher und Nachher der Einzelerscheinungen, der Rituale und ihrer Funktion. Dieses Vorher und Nachher ist allerdings fast immer nur spekulativ zu gewinnen; die ethnologische empirische Feldarbeit liefert ja nur Momentaufnahmen. Peuckert interessiert sich auch für nationale und kulturelle Unterschiede, z.B. notiert er, dass die in Südeuropa und Afrika immens wichtigen sexuellen Konnotationen der Initiationen Jugendlicher (welche dann zur Hochzeit legitimieren) bei nordamerikanischen Indianern völlig fehlen, wo aber extrem schmerzhafte Mutproben und überhaupt das Element des Schmerzes im Mittelpunkt stehen. Das ist vereinfacht, aber nicht falsch. Manche Völker haben kaum oder nur sehr verkümmerte Pubertätsriten, z.B. viele arktische und nordasiatische Völker. Gewisse Geheimbünde mit ihren Initiationen erfüllen spezifische Aufgaben in ihrer Gesellschaft, z.B. waren die Arioi auf Tahiti wandernde Schausteller mit stark erotisch konnotierten Darbietungen, die intern als Geheimgesellschaft organisiert waren .

Nun ist es unbestritten, dass es Entwicklungen gegeben hat und gibt. Ob diese sich aber in einem übergreifenden evolutionistischen Schema, das weltweit konstant und quasi naturgesetzlich wirkt, beschreiben lassen, ist fraglich geworden. Es scheint heute angemessener, die einzelnen Rituale in ihren jeweiligen Gesellschaften detailliert zu verstehen als übergreifende, pauschale Theorien zu formulieren, die im Einzelnen doch nur wenig tragfähig sind. Dennoch bleibt Peuckerts Buch eine anregende, materialreiche Lektüre, gerade zu solchen Aspekten, die hier nur stichwortartig angeschnitten werden können (z.B. zur Geschichte von Beschneidungsriten).

Weniger diachronisch, sondern eher phänomenologisch geprägt ist dagegen der Ansatz des großen rumänischen Religionswissenschaftlers Mircea Eliade (1907-1986), der auch über wissenschaftliche Kreise hinaus weite Beachtung gefunden hat. Er sieht Initiationen als allgemeinmenschliches Phänomen: In der Gegenwart hätten sie zwar ihre ontologische Geltung verloren (sie verändern nicht mehr das menschliche Sein), werden aber weiter praktiziert und wirken auf einer psychologischen Ebene. Eliade unterscheidet zwei Grundtypen: Pubertätsriten, welche jungen Menschen Zugang zum Heiligen, zur Erkenntnis und zur Sexualität vermitteln, und andererseits spezielle Initiationen, welche Menschen auf sich nehmen, um ihre Lage, ihren Status zu verändern bzw. in Kontakt mit übernatürlichen Wesen zu kommen. Das Symbol- und Motivinventar der beiden Typen sei nun aber auffälligerweise weitgehend identisch. Eliade listet einige rekurrierende Elemente auf: a. Trennung von der Mutter, der Erde u.ä.; b. Beschneidungen u.a. Prüfungen und Torturen, die zu einem Tod mit nachfolgender Auferstehung gehören; c. Initiation als neue Geburt, die auf eine Schwangerschaft folgt; d. Rückzug in den Busch und Suche nach einem Schutzgeist; e. die „heroische Initiation", deren Akzent auf einem „Sieg" liegt und die z.B. das Motiv der Verwandlung in ein wildes Tier kennt; f. die Schameneninitiation mit Körperzerstückelung, Seelenaufstieg und Katabasis in das Totenreich; g. paradoxe Prüfungen (oft folklorisiert und aus dem rituellen Kontext gelöst). Verschiedene Symbolismen und Initiationsszenarien können nebeneinander in einer Kultur bestehen. Viele Initiationen sind nach Eliade Wiederholungen eines kosmogonischen und anthropogonischen Urdramas, das also den Initianden in Kontakt mit einem weltbegründenden Geschehen der mythischen Zeit bringt. Ein häufiges Muster eines solchen Urdramas erzählt z.B., ein übernatürliches Wesen habe versucht, den Menschen durch Tötung radikal zu erneuern, was misslungen sei. Dann sei dieses übernatürliche Wesen selbst getötet worden: Die Initiation wiederholt Elemente dieses Szenarios. Durch Teilnahme am Tod gelingt dann doch Überwindung des Todes, wenn auch in paradoxer Weise. Die Botschaft der Initiation besteht darin, dass das wahre Menschsein auf einer Transzendierung des natürlichen Menschseins beruht. Das gilt bereits für die hochaltertümlichen Initiationen wie diejenigen der australischen Ureinwohner mit ihren Tapferkeitsritualen (Ausschlagen eines Zahnes und Beschneidung) und ihrem das „Numinose" evozierenden Schwirrholz, welches u.a. Unbefugte fernhalten soll, weil übernatürliche Wesen als bei den Ritualen anwesend gedacht werden. Eliades Theorien überschreiten die Grenze dessen, was Ethnologie und Religionswissenschaft empirisch aussagen können: Sie werden damit zu einer religionsphilosophischen Deutung der Initiation als einem menschlichen Universale.

Literatur:

Heinrich Schurtz, Altersklassen und Männerbünde. Berlin 1902 * Axel Michaels, Art. Rites de passage I. Religionsgeschichtlich. In: Religion in Geschichte und Gegenwart 4. Aufl. 7 (2004), 534f. * Mircea Eliade, Das Mysterium der Wiedergeburt. Versuch über einige Initiationstypen. Frankfurt a. M. u. Leipzig 1997 (zuerst franz. 1958) * Brigitte Bönisch-Bredlich, Art. Peuckert, Will-Erich. In: Enzyklopädie des Märchens 10 (2002), 827-831 * Victor Turner, The Ritual Process. London 1969 * J. Middleton, Secrecy among the Lugnara. In: Kees W. Bolle (Hrg.), Secrecy in Religions. Leiden 1987, 25-43 * Peter Gerlitz, Art. Initiation/Initiationsriten. In: Theologische Realenzyklopädie 16 (1987), 156-162 * Arnold van Gennep, Les rites de passage. Paris 1909 * Julien Ries (Hrg.), Les Rites d´Initiation. Actes du Colloque de Liège et de Louvain-la-Neuve 20-21 novembre 1984. Louvain-la-Neuve 1986 * Will-Erich Peukert, Geheimkulte. Heidelberg 1951. Nachdruck Hildesheim u.a. 1988 * Joannes A. Snoek, Initiations. A Methodological Approach to the Applications of Classification and Definition Theory to the Study of Rituals. Pijnacker 1987 * Derek Peterson, Art. Mau-Mau. In: Religion in Geschichte und Gegenwart 4. Aufl. 5 (2002), 921f. * Doris Doppler, Männerbund Management. München-Mering 2005 * Dietrich Heither, Verbündete Männer. Köln 2000 * Eva Kreisky, Das ewig Männerbündische? Zur Standardform von Staat und Politik. In: Claus Leggewie (Hrg.), Wozu Politikwissenschaft? Über das Neue in der Politik, Darmstadt 1994 * Helmut Blazek, Männerbünde. Berlin 2001 * Jürgen Reulecke, „Ich möchte einer werden, so wie die ...". Männerbünde im 20. Jhdt.. Frankfurt u. New York 2001 * Gisela Völger, Karin v. Welck (Hrg.), Männerbande, Männerbünde: Zur Rolle des Mannes im Kulturvergleich. 2 Bände. Köln 1990 * David Gilmore, Mythos Mann. Wie Männer gemacht werden. München 1993 * David Pratten, The Man-Leopard Murders. History and Society and Colonial Nigeria. Indiana 2007 (behandelt die Zeit 1945-1948) * Wilhelm Emil Mühlmann, Arioi und Mamaia. Eine ethnologische, religionssoziologische und historische Studie über polynesische Kultbünde. Wiesbaden 1955 * Ders., Die geheime Gesellschaft der Arioi. Eine Studie

über polynesische Geheimbünde, mit besonderer Berücksichtigung der
Siebungs- und Auslesevorgänge in Alt-Tahiti. Leiden 1932.

Initiationen und Geheimbünde: Gibt es einen inneren Zusammenhang?

Initiationen vollziehen Zugehörigkeit und Statuswechsel.
Die Zugehörigkeit kann sich auf eine Berufsgruppe, eine Alters-
klasse, einen religiösen Bund u.a. beziehen. Der Statuswechsel
kann den Übergang in die Welt der Erwachsenen vollziehen
oder eine neue Einweihungsstufe ermöglichen, etc. Wichtig ist,
dass Initiationen etwas vollziehen; sie sprechen nicht nur über
etwas oder symbolisieren etwas, sondern sie sind das, was in
ihnen geschieht. Schamanen, Priester und andere Homines reli-
giosi erleben den Beginn ihrer Berufung oft als Initiation: Diese
kann sich in einem Ritual unter Beteiligung anderer Menschen
vollziehen, aber auch ein (durch Askese und Reinigungsriten
vorbereitetes) inneres Erlebnis sein, das anderen nur im Nachhinein mitgeteilt wird. Einweihungs- und Initiationsriten können
also auch einen bestimmten Berufsstatus verleihen, z.B. den eines
Priesters (sehr häufig) oder eines Schmiedes, ja sogar den eines
Regenmachers (bei den afrikanischen Lugnara, mit symbolischer
Beerdigung). Wenn Initiation also auch ein sehr weiter Begriff ist,
muss doch festgehalten werden, dass gerade Geheimbünde von
der Antike bis zu den modernen Freimaurern im Regelfall über
Initiationsriten verfügen. Man wird Mitglied meist nicht über
eine Willenserklärung oder eine „Ernennung", sondern über ein
initiatorisches Ritual. Das kann kein Zufall sein: Es muss einen
inneren Zusammenhang zwischen Initiation und Geheimbund
geben, der weit in die Menschheitsgeschichte zurückreicht.

Arnold van Gennep (1873-1957) hat in einem religionswissenschaftlichen Klassiker bereits 1909 die Struktur von Übergangsriten
(„rites de passage") beschrieben, die in allen Gesellschaften vor
allem lebenszyklische Abschnitte voneinander trennen, aber auch
Weihehandlungen und Statusveränderungen begleiten, deuten
und inszenieren. Initiationen (Einweihungen) sind ein wichtiger

Typ solcher Übergangsriten. Van Gennep unterscheidet drei Phasen des rituellen Gesamtzusammenhanges. In Trennungsriten („rites de séparation") geschieht ein Hinaustreten aus dem alten Leben oder Status. In Schwellen- oder Umwandlungsriten („rites de marge") wird ein neues Sein konstituiert, während in den abschließenden Angliederungsriten („rites d'agrégation") eine Reintegration in die Gesellschaft, wenn auch unter neuen Bedingungen, geschieht. Übergangsriten bei Geburt und Tod, beim Erwachsenwerden und bei Statusveränderungen lassen sich nach diesem Schema gut beschreiben. Die jüngere Ritualforschung hat sich v.a. für die mittlere der drei Phasen interessiert. Der Religionssoziologe und Ethnologe Victor W. Turner (1920-1983) nennt sie die „liminale Phase" oder einfach „Liminalität" (von lat. limes „Grenze"). In ihr gelten andere Gesetze als im Alltag. Soziale Normen werden außer Kraft gesetzt; es kann eine gemeinschaftsstiftende Egalität entstehen, eine besondere Sakralität, aber auch umgekehrt eine karnevaleske Werte- und Ordnungsumkehr mit anzüglichen Elementen. Viele Feste und Feiern erhalten ihre innere Dynamik aus dieser Liminalität im Kontext größerer Übergangsriten. Natürlich sind die rituellen Funktionen vielschichtiger, als es dieses einfache Modell beschreibt, das dennoch ohne Frage fundamental Richtiges sieht.

Ich möchte behutsam die Theorie vertreten, dass Geheimbünde eine Fortsetzung bestimmter Aspekte der mittleren, „liminalen" Phase von Initiationsriten sind, in der „besondere Gesetze" gelten, und die sich daher vom Alltag mit seinen sozialen Regeln unterscheidet. Der auffällige Zusammenhang zwischen Initiationsriten und Geheimbünden wird dann als ein innerer und sachlich notwendiger, nicht allein als ein zufälliger sichtbar: Die Geheimbünde sind sozusagen Prolongationen, „Verewigungen" der Liminalität, die in initiatorischen Übergangsriten geschaffen wird. Das vom Alltag abgehobene Gemeinschaftsgefühl der Liminalität wird in der Bruderschaft oder Schwesternschaft des Geheimbundes fortgesetzt. Das Wissen, dass hier Besonderes, nicht Alltägliches geschieht, setzt sich u.a. dadurch fort, dass eine strikte Grenze zum „normalen" Leben so geschaffen wird,

dass Geheimhaltung herrscht. Geheimbünde lieben also deshalb
Initiationen, weil sie strukturell mit ihnen zusammenhängen: Sie
sind nichts anderes als ihre Fortsetzung in das normale Leben
hinein.

Indogermanische Männerbünde?

Das Motiv der Verwandlung nach einer „heroischen Initiation" spielt, wie wir hier nur in einer kurzen Andeutung zur
Sprache bringen können, eine Rolle in der Erforschung der
gemeinsamen Wurzeln europäischer Kultur. Hat es in der Zeit indogermanischer Einwanderung oder in der proto-germanischen
Kultur bestimmte Männerbundphänomene gegeben, die ihre
Spuren in Sage, Mythos und Brauchtum hinterlassen haben,
ohne direkt greifbar zu sein? Ein mythologisiertes Nachleben
indogermanischer Bünde junger Männer wurde z.b. gerne in den
Traditionen der „wilden Jagd" u.ä. gesehen, in den „Berserkern"
der germanischen Kriegsführung und ähnlichen Erscheinungen.
Odin wird als mythologisierter Anführer eines solchen Bundes
interpretiert, dessen „Einheriar" sich mit ihm durch feierliche
Eide verbinden und die in Gemeinschaft mit den Ahnengeis-
tern und von einem ekstatischen „furor", einer sakralen Wut
besessen, in die Schlacht ziehen. Die Erforschung potentieller
indogermanischer Männerbünde und ihres Einflusses auf die
frühe europäische Geschichte hat lange an ihrer Funktionalisie-
rung in der nationalsozialistischen Zeit gelitten; erst allmählich
wird deutlich, dass das Thema ernsthafter Bearbeitung bedarf
(weiterführend jetzt K. Kershaw).

Literatur:
Stig Wikander, Der arische Männerbund. Lund 1938 * Geo Widengren, Der
Feudalismus im alten Iran. Köln und Opladen 1969 * Georges Dumézil, Gods
of the Ancient Northmen. Berkeley, LA 1973 * Bernfried Schlerath, Georges
Dumézil und die Rekonstruktion der Indogermanischen Kultur. In: Kratylos
40 u. 41 (1996), 1-48 bzw. 1-67 * Kris Kershaw, The One-Eyed God. Odin and
the (Indo-)Germanic Männerbünde. Washington, D. C. 2000.

3. DIE ANTIKEN MYSTERIEN UND IHR ERBE

Blickwinkel und Begrifflichkeit

Die antiken Mysterien kommen für unser Thema nicht allein deshalb in Betracht, weil Geheimhaltung eines ihrer Strukturelemente gewesen ist, sondern auch, weil sie über eine kleine Zahl literarisch tradierter Texte die Imagination des Abendlandes entscheidend geprägt haben. Sie bilden gewissermaßen ein Muster, ein Vorbild, und zugleich eine Projektionsfläche, anhand derer immer wieder religiöse Strukturen entstehen konnten, die sich als „neue Mysterien" verstanden haben, auch wenn die kulturgeschichtlich ausweisbaren Ähnlichkeiten oft nur sehr begrenzt waren. Bilder von antiken Mysterieneinweihungen gehören zum kulturellen Erbe des Abendlandes, welches dieses in Abständen immer wieder für die je eigene Gegenwart entdeckt hat. Die Mysterien wurden also instrumentalisiert: Sie bildeten entweder einen dunklen, unmoralischen und fragwürdigen Hintergrund, von dem das Christentum abzuheben war, oder umgekehrt ein verlorenes Ideal, das durch neue Mysterienschulen wiederzugewinnen wäre. Wir müssen neben der religionsgeschichtlichen Rückfrage nach den antiken Mysterien, wie sie aus den leider nur spärlichen Quellen erhoben werden können, auch nach diesem Erbe von imaginierten Mysterien fragen, welches reale und ebenfalls imaginierte Geheimbünde und ihre Rituale wesentlich geprägt hat.

Mysterien im eigentlichen und engeren historischen Sinn sind eine bestimmte Ausdrucksform antiker griechischer und römischer Religion gewesen. Es war in der älteren Forschung üblich, von eigenen „Mysterienreligionen" zu sprechen: Diese Redeweise wird heute meist vermieden, weil die Mysterien nie eigene Religionen waren, sondern im Leben der Menschen immer neben anderen privaten, familiären und öffentlichen Formen der Religionsausübung standen (so z.B. Walter Burkert und Fritz Graf). Vor allem dürfen die Mysterien nicht mit dem öffentlichen Kult der betreffenden Götter und Göttinnen verwechselt werden. So hat es einen bedeutenden Kult des Dionysos gegeben – dieser ist aber nicht mit den dionysischen Mysterien (den Bacchanalien) identisch. Und nicht überall, wo die ägyptische Göttin Isis verehrt wurde, gab es auch Isismysterien. Einzig Mithras war in der römischen Kaiserzeit ein Gott, der lange Zeit keinen eigenen Staatskult besaß, sondern ausschließlich in den nach ihm benannten Mysterien verehrt wurde. (Im dritten nachchr. Jhdt. wurde er dann mit Helios/ Sol, der Sonne, als der Gottheit des sich abzeichnenden Staatsmonotheismus identifiziert.) Es ist auch verfehlt, von „orientalischen Mysterienreligionen" im römischen Reich zu sprechen. „Mysterien" waren eine zutiefst griechische, den orientalischen (semitischen, ägyptischen und iranischen) Religionen durchaus fremde Organisationsform von Kult und religiöser Erfahrung. Allerdings zog die rituelle Gestalt der Mysterien im hellenistischen Zeitalter orientalische Gottheiten wie Isis, Serapis und Mithras in ihren Bann: Die „orientalischen Mysterien" sind also eine griechische Religionsform, die sich den Kult orientalischer Götter einverleibt, oder anders formuliert, eine griechische Form der Verehrung orientalischer Götter. Natürlich kam dabei im Zuge der Adaption orientalischer Elemente vieles für Griechen und Römer Fremde zum Zuge; dazu später ausführlicher. Aber die grundlegende Gestalt der Mysterien selbst war doch griechisch. Eigene Religionen waren sie wie gesagt nicht. Auch wer z.B. in die Isismysterien eingeweiht wurde, nahm im Normalfall an zahlreichen anderen kultischen Ausdrucksformen der Götterverehrung teil. Die Mysterien waren – anders als das Christentum – niemals exklusiv. Vom öffentlichen Staatskult mit seinen Opfern, Umzügen und Repräsentationsbauten unterschieden sie sich durch Geheimhaltung und Eigeninitiative in der Frage der Mitgliedschaft. Sie waren aber dennoch zumindest in älterer (vorhellenistischer) Zeit nicht „privat" in einem modernen Sinn; dies alles wird im Folgenden noch deutlicher werden.

Die eleusinischen Mysterien

Von Haus aus hießen „Mysterien" nur diejenigen von Eleusis, die Teil des athenischen Staatskultes waren und jährlich am Heiligtum in Eleusis (einen längeren Fußmarsch von Athen entfernt) zu Ehren der Göttinnen Demeter und Persephone/Kore in einer mehrtägigen Feier im Herbst begangen wurden. Sie sind seit dem 8. Jhdt. v. Chr. archäologisch, seit dem 7. Jhdt. literarisch bezeugt: Ihre „Heilige Geschichte" ist der so genannte „ps.-homerische Demeterhymnus", der später Teil der ps.-homerischen Hymnen wurde (an wirkliche Autorschaft des Homer ist nicht zu denken). Ilias und Odyssee verraten keine Bekanntschaft mit Mysterienhandlungen. Auch für die mykenische Zeit lassen sich diese oder andere Mysterien noch nicht wirklich nachweisen, obwohl hierüber oft spekuliert wurde. Immerhin ist das Verb „my(s)-" schon mykenisch („myjomeno" von einem Fürsten in einem Text aus Pylos). Spätere griechische Volksetymologie hat das Substantiv „mysterion" (Plural „mysteria") mit dem Verb „myo" „die Augen oder den Mund schließen" zusammengebracht: Dahinter steht die durchgehende, sehr ernst genommene Geheimhaltungsregel der Mysterieninhalte. Die ursprüngliche Bedeutung des Wortfeldes ist durchaus unklar („eingeweiht, Einweihung" ist nur eine Vermutung). Später heißt „mysterion" einfach „Geheimnis". Andere ähnlich strukturierte Kulte nennt die Antike „Mysterien" immer in Analogie zu den eleusinischen Mysterien (so die von Samothrake, vgl. Herodot 2, 51, 2). Der Eingeweihte heißt „mystes" (so auch schon sehr früh im Dionysoskult). Man nannte die entsprechenden Riten auch vage-umschreibend „teletai" (was speziell Einweihungsriten, oft aber überhaupt Rituale meint; Einzahl „telete") oder „orgia" (verborgene Riten, seit dem Demeterhymnus gebraucht; das Wort hat keine sexuellen Konnotationen). Die Römer sagten später im Fremdwort „mysteria" oder „teleta", gelegentlich auch lat. „initia" („Anfänge", dazu „initiare" „einweihen"), woher unser Begriff „Initiation" seinen Ursprung hat. Der Name „Eleusinia" bezeichnet in der Antike daneben – nicht mit den

Mysterien zu verwechseln – die im Spätfrühling abgehaltenen Wettspiele in Eleusis.

Vorstufen lassen sich nur spekulativ erschließen. Wirklich greifbar ist eine erste Blütezeit um 600 v. Chr., als der ps.-homerische Demeterhymnus entstand und Großbauten für die Rituale errichtet wurden. Das Telesterion in Eleusis, der zentrale Kultbau, konnte etwa 1000 Menschen fassen. Seit dem 6. Jhdt. sind die Mysterien allen Griechen, später allen griechisch sprechenden Menschen zugänglich (auch Sklaven). Schon aus dieser frühen Zeit hören wir etwa von der Einweihung eines Skythen, der das Griechische erlernt hatte; später sogar von einem indischen Brahmanen, der sich einweihen ließ (Cassius Dio, 54, 9, 7). Ausgeschlossen waren Mörder und des Griechischen Unkundige. Ihre Bekanntheit in Gesamtgriechenland wuchs beständig, doch meinte Herodot um 450 v. Chr. noch, sie seinen Lesern erklären zu müssen (9, 65, 2). Die eleusinischen Mysterien wurden fast die gesamte klassische, hellenistische und römische Antike hindurch abgehalten. Sowohl die Könige der hellenistischen Flächenstaaten als auch später die römischen Kaiser waren im Normalfall eingeweiht, wie auch weite Teile der athenischen Bevölkerung. Der Geheimnischarakter der Mysterien stellte also eher ein gesellschaftliches Tabu öffentlicher Aussprache dar als tatsächlich ein esoterisches Spezialwissen. Dennoch stand auf (auch versehentliches) Aussprechen in Athen die Todesstrafe (Livius 31, 14). Gelegentlich wurde ein Mensch auch abgewiesen, wie es dem Magier Apollonius von Tyana im 1. Jhdt. n. Chr. erging, den die Priester nicht zur Einweihung zuließen (Philostrat, Vita Apollonii 4, 18). Darin spiegelt sich eine ethische Vertiefung der Mysterien. Die Einweihung beruhte immer auf persönlicher Wahl: Sie geschah niemals automatisch und war auch an kein bestimmtes Lebensalter gebunden. Auch konnte sie wiederholt werden. Dies alles unterschied sie deutlich von der Pubertätsriten archaischer Stammesgesellschaften: Die Mysterien lassen sich von primitiven Initiationen aus nur teilweise verstehen und stellen diesen gegenüber jedenfalls etwas ganz Eigenes dar. Die zur Einweihung erforderliche Reinheit wird ursprünglich nicht ethisch, sondern kultisch definiert. Erst in der Spätantike werden die Mysterien immer mehr mit ethischen und mystischen Ideen gedeutet, wie ähnlich die Orakel etwa von Delphi und Klaros in der Spätantike immer mehr zu Verkündern philosophischer Inhalte werden, was sie in der klassischen Zeit noch nicht sind. Die Riten der Mysterien bleiben vermutlich weithin unverändert gleich, aber die Interpretationen werden sich in der Antike vielfach verschoben haben. Dies ist ja ein Grundzug von Ritualgeschichte: Riten sind beharrlich, ihre Deutungen dagegen können sich ändern. Daher ist die Frage nach der „wahren" Bedeutung eines Rituals fast immer unangebracht; man kann nur nach den jeweils herrschenden Deutungen in verschiedenen Zeitepochen fragen. Die Mysterien haben sich in diesem Sinn nach allem, was wir sehen können, mit sehr unterschiedlichen Interpretationen verbunden. Sie dienten auch nicht primär einer religiösen Lehre, sondern vermittelten den Eingeweihten eine religiöse Erfahrung. Von einer konstanten Mysterientheologie kann man daher kaum sprechen, doch gab es natürlich durch die Jahrhunderte auch rekurrierende Elemente. Als Alarich 395/6 n. Chr. Teile Griechenlands und auch Eleusis verwüstete, endete die rituelle Inszenierung der Mysterien, die jahrzehntelang nach der Christianisierung Griechenlands ohnehin nur noch ein Schattendasein geführt hatten.

Allgemein haben die Mysterien drei Aspekte: Legomena, Dromena und Deiknymena, Dinge die „gesagt", „getan" und „gezeigt" werden. Hieros Logos, „heiliges Wort" der eleusinischen Mysterien ist die Geschichte der Getreidegöttin Demeter (sie sollte nicht als Erdgöttin bezeichnet werden) und ihrer Tochter Persephone (lateinisch Proserpina). Der Demeterhymnus (nach Humanistenbrauch auch lateinisch: Hymnus ad Cererem) erzählt die Geschichte der auf den Wiesen mit ihren Freundinnen spielenden Persephone (auch kurz Kore „Mädchen"), die vom Unterweltgott Hades bzw. Aidoneus oder Pluton geraubt und als seine künftige Ehefrau in die Unterwelt verschleppt wird (Brautraubgeschichten sind in archaischen Mythen sehr häufig und z.B. auch in Indien, Rom und Irland wohlbekannt; auch die

Bibel kennt Richter 21 ein Beispiel). Hades ist König der verborgenen Welt der Toten. Im Griechischen ist dies Name sowohl des Unterweltgottes, eines Bruders des Zeus, als auch seines Reiches unter der Erde. Niemand außer Hekate – Außenseiterin unter den Göttern – hört Persephones Hilfeschreie, doch erreicht schließlich ein Echo der schrillen Rufe auch Demeter selbst. In ihrer Trauer und Verzweiflung irrt die Mutter 9 Tage lang suchend über die Erde. Hekate schließlich weist ihr den Weg, und der allsehende Sonnengott Helios erklärt ihr, dass Zeus selbst, der Götterkönig (Persephones Vater) den Raub durch Hades zugelassen habe, damit sein Bruder sie in der Unterwelt zur Ehefrau nehmen könne. Da packt die göttliche Mutter der Zorn, und sie bleibt der Versammlung der Götter fern. Verkleidet als alte bettelnde Frau („verborgene Epiphanie" der Gottheit) zieht sie unerkannt über das Land, sich selbst aus der Gemeinschaft der Überirdischen ausstoßend. Dabei liegt nun jedoch auch die Natur darbend danieder, da die Göttin sich ihrer nicht mehr annimmt; Dürre bedeckt das Land. Schließlich kommt sie auf ihrer Wanderschaft nach Eleusis, wo Keleus König ist. An einem Brunnen ruht sie sich aus, und wird von den vier Töchtern des Königs freundlich aufgenommen, die nichts von ihrem übernatürlichen Wesen ahnen („Nicht leicht erkennen die Sterblichen die Götter", heißt es). Demeter erzählt eine erfundene, traurige Lebensgeschichte und wird schließlich zur Amme des nachgeborenen Königssohnes Demophoon bestellt (wobei sie sich selbst besonders rühmt, diesen vor böser Hexerei beschützen zu können).

Am Hof des Königs sitzt sie zuerst auf niedrigem Kissen voller Trauer, bis die derben, dezidiert obszönen Scherze der Dienerin Iambe sie schließlich doch zum Lachen bringen. (Dieses Element obszöner Scherze ist typisch für viele „hochheilige" Handlungen gerade in der griechischen Antike; es dient einem Spannungsabbau und bringt das sexuelle Element ins Spiel.) Königin Metaneira bietet Demeter Wein als Getränk an, das diese als ihr verboten ablehnt; schließlich trinkt sie einen aus Wasser und Getreide gemischten Trank. Die Menschen begegnen ihr mit Achtung und Scheu, als ahnten sie, dass es mit der Bettlerin eine besondere, höhere Bewandtnis habe. (Diese geheimnisvolle Scheu ist typisch für verborgene Epiphanien von Gottheiten, wie sie der griechische Mythos gerne erzählt.) Der Knabe Demophoon gedeiht unter ihrer Pflege in übernatürlicher Weise, denn Demeter reibt ihn mit Ambrosia (der Unsterblichkeitsspeise der Götter ein) und hält ihn des Nachts über ein Feuer, welches das Sterbliche an ihm verbrennt (ein etwas rätselhafter Vergottungsritus). Demeter hätte Demophoon zum göttlichen Wesen machen können, hätte nicht eines Nachts die Königin das Geschehen gesehen und wäre schreiend dagegen eingeschritten. Demeter wird zornig und offenbart jetzt ihr göttliches Wesen: Der Knabe wäre zur Gottheit geworden, hätte die Mutter es nicht verhindert. Demeter nennt ihre wahre Identität und gebietet das Einhalten von jährlichen Riten zu ihren Ehren, Alter und menschliche Gestalt fallen von ihr ab, und sie steht als strahlende Göttin vor den Menschen. Ihr Licht und Glanz füllen den ganzen Königspalast. Keleus, der König, befiehlt die Errichtung eines Tempels für die Göttin, die sie besucht hat. Der Knabe aber wächst wieder als normales Kind heran. Demeter aber zieht sich in das Innere ihres Tempels zurück, während grausamer Hunger die Menschen plagt, da die Ernten ausbleiben. Schließlich greift Zeus selbst, der Götterkönig, ein und sendet seine Botin Iris zu Demeter, aber auch von dieser lässt sie sich nicht aus ihrer Trauer herausrufen. Eine nach dem anderen versuchen alle Götter ihr Glück ohne Erfolg. Schließlich wird Hermes in die Unterwelt gesandt, um Persephone zurückzuholen. Hades sendet sie an die Oberwelt, gibt ihr jedoch einen Grantapfelkern zu essen, so dass sie zurückkehren muss. (Es handelt sich um das alte, weltweit verbreitete narrative Motiv, dass wer etwas in der Unterwelt gegessen hat, ihr verfällt und nicht wieder auf Dauer zurückkehren kann. Man beachte, dass in der Unterwelt die Zeit offenbar nach anderen Rhythmen abläuft: Wir erhalten den Eindruck, Persephone sei gerade erst dort angekommen, während auf der Erde mindestens ein gutes Jahr vergangen ist. Das alles sind Märchenmotive.) Hermes bringt Persephone zu ihrer Mutter, die nun endlich voll Freude aufspringt. Um die Listen der Unterwelt wissend, fragt sie ihre Tochter sofort, ob diese auch nichts beim Unterweltkönig gegessen habe. Persephone erzählt ihrer Mutter das Geschehene: Persephone kann nun zwei Drittel des Jahres hinauf zu ihrer Mutter ziehen, muss aber ein Drittel bei ihrem Gatten Hades in der Unterwelt zubringen (man beachte, dass im griechischen Mythos auch die Götter unabänderlichen Gesetzen unterliegen). Schließlich gebietet Zeus der Demeter, das Geschehene zu akzeptieren und wieder in die Gemeinschaft der Götter zurückzukehren. Eine besondere Rolle spielt noch Hekate, die zur Freundin und Beraterin der Persephone wird. Getreide und Früchte beginnen wieder zu sprießen. In Eleusis aber lehrt Demeter selbst die königliche Familie die „schrecklichen, ehrfurchterweckenden Riten", d.h. die Mysterien, welche niemals profaniert werden dürfen. „Glückselig ist der unter den Menschen, der die Mysterien gesehen hat, aber den Uneingeweihten erwartet nichts Gutes nach seinem Tod, drunten in der Dunkelheit", heißt es am Schluss des Kultliedes (man beachte, dass die Mysterien etwas sind, was der Eingeweihte sieht – nicht etwa hört). Diese Erzählung – die offenbar in verschiedenen Fassungen existierte – ist die Kultätiologie der eleusinischen Mysterien. Die Mysterien versprachen ein Doppeltes: Ein besseres Los im irdischen Leben und ein glückliches Geschick im Jenseits (in den Schlusssätzen des Liedes steht auch ein Hinweis auf irdischen Reichtum). Außerdem waren sie mit der Mythologie des Ackerbaus verbunden. Der athenische Ackerbauheros Triptolemos gehört in den eleusinischen Mythenkranz. Die Deutungen und mythologischen Bezüge dieses „Hieros Logos" sind Legion. Wir können sie hier nicht vorführen, sondern wenden uns dem zu, was wir sicher über die Mysterienhandlungen selbst und ihren organisatorischen Rahmen in Eleusis wissen.

Die organisatorische Leitung unterlag dem athenischen „Archon Basileus" sowie vier weiteren gewählten Beamten. Das Einweihungsgeschehen selbst wurde von einer professionellen Priesterschaft durchgeführt, welche diese Tätigkeit lebenslang ausübte. Eine solche Institutionalisierung von Religion war im alten Griechenland eher Ausnahme, wo Priesterämter normalerweise zeitlich befristete Ehrenämter gewesen sind. An der Spitze der Hierarchie standen der Hierophant aus der Familie der Eumolpiden, daneben zwei weibliche Hierophantides sowie der Daduchos („Fackelträger") und der Hierokeryx („heiliger Bote"), der aus der Familie der Keryken gewählt wurde. Das Element eines Erbpriestertums verdient besondere Erwähnung, weil dieses in Griechenland sonst eher selten ist. Eine Demeterpriesterin war eponym; das heißt, der eleusinische Kalender benannte die Jahre nach ihr. Auch sie musste aus der Familie der Eumolpiden oder derjenigen der Phylleiden geboren sein. Der Hierophant legte bei Amtsantritt seinen bürgerlichen Namen ab, ein häufiger Brauch in religiösen Ämtern, die eine neue Identität stiften und den ganzen Menschen in Beschlag nehmen. Er musste keusch leben und durfte nicht heiraten. (Angeblich wurde mit Schierling das sexuelle Verlangen erstickt.)

Der Demeterhymnus dürfte im Wesentlichen das Legomenon von Eleusis darstellen, das, was „gesagt" wurde, aber das eigentliche Mysterium lag im „Dromenon" bzw. „Deiknymenon", in dem was getan bzw. gezeigt wurde. Der zentrale Ritus hieß Epoptie (epopteia, griech. „Schau"), der die Einweihung (myesis) als separater Akt voranging. Zwischen diesen beiden Einweihungsakten lag gewöhnlich ein Zwischenraum von etwa einem Jahr. Der äußere Ablauf des Rituals ist aus Inschriften und anderen Quellen gut bekannt, die inneren Vorgänge dagegen kennen wir nur aus dem Bericht christlicher Autoren, die sich nach ihrer Bekehrung zum Christentum an das Schweigegebot (zuerst ps.-homer. Demeterhymnus 478f.) nicht mehr gebunden fühlten und über den Kult mit Abscheu berichteten. Oft empfanden sie ihn auch als lächerlich: das ist freilich die christliche Wahrnehmung. Die Eleusinien hätten nicht so lange Bestand gehabt, wenn sie nicht ein tiefes religiöses Bedürfnis zu befriedigen imstande gewesen wären. Die Initiation fand wie schon angedeutet in zwei Stufen statt, Myesis und Epoptie. Die Myesis dauerte nur einen Tag. Die „großen Mysterien", deren Höhepunkt die Epoptie war, fielen in den Frühherbst, vom 15.-21. Boedromion (gr. Monatsname). Am 19. Boedromion fand dabei eine große Prozession von Athen nach Eleusis statt: Die Mysterien hatten auch einen öffentlichen Aspekt. Sie waren nicht „Privatfrömmigkeit", sondern Staatskult, auch wenn die Initiative zur Teilnahme vom Einzelnen ausging. Während des großen nächtlichen Rituals, bei dem der Kontrast von Dunkelheit und Licht hohe symbolische Bedeutung hatte, zeigte der Hierophant eine Ähre vor, und rief, dass Brimo (wohl Kultname der Demeter) einen Sohn geboren habe. Diese Details sind nur durch den Christen Hippolyt, Refutatio omnium haeresium 5, 8, 40 überliefert (3. Jhdt. n. Chr.), entsprechen aber dem, was sich auch aus anderen Indizien vermuten lässt. Eine dramatische Darstellung wäre in der Halle räumlich kaum möglich gewesen.

Bei dem Kirchenlehrer Clemens Alexandrinus, Protreptikos 2, 21, 2 ist ein Passwort (griech. „synthema") überliefert, das den zentralen Vorgang umschreibt: „Ich habe gefastet. Ich habe den Kykeon getrunken. Ich habe aus der Truhe (griech. kiste, lat. cista) herausgenommen. Nachdem ich dies getan habe, habe ich in den Korb gelegt, und aus dem Korb zurück in die Truhe." Was genau es war, was der Myste aus der „Kiste" genommen hat, wird nicht gesagt. Sicher bestand ein Bezug zur Getreidesymbolik. Mit ihrer gewaltigen religiösen Dynamik lieferten die Mysterien bald Metaphern für die Philosophie und andere Gestalten einer besonderen, mühsam erworbenen, elitären Erkenntnis. Diese Traditionslinie spielt vor allem im Platonismus eine Rolle. Nicht nachweisen lassen hat sich die These, das Kykeon (der mit Wein und Käse vermischte Getreidetrank, mit dem das rituelle Fasten abgebrochen wurde) sei als bewusstseinserweiternde Droge zu verstehen (sogar an die Verwendung des schamanistischen Fliegenpilzes hat man denken wollen). Natürlich war das Ritual nicht über die mehr als tausend Jahre seines Bestehens völlig gleich. Dass man in der einen oder anderen Zeit auch einmal der mystischen Erfahrung mit Drogen hat nachhelfen wollen, ist a priori nicht unmöglich: Drogen sind oft ein Ersatz, wenn die mystische Erfahrung sich verweigert und sozusagen herbei gezwungen werden soll. Aber in Eleusis besitzen wir keine wirklichen Beweise für Drogengebrauch im regulären Initiationsritual. Jedenfalls war mit den ortsfesten eleusinischen Mysterien ein Paradigma definiert, an dem sich die zahlreichen anderen Mysterien, die es an vielen griechischen Heiligtümern gab, orientieren konnten. Nach wie vor umstritten ist, ob es im hellenistischen Ägypten sozusagen eine Zweigstelle der Eleusinien gegeben hat. (Ein Vorort Alexandriens hieß ebenfalls Eleusis.) Im Normalfall musste jeder, der eingeweiht werden wollte, nach Athen reisen, was für viele andere nicht ortsfeste Mysterien nicht galt. Im 2. Jh. n. Chr. erwähnt der Griechenlandtourist Pausanias mysterienähnliche Handlungen an vielen Tempeln (Descriptio Graeciae 1, 2, 5; 14, 2; 38, 3; 2, 3, 4; 14, 1-4; 36, 7; 37, 2; 38, 3; 4, 1, 6-7; 1, 9; 3,10; 14, 1; 26, 8; 27, 5; 33, 5; 34, 11; 8, 23, 4; 26, 1; 29, 1; 31, 7; 37, 2; 37, 8; 9, 25, 7; 30, 4-5; 30, 12; 35, 3; 10, 7, 2; 31, 11; 38, 7): Mysterien waren zur Mode geworden.

Literatur:
Walter Burkert, Ancient Mystery Cults. Cambridge, Mass. und London 1986 (auch deutsch: Antike Mysterien. Funktionen und Gehalt. München 1990. 4. Aufl. 2003) * Fritz Graf, Art. Mysterien. In: Der Neue Pauly 8 (2000), 615-626 * ders., Art. Mysteria. Ebd. 611-615 * Ders., Art. Initiation. Ebd. 5 (1998), 1001-1004 * Dieter Zeller, Art. Mysterien/Mysterienreligionen. In: Theologische Realenzyklopädie 23 (1994), 504-526 * George E. Mylonas, Eleusis and the Eleusinian Mysteries. Princeton 1961 * Nicholas J. Richardson, The Homeric Hymn to Demeter. Oxford 1974=1998 * Giulia Sfameni Gasparro, Misteri e culti mistici di Demetra. Rom 1986 * Larry J. Alderinck, The Eleusinian Mysteries in Roman Imperial Times. In: Aufstieg und Niedergang der Römischen Welt II 18, 2. Berlin u. New York 1989, 1457-1498 * K. Clinton, The Sanctuary of Demeter and Kore at Eleusis. In: Nannó Marinatos u.a. (Hrg.), Greek Sanctuaries. London 1993, 110-124 * Susan Guettel Cole, Theoi Megaloi. The Cult of the Great Gods at Samothrace. Leiden 1984.

Ältere Mysterien und Initiationsriten außerhalb von Eleusis

Es besteht ein wesentlicher, in der Forschung nicht immer beachteter Unterschied zwischen den aus der ethnologischen Forschung bekannten Initiationsriten junger Männer und Frauen, mit denen diese Teil der Gesellschaft der Erwachsenen, z.T. aber auch Mitglieder ausgesprochener Männer- oder Frauenbünde werden, und den antiken Mysterien. Die Mysterien sind an kein bestimmtes Alter gebunden. Sie können in der Jugend stattfinden (auch Kindereinweihungen sind in manchen Mysterien gut bezeugt), aber auch in allen Phasen des späteren Lebensalters. In gewisser Hinsicht verallgemeinern sie die existentiellen Erfahrungen, die junge Männer und Frauen in den Pubertätsriten archaischer Gesellschaft machen, im Referenzrahmen eines weitergehenden Rituals, welches das ganze Leben interpretiert und heilvoll transformieren will. Daher spielen z.b. Mutproben, die in Pubertätsriten v.a. der jungen Männer sehr wichtig sind, in den Mysterien kaum eine erkennbare Rolle. Einige wenige Spuren zeigen, dass die Wurzeln der Mysterien ein Element solcher Riten enthalten, das aber wohl nicht beherrschend ist. Daneben sind im Hintergrund der Mysterien archaische Fruchtbarkeitsriten zu nennen, die periodisch begangen wurden. Ihre Beziehung v.a. zu den eigentlichen, den eleusinischen Mysterien sind noch sehr deutlich. Aber die Eleusinien wurden nicht für die Felder ausgeführt, sondern für die Menschen. Initiationsriten werden in archaischen Gesellschaften u.U. auch zur Einführung in ein Amt oder als Ausdruck einer Statusveränderung vorgenommen. All dies hat Bezüge zu den Mysterien, ohne die griechischen Besonderheiten vollständig erklären zu können. Es wird wohl dabei bleiben, dass die Mysterien nicht einfach die Fortsetzung archaischer Riten in der griechischen Welt sind, sondern in ihrer Gesamtstruktur eine Besonderheit der griechischen Religion darstellen.

Mysterienakte hatten oft einen ausgesprochen diesseitigen Zweck. Man darf sich Mysterien nicht ausschließlich „spirituell" oder jenseitsbezogen vorstellen. Ähnlich dem antiken Votivwesen (der Errichtung von Weihinschriften) spielen diesseitige Absichten eine wichtige Rolle. Z.B. dienten diejenigen der entlegenen Insel Samothrake dazu, gegen die Gefahren der Seefahrt zu „feien" (Diogenes Laertios 6, 59). Ihre Götter, die Kabiren, trugen die eigentümlichen Namen Axieros, Axiokersa, Axiokersos und Kadmilos. Später wurden diese sicher vorgriechischen Götter mit Demeter, Persephone, Hades und Hermes identifiziert, was offenbar eine ausgesprochen „eleusinische"

Interpretation ist (bezeugt durch Mnaseas, einen Periegeten des 3. vorchr. Jhdts.). Der Römer Varro dagegen identifiziert sie im 1. vorchr. Jhdt. mit Iuppiter, Iuno, Minerva und Mercurius. Auch eine Gleichsetzung mit den Dioskuren ist nicht selten; also stand offenbar nicht einmal die Zahl der Kabiren wirklich fest (die semitische Etymologie des ungriechischen Namens „Kabiren" ist heute aufgegeben). Verehrt wurden sie nicht nur auf Samothrake, sondern z.B. auch auf Lemnos und in Theben. Vielleicht begründeten die samothrakischen Mysterien eine Art Seefahrerbund. Eine andernorts gelegentlich bezeugte Verbindung mit dem Schmiedegott Hephaistos weist dagegen auf eine Beziehung der Kabiren zu archaischen Schmiedebünden, die es bei vielen Völkern gegeben hat: Der Schmied gilt immer als „eingeweihter" Träger eines geheimen Wissens.

Besser bekannt sind die dionysischen Mysterien, die vor allem am Rand der griechischen Welt praktiziert wurden, in Thessalien, Unteritalien, auf Kreta usw. Sie verbanden sich mit der „Orphik", einem eigenen Typ griechischer Religion, in dem Jenseitserwartungen und Rituale, die auf das Jenseits vorbereiten sollten, eine wichtige Rolle spielten. Schon Herodot (2, 81) hat ihre Gedankenwelt mit Pythagoras (s.u.) und Ägypten zusammengebracht. Verbreitet durch Wanderpriester (vgl. sofort zum römischen Bacchanalienskandal), erreichten sie mehrheitlich Frauen. Die Stuckbilder der römischen Villa Farnesina und die Fresken der Villa dei Misteri in Pompeii liefern uns anschauliches Material von dionysischen Feiern. Ein soziales, gemeinschaftsstiftendes Element trat neben die Vermittlung sehr spezifischer Jenseitshoffnungen, die wir aus Inschriften auf Goldblättchen recht gut kennen, welche als Grabbeigaben gedient haben.

Der Bacchanalienskandal

Schon die griechischen Mysterien standen in einer gewissen komplementären Spannung zur sonstigen Staatsreligion der Polis. Diese Distanz drückte sich auch räumlich aus: Eleusis liegt einen mehrstündigen Marsch vor den Stadttoren von

Athen (ähnlich das Kabeirion von Theben), Samothrake ist eine kleine Insel weitab der befahrenen Schifffahrtswege, von den Bacchantinnen des Dionysos hören wir, dass sie draußen in den Wäldern und auf den Bergen ihre ekstatischen Tänze zu veranstalten pflegten. Je mehr Mysterien zu „privaten" Feiern eigener Kultverbände wurden, desto stärker konnten sie zum Gegenstand gesellschaftlicher Ängste und Befürchtungen werden – und damit auch zum Objekt restriktiver Religionspolitik. In hellenistischer Zeit konnte sich dieser Gegensatz steigern. Der Ptolemäerkönig Ptolemaios III. (oder IV.) ließ systematisch die Heiligen Bücher der Dionysosmysten kontrollieren (Sammelbuch ägypt. Urkunden 7266).

Die berühmteste und einflussreichste Verfolgung eines Mysterienvereins wurde dann der römische Bacchanalienskandal des Jahres 186 v. Chr. Er hat juristisch wohl ein wesentliches Vorbild der Christenverfolgungen des 1.-4. Jhdts. der Kaiserzeit geliefert und ist den Römern jedenfalls lange im Gedächtnis geblieben. In gewisser Hinsicht kann er als erste groß angelegte Verfolgung einer religiösen Minderheit in der Weltgeschichte gelten. Bacchus war der griechische Dionysos, der etruskische Fufluns Pachies, als solcher in Rom längst eingebürgert, der Gott des Weines, des Rausches, überhaupt des gesteigerten Lebens. Ein Bacchanal ist von Hause aus eine Kultstätte dieses Gottes; im Plural meint das Wort Riten zu Ehren des Dionysos. Man sieht hier sehr schön den Unterschied zwischen öffentlichem Kult (den niemand beanstandete) und den Mysterien als geheimen nächtlichen Feiern, an denen nur Eingeweihte teilnehmen konnten. Ein Grieche unedler Herkunft („Graecus ignobilis") hatte die Bacchanalien nach Etrurien gebracht, später eine Campanierin nach Rom, wo sie sich explosionsartig ausbreiteten, nicht zuletzt unter Sklaven, Frauen und Kindern. Ursprünglich sei der Kult nur Frauen vorbehalten gewesen, bis eine Priesterin ihn auf Männer ausgedehnt hätte. Die nächtlichen Riten fanden bei strenger Geheimhaltung in Tiberhöhlen statt. Bald kam es zu ungeheuerlichen Verdächtigungen über sexuelle Ausschweifungen (Homosexualität wird explizit erwähnt), abergläubische

Raserei beim Klang der Tamburine und Becken, und kriminelle Machenschaften einschließlich zahlreicher Morde. Interessant ist die Nachricht, mit der zunehmenden Veränderung der Mysterien sei das Alter der Zielgruppe gesunken: Man versuche jetzt besonders, leicht zu beeindruckende unter 20-Jährige zu gewinnen, weil diese „für Unzucht und Aberglauben am empfänglichsten seien" (hier entsteht das Klischee der „Jugendreligion" als einer „prava religio", verderbten Religion). Eine Sklavin enthüllt die Vorgänge. Eine energische Untersuchung führt zu einem gewaltigen Skandal und angeblich mehr als 7000 Verhaftungen mit zahlreichen Hinrichtungen. Ein „Senatus consultum de Bacchanalibus" (erhalten auf einer Inschrift, die sich heute in Wien befindet: CIL 3. Aufl., Nr. 581) aus dem gleichen Jahr bestimmt, dass in Rom Dionysosheiligtümer und jede Abhaltung von Riten zu seinen Ehren einer besonderen Genehmigung durch den Stadtprätor bedürften. Dies ist nebenbei überhaupt einer der ältesten inschriftlich erhaltenen römischen Rechtstexte. „Sacra in oquoltod ne quisquam fecise velet" – „Niemand darf Feiern im geheimen abhalten" wird zum Rechtsgrundsatz: Jeder religiöse Akt, an dem mehr als fünf Menschen teilnehmen, muss angemeldet werden. Der Historiker Livius (wohl 59 v.-17 n. Chr.) hat in seiner monumentalen „Römischen Geschichte" (39, 8-19) einen ausführlichen Bericht der Ereignisse geliefert. Die ältere Forschung hat diesen weithin ungebrochen als Tatsachenbericht gelesen (obwohl die Ereignisse zwei Jahrhunderte zurücklagen), aber in jüngerer Zeit ist deutlicher geworden, dass die Berichterstattung des Livius auch eine Absicht innerhalb der Religionspolitik des augusteischen Zeitalters hat, und vor „fremden und obskuren Geheimkulten" warnen will. Es ist daher nicht sicher, ob alle Details der Darstellung bei Livius historisch sind; über weitere Zeugnisse (etwa archäologischer Art) verfügen wir nicht. Den Römern jedenfalls war eine geradezu panische Angst vor allen Geheimbünden und geheimen Kultveranstaltungen geblieben. In der Zeit des Kaiser Tiberius kam es z.B. zu einem Skandal um Priester der Göttin Isis und des Anubis (die ihren Einfluss zur sexuellen Verführung römischer

Ehefrauen missbraucht hatten). Die Verehrer der Göttin müssen darauf zeitweise die Stadt verlassen (Isistempel befinden sich zu dieser Zeit ohnehin nur außerhalb des Pomeriums, der sakralen Stadtgrenze). Der Jude Josephus berichtet darüber ausführlich (Antiquitates 18, 65-80 vgl. noch Tacitus, Annalen 2, 85; Sueton, Tiberius 36 und Seneca, Epistulae 108, 22). Aber zu einer regelrechten Religionsverfolgung, die genau in dieser Angst vor allen Geheimbünden wurzelte, kam es erst gegenüber den Christen. Allein schon dieser Zusammenhang illustriert nachhaltig die weltgeschichtliche Bedeutung des Themas „Geheimbünde".

Literatur:
Reinhold Merkelbach, Die Hirten des Dionysos. Stuttgart 1988 * Christa Frateantonio, Art. Bacchanalia. In: Der Neue Pauly 2 (1997), 389f. * Jean-Marie Pailler, La répression de 186 av. J.-Ch. à Rome et en Italie. Paris 1988 * Hildegard Cancik-Lindemaier, Der Diskurs Religion im Senatsbeschluß über die Bacchanalien von 186 v. Chr. und bei Livius (B. 39). In: Hubert Cancik u.a. (Hrg.), Geschichte – Tradition – Reflexion. FS Martin Hengel. Bd. 2. Tübingen 1996, 77-96 * Marco Frenschkowski, Offenbarung und Epiphanie 2. Tübingen 1997, 20f. (Isisskandal) * Zum Liviusbericht: Lateinischer Originaltext und Übersetzung finden sich z.B. in: T. Livius, Römische Geschichte Buch XXXIX-XLI. Lateinisch und deutsch herausgegeben von Hans Jürgen Hillen. München und Zürich 1983.

Eine Isis-Einweihung *(Apuleius, Metamorphosen 11)*

Wir besitzen in der gesamten antiken Literatur nur eine einzige ausführliche Schilderung einer Mysterieneinweihung. Sie stammt aus einem Roman des nordafrikanischen Schriftstellers Apuleius von Madaura (etwa 125 bis etwa 170 n. Chr.), muss also (als literarischer Text) mit etwas Vorsicht gelesen werden. Die Rahmenhandlung ist fantastisch: Der Erzähler „Lucius" ist wegen seines unzüchtigen Charakters durch eine Hexe in einen Esel verwandelt worden. Nur wenn es ihm gelingt, ein Büschel Rosen zu fressen, kann er wieder in einen Menschen zurückverwandelt werden. Der Roman „Metamorphoses" (Verwandlungen), auch als „Asinus aureus" (Der Goldene Esel) zitiert, lässt nun in bunten Episoden die Versuche dieses Esels

Revue passieren, an ein solches Büschel heranzukommen, was aber immer misslingt. In teils komischen, teils derben und oft pornographischen Szenen werden viele Bereiche der antiken Lebenswelt dargestellt, z.T. in karikierenden Farben. Erst im letzten (11.) Buch ändert der Roman völlig seinen Ton: Durch die Gnade der Göttin Isis kann der Esel Lucius bei einer Prozession seine Rosen zu fassen bekommen, verwandelt sich zurück in einen Menschen und wird ein glühender Verehrer der ägyptischen Göttin. Apuleius schildert detailliert und authentisch den Kult der Göttin (bei dem ägyptische Priester mitwirken). Isis und ihr göttlicher Gemahl Serapis wurden schon lange auch in Griechenland verehrt, während es in Rom erhebliche Widerstände gegen den Kult gab. Doch im 2. Jhdt. war ihr Kult auch in Rom fest etabliert. Isis galt dabei u.a. als Göttin der Seefahrt, wodurch sie zur Patronin der für Rom lebenswichtigen Getreidelieferungen aus Ägypten wurde. Die „Vielnamige" wurde freilich auch mit nahezu allen anderen Göttinnen identifiziert. In der Spätzeit wird sie in gewisser Hinsicht zu einer Gottheit der gesamten „Natur". Im Höhepunkt des Romans lässt sich Lucius nun in Korinth in die Mysterien eben dieser Göttin einweihen, deren Gnade ihn wieder zum Menschen gemacht hat. Wir hören einen etwas längeren Ausschnitt aus seiner Schilderung:

„Darauf lag ich dem emsigen Dienste des Kultes noch eifriger ob, da mir künftige Hoffnungen durch die gegenwärtigen Wohltaten verbürgt waren. Ebenso nahm täglich mehr und mehr mein Verlangen zu, die Weihen zu erhalten, und inständigst hatte ich oftmals den Oberpriester mit Bitten angegangen, er möge mich endlich in die Geheimnisse der heiligen Nacht einweihen. Allein dieser im übrigen würdige Mann, der durch die Beobachtung der besonnenen religiösen Vorschriften viel von sich reden machte, hemmte mein Drängen in milder und freundlicher Weise, wie Eltern die unreifen Wünsche ihrer Kinder zu mäßigen pflegen, und beschwichtigte mein angstvolles Herz mit dem Trost einer besseren Hoffnung. Denn den Tag, an dem man eingeweiht werden könne, bestimme das Geheiß der Göttin, und auch den Priester, der die heilige Handlung vornehmen solle, wähle ihre Fürsorge aus. Auch der für die Feierlichkeit erforderliche Aufwand werde durch ein gleiches Gebot festgesetzt. Das alles müssten auch wir, so meinte er, mit gehorsamer Geduld hinnehmen; denn vor überhastetem Verlangen wie vor störrischem Widerstreben müsse ich mich aufs äußerste hüten, beide Vorwürfe meiden und weder, gerufen, zaudern noch, ungeheißen, eilen. Es sei doch niemand aus ihrer Zahl so wahnsinnig oder vielmehr so erpicht auf den sicheren Tod, dass er ohne eigens auch an ihn gerichteten Befehl der Göttin den Mut hätte, den verwegenen und gottlosen Dienst zu verrichten und sich todeswürdige Schuld zuzuziehen. Denn in der Göttin Hand lägen die Riegel der Unterwelt und der Schutz des Lebens, und die Unterweisung selber werde ganz als freiwilliger Tod und eine durch Gnade gewährte Rettung feierlich vollzogen. Gewöhnlich pflege ja die allmächtige Göttin nach Ablauf der Lebenszeit die schon unmittelbar an der Schwelle des beendeten Daseins Stehenden, denen die großen Geheimnisse der Religion sicher anvertraut werden könnten, sich auszuwählen und die durch ihre Fürsorge gewissermaßen Wiedergeborenen zum Lauf eines neuen Daseins wiederherzustellen. Also müsse auch ich das himmlische Gebot auf mich nehmen, wenn ich auch durch die sichtbare und augenscheinliche Gnade der großen Gottheit schon lange zu dem seligen Dienst vorgesehen und bestimmt sei. Ebenso wie die übrigen Verehrer solle ich mich schon jetzt der gemeinen und unheiligen Nahrungsmittel enthalten, um auf desto geraderem Wege zu den verborgenen Geheimnissen der reinsten Religion zu gelangen.

Der Priester hatte gesprochen, und mein Gehorsam wurde nicht durch Ungeduld in Frage gestellt; sondern gespannt, in milder Ruhe und anerkennenswertem Schweigen, unterzog ich mich täglich der emsigen Pflege des Gottesdienstes. Doch die segenbringende Güte der mächtigen Göttin trog mich nicht und quälte mich nicht durch einen langwierigen Aufschub, sondern sie mahnte mich – ihr Geheiß in dunkler Nacht war durchaus nicht dunkel – ganz offenkundig, gekommen sei der von mir heißersehnte Tag, an dem sie mir den größten Wunsch erfülle, sagte auch, mit welchem Aufwand ich für die gottesdienstliche Feier Sorge zu tragen habe; und Mithras selber, ihren Oberpriester, der mir durch eine geradezu göttliche Übereinstimmung unserer Gestirne, wie sie sagte, verbunden war, bestimmte sie mir zum Vollzieher der Einweihung. Durch diese und die sonstigen wohlwollenden Vorschriften der hehren Göttin im Herzen ermutigt, schüttle ich, kaum das es heller Tag war, den Schlaf von mir und eile sofort zur Wohnstätte des Priesters. Ich treffe ihn, als er eben aus seinem Gemach tritt, und begrüße ihn. Ich hatte im Sinn, die Einweihung in den heiligen Dienst, dringender als sonst, gleichsam als eine Schuld zu fordern. Doch er sprach zuerst, sobald er mich erblickte: „Lucius, wie bist du glücklich, wie bist du selig, dass dich die erhabene Gottheit so sehr ihrer huldvollen Gnade würdigt!", und er fügte hinzu: „Was stehst du noch müßig und versäumst dich selber? Der Tag ist da, den du in beständigem Gebet herbeigesehnt hast, an dem du auf das göttliche Geheiß der vielnamigen Göttin hier durch meine Hände in die frommen Geheimnisse des heiligen Dienstes eingeweiht werden sollst." Damit legt der freundliche Greis mir die Hand auf und führt mich sofort unmittelbar zu den Toren des mächtigen Tempels. Nachdem nach feierlichem Brauch der Dienst der Toröffnung erfüllt und das Morgenopfer beendet ist, bringt er aus dem Geheimgemach des Heiligtums bestimmte Bücher, die mit unverständlichen Schriftzeichen versehen waren; denn sie enthielten teilweise in Verkürzung Wörter einer Sprache, welche in Bildern von allerlei Tieren abgefasst war, teilweise war ihre Lektüre durch verschlungene und nach Art eines Rades gewundene und wie Weinranken sich verschlingende Schriftzüge vor der Neugier der Uneingeweihten gesichert. Daraus verkündete er mir, was ich zum Zwecke der Einweihungsfeier unbedingt vorzubereiten hätte.

Das besorgte ich voller Eifer und etwas großzügiger teils selbst, teils lasse ich es durch meine Gefährten zusammenkaufen. Und schon verlangte es die Zeit, wie der Priester sagte, dass er mich, umgeben von der Schar der Frommen, zum nächsten Bad geführt, und nachdem ich zunächst ein gewöhnliches Bad genommen hatte, betet er um der Götter Gnade und reinigt mich dann völlig, mich ringsum mit Wasser besprengend. Dann geleitet er mich wieder zum Tempel zurück – schon waren zwei Drittel des Tages vergangen – und stellt mich unmittelbar der Göttin zu Füßen. Und nachdem er im geheimen mir gewisse Aufträge gegeben hatte, die zu heilig sind, als dass ich sie sagen dürfte, gebietet er mir dies vor allen Zeugen: Ich solle zehn Tage hintereinander den Genuss im Essen einschränken, kein Fleisch verzehren und ohne Wein leben. Nachdem ich dies in ehrfurchtsvoller Enthaltsamkeit richtig innegehalten hatte, war schon der Tag da, der mir durch den göttlichen Termin bestimmt war, und die Sonne neigte sich und brachte den Abend herbei. Da, schau, strömen von allen Seiten die Scharen zusammen, nach altem Brauche mich einzeln mit mannigfachen Geschenken ehrend. Darauf werden alle Uneingeweihten weit entfernt, ich werde mit einem leinenen, groben Gewande umhüllt, und der Priester fasst mich bei der Hand und führt mich in das Innere des Heiligtums selbst. Du fragst mich vielleicht recht voller Spannung, eifriger Leser, was dann gesprochen, was getan wurde. Ich würde es dir sagen, wenn ich´s sagen dürfte; du würdest es erfahren, wenn du´s hören dürftest. Aber gleiche Schuld würden sich die Ohren wie die Zunge zuziehen für diese ruchlose Neugier. Doch will ich dich, der du vielleicht in frommen Verlangen gespannt bist, nicht durch lange Unruhe quälen. Hör also, aber glaub mir, was der Wahrheit entspricht. Ich bin an die Grenze des Todes gekommen, und habe die Schwelle der Proserpina betreten, durch alle Elemente bin ich gefahren und dann zurückgekehrt, um Mitternacht habe ich die Sonne in blendend weißem Licht leuchten sehen, den Göttern droben und drunten bin ich von Angesicht zu Angesicht genaht und habe sie aus nächster Nähe angebetet. Damit habe ich dir berichtet, was du, magst du´s auch hören, doch unbedingt nicht verstehen wirst. Also will ich dir berichten, was man allein, ohne eine Sünde zu begehen, den Uneingeweihten zur Kenntnis bringen kann.

Es war Morgen geworden; da trat ich nach Vollendung der heiligen Handlung heraus, geheiligt durch zwölffache Stola, in einem gewiss sehr frommen Aufzug. Aber keine Fessel hindert mich, darüber frei zu reden, weil ihn ja die vielen Anwesenden damals gesehen haben. Denn auf Geheiß trat ich in der Mitte des heiligen Tempels auf eine vor der Göttin Bild aufgestellte hölzerne Bühne, auffallend durch das Gewand, das aus feinem Linnen, aber bunt bestickt war. Und von den Schultern hing mir den Rücken hinab bis zu den Fersen ein kostbarer Mantel. Wohin du jedoch auch sahst, war ich mit Tierbildern geschmückt, die in mannigfachen Farben ringsum angebracht waren; hier waren es indische Drachen, dort hyperboreische Greife, die eine andere Welt in der Art eines gefiederten Flügelwesens hervorbringt. Das nennen die Eingeweihten die Olympische Stola. Doch in der rechten Hand trug ich eine voll entflammte Fackel, und mein Haupt umgab stattlich ein schimmernder Palmenkranz, bei dem die Blätter wie Strahlen hervorragten. Nachdem ich so der Sonne gleich geschmückt und wie ein Standbild aufgestellt war, wurde der Vorhang plötzlich fortgezogen, und das Volk wogte heran, mich zu schauen. Dann feierte ich meinen festlichen Geburtstag als Eingeweihter, und es gab einen lieblichen Schmaus und ein heiteres Gelage." (11, 21,1-24, 5 in der Übersetzung von Rudolf Helm. 7. Aufl. Berlin 1978).

Der rhetorische und werbende Charakter dieses Berichts ist deutlich. Apuleius schreibt missionarische Propagandaliteratur für die ägyptische Göttin. Aber das Gesamtbild muss doch im Wesentlichen zutreffen und wird auch durch andere (nicht so detaillierte) Quellen gestützt. Der emotionale und spirituelle Charakter der Erfahrung wird sehr deutlich: Die Mysterien der Kaiserzeit gehören jetzt in die Geschichte der persönlichen Frömmigkeit, nicht mehr allein der Staatsreligion. Manche Stichworte erinnern an Christliches, vor allem das Schema „freiwilliger Tod" (voluntaria mors) – Durchgang zum Licht. Von einer Auferstehung ist nicht die Rede. Merkwürdigerweise trägt der Isispriester den iranischen Namen Mithras: Die Mysterienkulte haben zu dieser Zeit längst einen synkretistischen Zug angenommen. In der weiteren Handlung des Romans wird Lucius in Rom noch in die Mysterien des Osiris-Serapis eingeweiht, die eine Art zweite Stufe darstellen: Offenbar versuchten die Priester durch diese Staffelung der sehr kostspieligen Einweihungen auch, ihren finanziellen Gewinn zu steigern. Was bei der eigentlichen Einweihung geschieht, sagt Apuleius nur in Andeutungen. Wahrscheinlich erlebt er den Weg der göttlichen Sonnenbarke durch die Unterwelt mit, ein typisch ägyptisches Motiv. Daher die eigentümliche Formulierung, die Sonne habe um Mitternacht (also in der Unterwelt) geschienen. Die Teilnahme am Weg der Sonne durch die Unterwelt ist eine Art Vergottung: Der Myste erhält Anteil an der göttlichen Natur des Osiris. Das scheint ein Thema auch anderer spätantiker Mysterien gewesen zu sein. In jedem Fall eignet die Partizipation am Weg der Gottheit etwas von ihrem Wesen zu. Die Mysterien inszenieren eine Wesensvermischung oder -amalgamierung zwischen Gottheit und Mensch: Die ontologische Grenze zwischen beiden wird durchlässig. Leider wissen wir nicht, wie verbreitet und konkret dieser Gedanke gewesen ist; in der Forschung gehört dies zu den am heftigsten umstrittenen Fragen. Auch die Isismysterien sind nicht einfach altägyptisches Erbe, sondern stellen eine griechische Kultform unter Integration ägyptischer Traditionen und Gottheiten dar.

In den ägyptischen Tempeln selbst gab es natürlich auch geheime Riten mit Initiationscharakter, v.a. die des Osiris in Abydos. Sie betrafen aber nur die Priester und begründeten keine geheime Gesellschaft der Eingeweihten oder ähnliches. Kultspiele und elaborierte gottesdienstliche Rituale aus dem Osiris-Kult haben sicher Bausteine zu den graecohellenistischen Isismysterien geliefert, sollten aber selbst noch nicht als Mysterien bezeichnet werden. Eine Gemeinschaft der „Eingeweihten" hat es in Ägypten nicht gegeben, nur Priesterfamilien mit ihrem ererbten Berufswissen. An der Erzählung des Apuleius sieht man auch sehr schön, dass die geheimen Riten eingebettet waren in ein breites Umfeld von „visible Religion". Vor allem die von allen Griechen, aber auch den Ägyptern überaus geliebten Umzüge sind hierbei wichtig, daneben öffentliche Opfer und Zurschaustellungen. Man hat sich den Isiskult mit seinen triumphalen, bunten Umzügen und sorgfältig umhegten (täglich gewaschenen und neu bekleideten) Götterbildern ein wenig wie die Religiosität hinduistischer Tempel vorzustellen, in denen alle diese Elemente ja bis heute auch vorkommen. Die Mysterien supplementieren diese „visible religion" nur. Die Isismysterien sind also Teilaspekt einer umfassenden religiösen Kultur, aus der sie nicht herausgelöst werden können. Immerhin haben Orden wie der „Hermetic Order of the Golden Dawn" sich gerne als Erneuerungen der Isismysterien beschrieben und sogar förmliche Isistempel eingerichtet – im viktorianischen und edwardischen England (s.u.), und an die Darstellung in Mozarts „Zauberflöte" erinnern wir nur en passant. Dies alles sind fantasievolle Anknüpfungen, aber keine historischen Kontinuitäten.

Literatur:
Martin Dibelius, Die Isis-Weihe bei Apuleius und verwandte Initiations-Riten. In: ders., Botschaft und Geschichte. Bd. II. Tübingen 1956, 30-79 (zuerst 1917) * John Gwyn Griffiths, Apuleius of Madaurus, The Isis-Book (Metamorphoses, Book XI). Leiden 1975 * Ders., Art. Mysterien. In: Lexikon der Ägyptologie 4. Wiesbaden 1982, 276f. * Marco Frenschkowski, Apuleius von Madaura. In: Werkführer durch die utopisch-fantastische Literatur. 26. Ergänzungslieferung. Meitingen 1998 * Ladislaus Vidman, Isis und Sarapis bei den Griechen und Römern. Berlin 1970 * Friedrich Junge, Isis und die ägyptischen Mysterien. In: Wolfhart Westendorf (Hrg.), Aspekte der spätägyptischen Religion. Wiesbaden 1979, 93-115 * Stephen J. Harrison, Apuleius: A Latin Sophist. Oxford 2004 * Judith K. Krabbe, Lusus iste: Apuleius´ Metamorphoses. Dallas 2003.

Mithras, Kybele, Attis: die „orientalischen Mysterien"

Die Redeweise von eigenen „orientalischen Mysterienreligionen" entfällt in der neueren Forschung aus den schon genannten Gründen. Es hat jedoch im späthellenistischen und verstärkt im römischen Zeitalter Mysterien gegeben, die anders als diejenigen von Eleusis und Samothrake an vielen Orten abgehalten werden konnten und sich mit den Namen und dem Kult orientalischer Gottheiten verbanden. Zumindest die Mysterien des Mithras gehen dabei offenbar auf eine eigene Religionsgründung zurück, die wir vielleicht Ende des 1. Jhs. n. Chr. anzusetzen haben. Aus vagen iranischen Bausteinen (Mithras ist der iranische Gott der Verträge), einem komplexen astrologischen Symbolismus und offenbar reichlicher platonischer Philosophie entsteht der einzige Mysterienkult, der mit sehr eingeschränktem Recht als eigene Religion angesprochen werden könnte (dazu sofort Weiteres).

Überaus eigenartig wirkten auf Griechen und Römer schon die kleinasiatischen Mysterien der Magna Mater (korrekter Mater Magna) und des Attis. Der mythische Hieros Logos dieses Kultes wurde Ende des 4. vorchr. Jhdts. durch den Eumolpiden Timotheos schriftlich fixiert, der auch als Organisator der ptolemäischen Reichsreligion, des Sarapiskultes, wichtig wurde: Ein Religionsgründer nicht der charismatischen, sondern der bürokratischen Art. Im Jahr 204 v. Chr. wurde der Kult der großen Muttergottheit und ihres jugendlichen Konsorten feierlich aus Kleinasien (Pessinus) nach Rom transferiert. Die Göttin hatte dabei hochaltertümlich die Gestalt eines schwarzen Meteorsteines (vgl. die vor-islamische Kaaba in Mekka, ebenfalls Kult eines Meteorsteines). Ihr Fest (Ludi Megalenses, 4.-9. April) war Teil des römischen Staatskultes. Berüchtigt in der gesamten Antike waren v.a. die Priester der großen Mutter, die sich rituell kastrierten, als Eunuchen über Land zogen und Geld sammelten. Schon Platon erwähnt diese „Metragyrten" (Wanderpriester der „Mutter"). Man begegnete ihnen vielfach mit Verachtung und Befremden, wie im 2. nachchr. Jhdt. Apuleius anschaulich schildert, doch mangelte es ihnen nie an „Nachwuchs". Etwas anachronistisch könnte man von einer Sekte sprechen, doch waren auch sie Teil des religiösen Gesamtsystems der griechisch-römischen Religion, in dem es keine exklusiven Kulte gab. Die ekstatisch-rauschhaften Feste, die in Kastrationsriten zu Ehren der Göttin endeten, hat Catull in seinem Attis-Gedicht nachgezeichnet. In einem weiteren religionsgeschichtlichen Ausblick wird man die russischen Skopzi des 18. und 19. Jahrhunderts vergleichen dürfen, die sich ebenfalls rituell kastrierten (Frauen schnitten sich die Brüste ab) und die zum Entsetzen der russischen Oberschicht zu einer ausgesprochenen Massenbewegung wurden, gegen die selbst strenge Unterdrückungsmaßnahmen nichts halfen (s.u.). Ihre letzten Ausläufer reichen bis fast ins 20. Jh. Zum Umfeld der Magna Mater-Mysterien gehören Männerbünde (Kureten, Korybanten), über die wir nicht allzu viel wissen. Ähnlich den eleusinischen Mysterien laufen diejenigen der Magna Mater im 4. nachchr. Jhdt. aus, obwohl sie noch Kaiser Julian Apostata verteidigt und interpretiert hat. Eine Wiedergeburtssymbolik verband sich mit dem Taurobolium, einer der eindrücklichsten Riten der alten Welt. Der Initiand stand in einer Grube und wurde vom Blut des über seinem Kopf getöteten Stieres überströmt. Doch musste das Ritual nach einer Nachricht alle 20 Jahre erneuert werden. Die Wiedergeburt durch diese Bluttaufe bezog sich sicher auch auf das Jenseits. Das Taurobolium entwickelte sich offenbar erst allmählich in der Kaiserzeit. Sonst kennen die antiken Mysterien zwar Waschungen, aber kaum taufähnliche (ein für allemal vollzogene) Wasserriten.

Walter Burkert hat vielleicht etwas zu massiv unterstrichen, dass es keine eigenen „Mysteriengemeinden" gegeben hat. Das Zusammengehörigkeitsgefühl wurde nur durch die Einweihung konstituiert. Für die Mithrasmysterien trifft das allerdings nicht zu. Sie hatten zwar eine feste Zielgruppe (das Militär und sein Umfeld), begründeten aber auch ihrerseits einen festen Bund. Für Mithraseingeweihte hat es eigene Friedhöfe gegeben, von denen wir auch für andere Gruppen gelegentlich hören. Frauen waren nicht zugelassen. Man traf sich regelmäßig in den Kulthöhlen oder in kleinen Tempeln (Mithräen), die zum Teil nur ein Dutzend Menschen fassten (man ist an die christlichen Hausgemeinden erinnert, die Paulus erwähnt). Auch gemeinsame Mahlzeiten sind bezeugt. Die Einweihung geschah in sieben Stufen: Corax („Rabe"), Nymphus („Bräutigam"), Miles („Soldat"), Leo („Löwe"), Perses („Perser"), Heliodromus („Sonnenläufer") und Pater („Vater"), je mit eigenen Ritualen und eigener Kultkleidung. Jedoch scheint es geographische Unterschiede gegeben zu haben. Das erinnert bereits an die späteren vielstufigen Einweihungen der Freimaurer. Das zentrale Kultrelief, welches Mithras als Stiertöter in einer Höhle darstellt (etwa 650 Exemplare sind erhalten) hat wohl astrale und kosmogonische Bedeutung. Alle Einzelheiten sind umstritten, da wir den Hieros Logos des Kultes nicht besitzen. Die Mithrasmysterien haben Griechen kaum angesprochen; ihre Zentren lagen auf westlichem Gebiet, obwohl sie mit der römischen Armee auch in den Osten des Imperiums kamen. Im 5. Jhdt. verschwand der Kult, wohl eher aus Desinteresse als durch Verfolgung. Eine Konkurrenzreligion zum Christentum war er wegen seiner eingeschränkten Zielgruppe nicht.

Literatur
(ergänzend zu den schon genannten allgemeinen Titeln): David Ulansey, The Origins of the Mithraic Mysteries. Oxford 1989 * Reinhold Merkelbach, Mithras. Hain 1984 * Franz Cumont, Die Mysterien des Mithra. Leipzig 2. Aufl. 1911 = Darmstadt 5. Aufl. 1981 (Klassiker; plädiert für einen iranischen Ursprung) * Manfred Clauss, Mithras. München 1990 * Willem Cornelis van Unnik, Flavius Josephus and the Mysteries. In: Maarten Jozef Vermaseren (Hrg.), Studies in Hellenistic Religions. Leiden 1979, 244-279 * Quellen: Marvin Meyer (Hrg.), The Ancient Mysteries. San Francisco 1986. Neuausgabe Philadelphia 1999 * Nicolaus Turchi, Fontes historiae mysteriorum aevi hellenistici. Rom 1923 * Die inschriftlichen Belege für Kulte und Mysterien der hellenistisch-römischen Zeit für Göttinnen und Götter wie Isis, Sarapis, Mithras, Kybele, Attis etc. liegen in umfangreichen Sammelbänden des Verlags Brill, Leiden vor, die hier nicht im einzelnen aufgezählt werden müssen.

Geheimbünde für Frauen?

Manche geheimbundähnlichen Vereinigungen waren für die männliche Gesellschaft schon deshalb suspekt bzw. verdächtig, weil sie eine besondere Attraktivität auf Frauen ausübten. Wir sind diesem Phänomen bereits im Bacchanalienskandal begegnet. Die Antike kennt aber auch im strengen Sinn auf Frauen beschränkte Geheimbünde und Riten, die durchaus allgemein akzeptiert waren. „Frauenreligion" in Athen waren z.B. die Thesmophorien, die von verheirateten Frauen mit altertümlichen Fruchtbarkeitsriten im Herbst begangen wurden, aber sie konstituierten keinen Geheimbund. Eher von Ansätzen eines Frauenbundes kann man in der stadtrömischen Religion in Hinsicht auf den Kult der Göttin Bona Dea (auch Fauna, Fatua, Fenta Fauna) sprechen, der „guten Göttin" (das bedeutet „Bona Dea"). Wir müssen uns hier auf dieses eine Beispiel beschränken. Die nächtlichen Feiern fanden Anfang Dezember im Haus eines römischen Magistraten unter Beteiligung der Vestalinnen statt: Der Kult war hochoffiziell, doch war Männern die Teilnahme strikt untersagt (auch der Hauseigentümer musste dieses verlassen). Musik und Tanz spielten neben einem (von Frauen vollzogenen) Schweineopfer eine Rolle, auch Wein wurde getrunken, der verschlüsselt „Milch" genannt wurde. Neben diesem aristokratischen Geheimritus gab es einen breiten Kult der Göttin, der nach Ausweis der Inschriften auch für Sklavinnen und einfache Frauen attraktiv war; wie beide genau zusammenhingen, wissen wir nicht.

Literatur:
Robert Parker, Art. Thesmophoria. In: Der Neue Pauly 12/1 (2002), 440f. *
Hendrik J. Brower, Bona Dea. The Sources and a Description of the Cult. Leiden 1989.

Christliche Sakramente und pagane Mysterien: die Zeit der Alten Kirche

Das frühe Christentum weist sofort ins Auge fallende Ähnlichkeiten mit den antiken Mysterien auf. Zugehörigkeit beruht – jedenfalls in der Anfangszeit – auf bewusster Entscheidung im Erwachsenenalter. Diese Zugehörigkeit wird über ein elaboriertes Initiationsritual nicht nur inszeniert, sondern in Kraft gesetzt: die Taufe. Diese beinhaltet Todes- und Auferstehungssymbolik (klassisch formuliert von Paulus, Römer 6). Der oder die zu Taufende muss sich durch einen förmlichen Unterricht (den Katechumenat) und Reinheitsriten (Fasten, Beten, Wachen) auf die Taufe vorbereiten. Diese ist zuweilen mit einem neuen Namen und der Symbolik „neuer Gewänder" verbunden, sagt also eine neue Identität zu, die in Diesseits und Jenseits Bestand haben soll. Überhaupt ist der Gedanke eines jenseitigen Lohnes, einer besonderen heilvollen Geschicks der Christen im Jenseits stark ausgeprägt. Auch der reguläre Gottesdienst kennt Riten, in denen der Gläubige in eine Lebens- und Schicksalsgemeinschaft mit seiner Gottheit (Christus) hineingezogen wird, nämlich außer der Taufe das Abendmahl. Dabei spielt – für neuzeitliche Christen oft überraschend – Geheimhaltung eine große Rolle (zuerst klar greifbar in der „ägyptischen Kirchenordnung" oder Traditio apostolica 16, 28-31; um 220 n. Chr.). Vor dem Abendmahl müssen die Ungetauften den Gottesdienst verlassen. Auch das Credo wird ihnen noch nicht mitgeteilt. „Mysterion" ist nicht zuletzt eine wichtige Vokabel des Neuen Testaments, besonders der paulinischen Theologie. Sie meint dort aber das Geheimnis, das Gott im Eschaton, also am Ende der Zeiten, in Christus geoffenbart hat und keine geheime Riten. Ältere Forscher wie Wilhelm Bousset und Richard Reitzenstein („Religionsgeschichtliche Schule") meinten, im Zuge der Hellenisierung des ursprünglich judenchristlich-palästinischen Christentums mit einer weitreichenden Angleichung an „orientalische Mysterienreligionen" rechnen zu müssen. Dieses Bild ist allerdings in den nachfolgenden Forschungsgenerationen praktisch vollständig destruiert worden. Die Ähnlichkeiten mit den Mysterienkulten beziehen sich nur auf Einzelheiten, und gewinnen nur dann an Relevanz, wenn man sie aus ganz verschiedenen Mysterien zusammenaddiert. Die Forschung hatte also erst und schon im Blick auf das Christentum das Bild einer einheitlichen Mysterientheologie konstruiert, von welcher dann das Christentum abhängig gewesen sein sollte. Zum Beispiel hatte man in der Nachfolge von James George Frazer (1854-1941) mit einem verbreiteten mythologischen Motiv „sterbender und wiederaufstehender" Götter gerechnet. Frazer behandelte diese Götter in einem wichtigen Teil seines Monumentalwerkes „The Golden Bough" (1890, 3. Aufl. 1906-1937), nämlich in „The Dying God" (endgültige Fassung 1913) und „Adonis Attis Osiris" (2 Bände, 1913). Diese Konstruktion hatte zu Frazers Zeit enorme Beachtung gefunden, da man eine Art Universalschlüssel zu weiten Teilen der antiken Religionsgeschichte gefunden zu haben glaubte. Das Geschick Jesu wäre in Rahmen einer Soteriologie interpretiert worden, die aus den Mysterienkulten stammt. Seitdem ist jedoch deutlich geworden, dass ein solches einheitliches Schema sterbender und wiederauferstehender Götter nicht existiert hat, so sind z.B. „sterbende Götter", die kultisch betrauert werden, keineswegs auch „wiederauferstehende" Götter. Osiris herrscht in der Unterwelt, Adonis und Kore kehren im jährlichen Rhythmus aus der Unterwelt zurück; das alles hat keine Ähnlichkeit mit Jesus. Im Fall des Attis ist der Befund besonders undeutlich und umstritten: Es konnte bis heute nicht geklärt werden, ob es in älterer Zeit eine Vorstellung seiner Auferstehung gegeben hat. Eher ist von einem besonderen Jenseitsgeschick, eventuell einer Transformation oder auch Unverweslichkeit seines Körpers die Rede. Bei den Götterpaaren Muttergöttin – (sterbender bzw. getöter) „Juniorpartner", also Paaren vom Typ Magna Mater – Attis ist eher ein Kompromiss als eine Auferstehung kennzeichnend, wie es ähnlich ja auch im eleusinischen Mythos der Kore gewesen ist. Die Gottheit muss ihren Aufenthaltsort zwischen Erde und Unterwelt wechseln. Ein Bezug zum jährlich sprossenden Getreide ist vielfach anzunehmen. Den Gedanken eschatologischer Endgültigkeit kennen die paganen Mysterien nicht. Allenfalls die Mithrasmysterien besaßen vielleicht eine Eschatologie nach iranischem Vorbild, aber Mithras wiederum ist kein sterbender Gott. Mit einer Auferstehung als einer Wiederherstellung und eschatologisch-endgültigen Erneuerung des ganzen Menschen (Leib und Seele) rechnen nur Juden und Christen. Den Mysterien ist dieser Gedanke fremd. Den Topos „sterbender und wiederauferstehender Götter", von dem die Abhängigkeit des Christentums zu diskutieren wäre, hat es als einheitliches Theologumenon gar nicht gegeben.

Nach dem einhelligen Ergebnis der intensiven neueren Forschungen kann auch sonst von einem eigentlichen Einfluss der Mysterienkulte auf das frühe Christentum keine Rede sei. Den Ähnlichkeiten stehen jeweils erhebliche Unterschiede zur Seite; vor allem gibt es weder Interpretamente bewusster Anknüpfung („Logos spermatikos", Verheißung und Erfüllung o.ä.) noch bewusster Abgrenzung von den Mysterien. Gelegentlich findet sich bei christlichen Autoren in Hinsicht auf einzelne ähnliche Riten die Idee teuflischer Nachäffung durch die Dämonen. Ein gewisses Maß an allgemeiner Mysterienterminologie ist in der hellenistischen Welt weit verbreitet. Dafür ist vor allem der jüdische Religionsphilosoph Philon von Alexandrien ein gutes Beispiel, der durchgängig Mysterienbegriffe wie „mystes" und „epopteia" zur Beschreibung jüdischer religiöser Erfahrungen gebraucht, für die hellenistischen Mysterienkulte als Ausdrucksformen eines polytheistischen Heidentums aber nur Verachtung übrig hat.

Literatur:
Carl Clemen, Religionsgeschichtliche Erklärung des Neuen Testaments. Gießen 2. Aufl. 1924 * Arthur Darby Nock, Early Gentile Christianity and Its Hellenistic Background. New York 1964 * Dieter Zeller, Die Mysterienkulte und die paulinische Soteriologie. In: Hermann Pius Siller (Hrg.), Suchbewegungen. Darmstadt 1991, 42-61; erweitert auch in: Dieter Zeller, Neues Testament und hellenistische Umwelt. Hamburg 2006, 173-183 * Carsten Colpe, Mysterienkult und Liturgie. In: Ders. u.a. (Hrg.), Spätantike und Christentum. Berlin 1992, 203-228 * Christoph Riedweg, Mysterienterminologie bei Platon, Philon und Klemens von Alexandrien. Berlin u. New York 1987 * Zur Geheimhaltung (Arkandisziplin) des Abendmahls vor Nichtchristen in der Alten Kirche s. Fritz Graf u.a., Art. Arkandisziplin. In: Religion in Geschichte und Gegenwart 4. Aufl. 1 (1998), 743-746 * Douglas Powell, Art. Arkandisziplin. In: Theologische Realenzyklopädie 4 (1979), 1-8 * Timothy Freke u. Peter Gandy, The Jesus Mysteries. Was the Original Jesus a Pagan God? London 1999 (vergeblicher Wiederbelebungsversuch einiger Thesen Frazers u.a.) * www.radikalkritik.de (ditto) * Tryggve N. D. Mettinger, The Riddle of Resurrection. „Dying and Rising Gods" in the Ancient Near East. Stockholm 2001 (zum gegenwärtigen Forschungsstand in Sachen „sterbender und wiederauferstehender Götter").

Das Christentum als Mysterienreligion

Lukian, ein großer satirischer Schriftsteller des 2. Jhdts., hat auch als einer der ersten nichtchristlichen Autoren das Christentum zum Gegenstand seiner Angriffe gemacht (De morte Peregrini). Interessanterweise nennt er es einen „thiasos", einen Kultverein. Der spätere heidnische Philosoph Peregrinus Proteus (Lukian sieht in ihm freilich einen Scharlatan) sei in seiner Jugend

Christ gewesen und habe den Leichtgläubigen das Geld aus der Tasche gezogen. Dabei habe er in der Gemeinde auch den Rang eines Thiasarchos, eines Kultvorstehers eingenommen. Später habe er sich dann der kynischen Philosophie zugewandt. Lukian erhebt dem Christentum gegenüber im Grunde die gleichen Vorwürfe wie sie in der Moderne gegen „Sekten" erhoben werden, vom Personenkult über die Kritiklosigkeit der Anhänger bis zur finanziellen Ausbeutung. Einen detaillierten Vergleich des Christentums mit Mysterien und anderen paganen Kulten hat im Heidentum zuerst Kelsos (lateinisch Celsus) wohl um 177 n. Chr. versucht, dessen Buch durch Origenes (Contra Celsum) fast vollständig erhalten ist.

Aber auch im Christentum selbst hat es immer Stimmen gegeben, die einen „mysterienhaften" Charakter des eigentlich Christlichen behauptet haben. Die orthodoxe und die katholische Kirche haben einen solchen Mysterienaspekt des Christentums vor allem auf den eucharistischen Gottesdienst bezogen. Sie sehen dann, im Sinne der Kirchenväter, in den Mysterien des sakramentalen Geschehens das Original dessen, wovon die paganen Mysterien allenfalls schwache Schattenbilder sind. Um 500 n. Chr. hat der pseudonym schreibende Autor des so genannten Corpus Areopagiticum (er benutzt den pseudepigraphen Namen des ersten athenischen Christen Dionysios von Apg. 17) eine mystische Theologie entfaltet, die konsequent Mysteriengedanken und Mysterienterminologie auf das Christentum anwendet. Doch schöpft er eher aus der platonisch-philosophischen Tradition als aus den paganen Kulten. Im Mittelalter sollte seine hierarchische Sicht des Universums (Lehre von den „Engelchören", den göttlichen „Namen" u.ä.) großen Einfluss gewinnen. Angeblich dessen Quelle, in Wahrheit wohl etwas jünger, ist eine syrische Schrift, die ähnliche Gedanken ausspricht, vielleicht das erstaunlichste Buch der syrischen Mystik (Fred Shipley Marsh, The Book of the Holy Hierotheos Ascribed to Stephen Bar-Sudhaile (c500 A.D.). London 1927).

In der Neuzeit ist v.a. im esoterischen Bezugsrahmen immer wieder die Idee vertreten worden, das Christentum insgesamt sei eigentlich eine Mysterienreligion und müsse im Zuge einer religiösen Erneuerung zu diesen Wurzeln zurückkehren. So sah es z.b. Rudolf Steiner (1861-1925), der Begründer der Anthroposophie. Dieser hat daher auch eigene Mysteriendramen geschrieben, welche das „Sichtbare", das Anschauen des Geheimnisses wieder zu seinem Recht bringen sollten. In esoterischen Kreisen ist bis heute der Gedanke verbreitet, in seinem inneren Kern sei das Christentum eine Mysterienreligion, eine Anschauung, die umgekehrt besonders im kirchlich-evangelischen Umfeld auf Befremden stößt, und aus dem Neuen Testament auch schwerlich legitimiert werden kann.

Die Pythagoreer als „ideale Geheimgesellschaft"

Neben den Mysterien hat die griechische Antike einen weiteren wichtigen Baustein zum Vorstellungsfeld um Geheimgesellschaften geliefert. Im 6. vorchr. Jhdt. existiert in Süditalien der Bund der Pythagoreer, die halb Philosophenschule, halb religiöse Sekte sind und eine aufwendig mystifizierte Geheimhaltung betreiben. Schon in der Antike werden die Pythagoreer zum Urbild einer idealisierten Geheimgesellschaft stilisiert, die sich dem Wissen, der Erkenntnis, der Läuterung, dem sittlichen Aufstieg widmen. Pythagoras von Samos (geboren wohl zwischen 580 und 570 v. Chr. auf der griechischen Insel Samos, gestorben zwischen 500 und 490 v. Chr.) ist heute oft nur noch als Entdecker des nach ihm benannten Lehrsatzes zum rechtwinkligen Dreieck bekannt (der freilich schon in Babylon bezeugt ist). Doch darf er als eine der großen Persönlichkeiten der griechischen Religionsgeschichte und Begründer der ersten geschichtlich greifbaren Geheimgesellschaft des Abendlandes gelten. Allerdings ist zwischen dem historischen Pythagoras und seinen Anhängern und dem sich schon in der Antike vielfach differenzierenden Bild des Meisters und seines Ordens zu unterscheiden. Im Pythagoreismus der römischen Kaiserzeit, der mehr eine Gelehrtenreligion war, galt er gar als Sohn des Gottes Apollon. Legendäre Bibliographien machen ihn zum idealen Weisheitslehrer, wobei Ähnlichkeiten der Pythagorasbiographien mit den christlichen Evangelien offenbar auf einer vergleichbaren Verehrung durch die Anhänger beruhen (an bewusste Nachahmung ist nicht zu denken).

Bereits der historische Pythagoras scheint die Welt ganz als Zahl verstanden zu haben: Die Mathematik wird zum heuristischen und hermeneutischen Universale der Wirklichkeit. Zahlen bilden die letzte Realität besser ab als Worte und stehen auch hinter den Göttern und Schicksalsmächten. Da die Weisheit (Sophia) transzendent ist, nennt er sich selbst keinen „Weisen" (sophos), sondern nur einen „Liebhaber, Freund der Weisheit" (philosophos). Damit hat er das Wortfeld „Philosophie" ins Leben gerufen. Über das Leben dieses ersten Philosophen ist nicht sehr viel Verlässliches bekannt, zumal Schriften des Pythagoras selbst nicht erhalten sind. Nach einer Überlieferung war sein Vater ein phönizischer Seemann aus Tyrus. In seiner Jugend verlässt er seine Heimat und geht nach Kroton in Süditalien (zu dieser Zeit ganz Teil des griechischen Kulturraumes), um sich politischer Tyrannei zu entziehen. Aufenthalte in Ägypten und vielleicht anderen Ländern sind früh bezeugt und sachlich nicht unmöglich, obwohl im engeren Sinn ägyptische Einflüsse nicht nachweisbar sind. In Kroton gründet Pythagoras einen ordensähnlichen Bund, der sich bestimmten ethischen Idealen verschrieben hat (Gütergemeinschaft und Freundschaftspflege), in dem aber auch Geheimhaltung eine wichtige Rolle spielt. Mit unserem modernen (indischen) Begriff Guru können wir recht genau beschreiben, was Pythagoras für seine Anhänger und Anhängerinnen gewesen ist. Die ordensähnliche Schule stand Männern und Frauen offen; überlieferte Zahlen sprechen von 300-600 Mitgliedern. Pythagoras nahm dabei auch Einfluss auf das politische Leben in Kroton, was zu immer größeren Konflikten führte. Damit kündigt sich ein Szenario an, das sich unzählige Male in der Geschichte ähnlicher esoterischer Orden wiederholen sollte. Die gesamtgesellschaftlichen Reformbemühungen des Ordens bzw. der Gruppe werden als bedrohlich, merkwürdig und „sektenhaft" erlebt und zunehmend zum Gegenstand gesellschaftlicher Unterwanderungsängste. Die Anhänger des

Philosophen (Akusmatikoi, „Hörende") lebten in einer engen Lebensgemeinschaft ohne persönlichen Besitz, unterlagen einer strengen Disziplin und mussten z.b. eine vegetarische Diät einhalten. Manches in ihrem Lebensstil wirkte wunderlich. Schon in der Antike war etwa das strikte Verbot des Kontaktes mit Bohnen Gegenstand der Spekulation. Diese durften nicht nur nicht gegessen, sondern nicht einmal berührt werden, was vielleicht mit symbolischen Bezügen zur Unterwelt zusammenhängt. Ein weiterer Sympathisantenkreis (Mathematikoi) lebte nach etwas weniger strengen Regeln. Philosophische Studien waren mit mathematischen und musischen Übungen verbunden. Überhaupt hat Pythagoras die Musik mit einer religiösen Weihe versehen. Anhand des Monochord konnte er das Verhältnis der Töne streng als ein mathematisches beschreiben. Ordenszulassung setzte angeblich ein fünfjähriges vollständiges „Schweigen" voraus. Am Ende seines Lebens musste Pythagoras Kroton verlassen und floh nach Metapontum, wo er in hohem Alter gestorben ist. Die nach seinem Namen benannte Gemeinschaft hat sich offenbar innerhalb von zwei bis drei Generationen verlaufen, zumal es keine klar geregelte Hierarchie gab. Auch von Verfolgungen, die bis zur Tötung von Mitgliedern gingen, hören wir. Eine Zeitlang bestand der Orden vielleicht im süditalienischen Tarentum weiter. Pythagoras´ Frau Theano (unter deren Namen mathematische Lehrbücher überliefert wurden) und zwei Töchter hatten offenbar zeitweilig Leitungsfunktionen inne; die Einzelheiten sind aber umstritten und von Legenden überwuchert. Die Aufwertung der Frau hat der Pythagoreismus mit vielen neuen religiösen Bewegungen gemeinsam: Auch hierin ist er eher eine Religion als eine Philosophenschule. Ab dem späthellenistischen Zeitalter wurde verschiedentlich versucht, den pythagoreischen Orden wiederzubeleben, jedoch ohne nachhaltigen Erfolg. Römer, wie der gelehrte Nigidius Figulus im 1. Jhdt. v. Chr., nannten sich selbst Pythagoreer, ohne dass damit etwas über eine Zugehörigkeit zu einer Gemeinschaft ausgesagt ist. Auch der wandernde Magier Apollonius von Tyana galt seinen Zeitgenossen offenbar als Pythagoreer. Eine mit pythagoreischen Symbolen geschmückte

Villa aus dem 1. vorchr. Jhdt. wurde 1915 in Rom nahe der Porta Maggiore entdeckt. Römische Legende machte auch den zweiten König Roms, Numa Pompilius, zum Pythagoreer.

Manche versuchten, Pythagoras für sich zu vereinnahmen. Flavius Josephus etwa behauptet nach Hermippus von Smyrna, dass sich Pythagoras an den jüdischen Sittengesetzen orientiert habe (Contra Apionem 1, 162-165); er stellt ja auch die jüdischen Gruppen seiner Zeit (Pharisäer, Sadduzäer, Essener, Zeloten) nach Analogie von Philosophenschulen dar. Wirklich erfolgreich war jedoch nur die Symbiose von platonischer und pythagoreischer Tradition. Im Werk von Neuplatonikern wie Porphyrios (gest. um 310 n. Chr.) und Jamblich (gest. um 330) fließen beide Linien ununterscheidbar ineinander. Beide Autoren haben daher nicht zufällig auch Pythagorasbiographien verfasst und damit das Bild des pythagoreischen Ordens in einer Weise fixiert, welches für die „idealen" Orden des 17.-19. Jhdts. vorbildhaft wurde. An expliziten Bezügen mangelt es daher nicht. Ein wichtiges gedankliches Verbindungsglied zwischen Pythagoreern und Platonikern war dabei die Lehre von der Seelenwanderung. Pythagoras wurde nachgesagt, er hätte sich an seine früheren Geburten erinnern können, was in der Spätantike dann als hohes Ideal in Idealbiographien angesehen wurde, ähnlich wie im Buddhismus. Angeblich war Pherekydes von Syros der erste Grieche, der diese Lehre vertrat, und den manche darin zum Lehrer des Pythagoras erklärten. (Apuleius dagegen macht Pythagoras zu einem Schüler des Zoroaster.)

Auf Verrat der Ordensgeheimnisse stand die Todesstrafe. Nach der (vielleicht aber sagenhaften) Überlieferung wurde diese tatsächlich in einer Reihe von Fällen vollstreckt. Eines dieser Geheimnisse war nach der Überlieferung die Existenz der irrationalen Zahlen (die Diagonale eines Quadrates lässt sich nicht als rationales Zahlenverhältnis seiner Seiten ausdrücken, d.h. nicht als Bruch), welche auf die griechische Mathematik tief verstörend wirkte. Auch die zutreffende Beschreibung des goldenen Schnitts gehört in diesen Bezugsrahmen. Kurze, oft etwas rätselhafte Merksprüche beschrieben den pythagoreischen

Lebensstil; sie waren öffentlich bekannt und werden bei vielen antiken Autoren ausgiebig zitiert. Viele haben die Form altertümlicher Tabus (wie dasjenige des Bohnenessens) und sind in der Antike bereits gerne allegorisch ausgelegt worden, also in tiefsinnig-ethische Maximen übersetzt worden. Aristoteles deutet z.B. das Verbot, Feuer mit einem Schürhaken zu schüren, als Hinweis, einen zornigen Mann nicht mit heftigen Worten weiter aufzustacheln. Das Verbot, „Herz" zu essen, wird als Hinweis interpretiert, Trauer nicht übergroß werden zu lassen, usw. In dem modernen Kriminalroman „The Oxford Murders" von Guillermo Martinez (2003) werden diese „Symbola" genannten Regeln in eine moderne Handlung integriert. Antike Pythagoreer zitierten die mündliche Überlieferung ihres Meisters mit der Einleitung „autos ephe" „er selbst hat es gesagt".

Literatur:
Christoph Riedweg, Pythagoras. His Life, Teachings, and Influence. Ithaca, NY 2005 * Patrick J. O´Meara, Pythagoras Revived. Mathematics and Philosophy in Late Antiquity. Oxford 1989 * Walter Burkert, Lore and Science in Ancient Pythagoreism. Cambridge, Mass. 1972 (zuerst dt. 1962) * Peter Kingsley, Ancient Philosophy, Mystery and Magic – Empedocles and the Pythagorean Tradition. Oxford 1995 * Die wichtigsten antiken Quellen sind: Diogenes Laertios, Vitae Philosophorum 8; Porphyrios, Vita Pythagorae; Jamblichos, De Vita Pythagorica; Hierocles von Alexandrien, „Goldene Verse".

4. Templer, Assassinen, Feme:
Wirkliche und angebliche Geheimbünde des Mittelalters und ihr Nachleben

Die Tempelritter: eine exoterische Geschichte

Die Pauperes commilitones Christi Templique Solomonici, die Armen Mitstreiter Christi und des salomonischen Tempels sind ohne Frage der heute bekannteste der großen Ritterorden

des Mittelalters. („Ritterorden" bedeutet dabei, dass alle Voll-
mitglieder ritterlicher Abkunft sein mussten.) Das hat seinen
Grund ohne Frage in der spektakulären Geschichte von Aufstieg
und Fall, welche die Ordensgeschichte zu einem der großen
„archetypischen" Ereignissen hat werden lassen, die mit nichts
anderem wirklich verglichen werden können – aber die ihrerseits
als Vergleichsgröße für spätere Vorgänge dienen. Von Haus aus
ist der Templerorden ein Kind des 1. Kreuzzuges 1096-1099,
in dessen Gefolgschaft ein immer größerer Pilgerstrom aus
Europa in das Heilige Land kam. Um 1119 begründeten Hugo
de Payens und eine Handvoll Mitstreiter zum Schutz der Pilger
die neue Gemeinschaft auf dem Tempelberg in Jerusalem, wo
Balduin II. (König von Jerusalem) ihnen die Al-Aqsa-Moschee
zur Verfügung stellte. (Sie galt, historisch nicht zutreffend, als
Nachfolgebau des salomonischen Tempels.) 1129 offiziell als
Orden installiert, reicht ihre äußere Geschichte bis zu den berüchtigten Ereignissen der Jahre 1307-1314. Der weiße Mantel
mit dem roten Tatzenkreuz war bald in ganz Europa bekannt,
obwohl die Mehrheit der Mitglieder immer aus Frankreich kam.
In Palästina waren die Ritter als disziplinierte Kämpfer gefürchtet
und als Geschäftsleute geachtet: Die Anfänge eines europäischen
Bankenwesens werden ihnen zugeschrieben. 1139 wurde der
Orden für exempt erklärt: Er war damit keiner Autorität als der
des Papstes mehr Rechenschaft schuldig. Als 1291 die letzten
europäischen Besitzungen in Palästina an die Muslime verloren
gingen, war die Zukunft des Ordens unsicher, da seine äußere
Rechtfertigung nicht mehr vorhanden war. (Die Deutschen Ritter,
denen es ähnlich ging, gründeten einen Ordensstaat in Ostpreu-
ßen und legitimierten sich durch die Mission des Baltikums.) Die
Reichtümer der Templer waren es, die den Neid Philipp IV. „des
Schönen" („Le Bel", 1268-1314, König seit 1285) von Frankreich
geweckt hatten. Nach einem Bericht musste er vor einem Volks-
aufstand – wie es sie auch im Mittelalter immer einmal wieder
gegeben hat – in den Pariser Tempel fliehen, die Machtzentrale
der Pariser Zweigstelle des Ordens. Leichtsinnigerweise zeigte
man ihm dort die Schätze des Ordens – dessen Schicksal damit

besiegelt war. Die tatsächlichen historischen Zusammenhänge sind sicher ein wenig komplizierter, aber ohne Frage brauchte der König Geld. Aufwändige Bauvorhaben (von denen manches noch heute sichtbar ist), eine langwierige Kriegsführung in Flandern u.a. leerten die Staatskassen. Die Vertreibung der Juden aus Frankreich 1306 war mit weitgehenden Vermögenskonfiskationen einhergegangen, aber die Gier des Königs kannte keine Grenzen. An dem berüchtigten Freitag, den 13. Okt. 1307 wurden in einer konzertrierten Aktion alle Templer in Frankreich gefangen genommen. Nur wenige konnten fliehen und wurden zum Ansatzpunkt für viele Legenden. Die Vorwürfe waren massiv und abenteuerlich: Der Orden betreibe heimlich Häresie, Teufelsdienst und sexuelle Ausschweifungen (Homosexualität) und verachte die kirchlichen Autoritäten, außerdem verehre er ein geheimes Idol in Kopfform, den Baphomet. (Dieser Name ist die übliche okzitanische Verballhornung von Mahomet, Mohammed, und meint ein Götzenbild; Rezeption islamischer Ideen ist dem Orden dagegen nicht vorgeworfen worden.) Manche Anschuldigungen mögen partiell zugetroffen haben (Homosexualität gibt es in reinen Männerbünden immer, und auch die illegitime Beichte vor Laienoberen, die keine Priester waren, mag es gegeben haben), aber die Forschung ist sich im Wesentlichen einig, dass die Mehrheit der Anklagepunkte frei erfunden war, und die Geständnisse nur durch die Folter zustande kamen. Blasphemische Akte bei der Ordensaufnahme (Bespucken des Kreuzes) könnten als Gehorsamproben verstanden werden, sind aber vielleicht auch nur erfunden. 1312 hob Papst Clemens V. den Orden förmlich auf. Ein in der vatikanischen Bibliothek neu entdeckter Brief zeigt, dass der Papst persönlich um die Unschuld des Ordens wusste, und sich nur den Zwang Philipps beugte, von dem er vollständig abhängig war. Am 18. März 1314 wurde Jacques de Molay, der letzte Großmeister des Ordens, in Paris verbrannt. Eine Legende besagt, er habe auf dem Scheiterhaufen angekündigt, Philipp der Schöne und der Papst würden sich in Kürze mit ihm vor Gott verantworten zu haben; tatsächlich starben beide im selben Jahr. In manchen Ländern Europas kam es nur zu geringfügigen Verfolgungen (so in Deutschland), während der Orden in Portugal einfach umbenannt wurde (Christusorden) und weiter bestand. Andernorts wurden Mitglieder und Besitztümer in den Johanniterorden eingegliedert. Das ist die exoterische Geschichte des Ordens. Gab es daneben eine innere, eine esoterische Geschichte? Gab es also etwa tatsächlich einen (vielleicht nur kleinen) inneren Kreis des Ordens, der nach den traumatischen Verlusten des 13. Jhdts. eine Art Umkehrung der Werte praktizierte, und vielleicht zum Träger für eine magisch-gnostische Alternativreligion wurde? Einige wenige Indizien in den Prozessakten machen das zumindest denkmöglich. Die Notizen um den Kopfkult (Baphomet) enthalten Details, die nicht erfunden klingen. Aber keine der zahlreichen Theorien zur Sache hat bisher wirkliche Beweise beibringen können. Alle Legenden, die Templer hätten auf dem Tempelberg Ausgrabungen durchgeführt und geheime Schriften, den Gral, die Bundeslade oder was immer gefunden, sind neuzeitliche Erfindungen: Keine mittelalterliche Quelle und auch nicht die Prozessakten haben je etwas Ähnliches behauptet. Mit dem Gral werden sie freilich schon bei Wolfram von Eschenbach („Parzival") im frühen 13. Jhdt. in Zusammenhang gebracht, aber die Gralssuche ist im Mittelalter ein Gegenstand der Literatur, nicht der Theologie oder des realen ritterlichen Lebens.

Literatur:
Malcolm Barber, The Trial of the Templars. Cambridge u.a. 1978 * Ders., A New Knighthood. A History of the Order of the Temple. Cambridge 1994 (grundlegend) * Ders. u. Keith Bate (Hrg.), The Templars. Selected Sources Translated and Annotated. Manchester u. New York 2002 (Quellensammlung) * Alain Demurger, Die Templer. München 4. Aufl. 1994. Nachdruck 2005 * Ders., Der letzte Templer. München 2004 (Biographie des Jacques de Molay) * Peter Dinzelbacher, Die Templer. Ein geheimnisumwitterter Orden? Freiburg i. Br. 2002 (exzellente Einführung) * Barbara Frale, The Chinon Chart – Papal Absolution to the Last Templar, Master Jacques de Molay. In: Journal of Medieval History 30, 2 (2004), 109-134 * Dies., Il papato e il processo ai Templari: l´inedita assoluzione di Chinon alla luce della diplomatica pontifica. Rom 2003 * A. Krüger, Das „Baphomet-Idol". In: Historisches Jahrbuch 119 (1999), 120-133 (klärt die Herkunft des Begriffes) * Keithe Laidler, The Head of God. The Lost Treasure of the Templars. London 1998 (skurrile

neuere Deutung: Baphomet als Reliquie des Kopfes Jesu!) * Jules Michelet, Le procès de Templiers. Paris 1841-1851. Reprint 1987 (Prozessakten) * Zenon H. Nowak (Hrg.), Ordines militares. Torun 1983ff. (Sammelwerk) * Jonathan Phillips, Defenders of the Holy Land. Relations Between the Latin East and the West 1119-1187. Oxford 1996 * Sean Martin, The Knights Templar: The History and Myths of the Legendary Military Order. Harpenden 2005 * James Wassermann, The Templars and the Assassins. Rochester, VT 2001 * Dieter W. Wolf, Internationales Templerlexikon. Innsbruck 2003 (trotz des Titels eher populär) * Karen Ralls, Knights Templar Encyclopedia. The Essential Guide to the Peoples, Places, Events, and Symbols of the Order of the Temple. Franklin Lahes, NJ 2007 (populär, aber seriös) * Weitere Literatur und viele Quellen im originalen Wortlaut in: Wilhelm Ferdinand Wilcke, Geschichte des Ordens der Tempelherren. 2 Bände. 2. Aufl. Halle 1860. Neuausgabe in einem Band hrg. und eingeleitet von Marco Frenschkowski. Wiesbaden 2005.

Die Templer in Schottland und die Freimaurerei

Die wohl kulturgeschichtlich interessanteste, sachlich immerhin nicht ganz unmögliche Legende verbindet fliehende Templer mit Schottland und letztlich mit den Freimaurern. 1314 befand sich König Edward I. von England im Krieg mit Schottland. Der schottische Anführer Robert the Bruce war exkommuniziert worden. Es wäre daher eine natürliche Wahl, wenn sich fliehende Templer an ihn wandten, den doch weder mit dem Papst noch mit England freundschaftliche Beziehungen verbanden. Bei der von den Schotten überraschend gewonnenen Schlacht von Bannockburn 1314 hatten sie nach dieser Spekulation Unterstützung von kämpfenden Tempelrittern: Aber keine zeitgenössische Quelle meldet eine solche Beteiligung. Tatsächlich hatten Templer dagegen bei Falkirk 1297 auf der Seite Edwards gekämpft. Das alles spricht eher gegen die Theorie. Als „sakraler Ort" einer Traditionsübermittlung zwischen Tempelrittern und späteren Freimaurern gilt dann fast immer die in der Tat faszinierende Rosslyn Chapel, die von Sir William St Clair, dem letzten Prince of Orkney 1446-1484 erbaut wurde. Die Beziehungen der St Clair (Sinclair)-Familie zu den entstehenden Freimaurern des späten 16. und 17. Jhdts. sind sehr gut bezeugt; fraglich sind eher jene zu den Tempelrittern. Als ein früherer William de St Clair – der das Herz von Robert Bruce nach Palästina bringen sollte – 1330 in Spanien stirbt, wird später auf sein Grab in Rosslyn Chapel noch geschrieben: Knight Templar. Allerdings gehört die Familie 1309 zu den Prozessgegnern der Templer (zwei Mitglieder sagen gegen sie aus), was gegen allzu freundschaftliche Verbindungen spricht. Eine Traditionslinie Templer – Schottland – Freimaurer ist im 18. Jhdt. von Freimaurern behauptet worden, zuerst wohl 1737 von dem eher dubiosen Chevalier Ramsay (1686-1743). Obwohl bereits damals kritisch hinterfragt, gehört diese „Connection" zu den bis heute immer wieder diskutierten Freimaurerlegenden, der sich u.a. in Deutschland die „Strikte Observanz" des Freiherrn von Hund anschloss. Der berühmte Konvent von Wilhelmsbad 1782, das wichtigste Datum in der älteren Geschichte der deutschen Freimaurer, erkannte klar den legendären, bestenfalls spekulativen Charakter einer solchen Traditionslinie. Im so genannten „Schwedischen System" der Freimaurer, im „Ancient and Accepted Scottish Rite" und in der Lehrart der maurerischen „Knights Templar" wird eine solche Tradition dennoch bis heute auch rituell inszeniert. Zuletzt hat John J. Robinson eine ausführliche Argumentation zugunsten dieser Beziehung vorgelegt, die freilich auch nicht völlig zu überzeugen vermag, aber gerade unter amerikanischen Freimaurern viele Anhänger hat. Robinson versucht plausibel zu machen, wie Templer zum Übergang der Werkmaurerei zur spekulativen Maurerei beigetragen haben könnten.

Ganz fantastische Spekulationen bringen die Templer mit der Entdeckung Amerikas und z.B. dem Schatz auf Oak Island, Nova Scotia in Verbindung. In Westford, Massachusetts existiert eine in Stein geritzte Tempelritterdarstellung, die auf einen Begleiter Prince Henry Sinclairs gedeutet wird, der nach einer in Schottland viel rezipierten Theorie 1398/99 in Amerika war und in den Überlieferungen der Micmac-Indianer seine Spuren hinterlassen haben soll. Das alles ist faszinierend, erreicht aber an keiner Stelle die Dignität eines Beweises. (Die Geschichte über die Amerikafahrt Sinclairs z.B. wurde erst im 16. Jhdt. gedruckt und ist vor der Entdeckung Amerikas 1492 nicht bezeugt.) Zahlreiche Orden und Bünde verstehen sich in der Tradition der Templer, die dabei fast immer als Träger höherer esoterischer Geheimnisse gelten – was im Mittelalter, selbst im Prozess gegen sie, niemand je behauptet hat.

Literatur:
Michael Baigent u. Richard Leigh, Der Tempel und die Loge. Das geheime Erbe der Templer in der Freimaurerei. Bergisch-Gladbach 1999 (zuerst engl. 1989) * Jacques De Mahieu, Die Templer in Amerika. Tübingen 1979 (fantastisch) * Pierre Mollier, Neo-Templar Traditions. In: Dictionary of Gnosis and Western Esotericism, 2 Bände. Edited by Wouter J. Hanegraaff in Collaboration with Antoine Faivre, Roelof van den Broek, Jean-Pierre Brach. Leiden u. Boston 2005, hier 2, 840-853 * John J. Robinson, Born in Blood. The Lost Secrets of Freemasonry. Lanham u.a. 1989.

Die Assassinen

Gewissermaßen der islamische Gegenpart zu den Tempelrittern als bevorzugter Projektionsfläche für Legenden und Spekulationen sind die Assassinen, deren Blütezeit etwa in die Jahre 1080-1270 fällt. Bereits bei mittelalterlichen Reiseautoren wie Marco Polo (gest. 1324) oder dem Juden Benjamin von Tudela (der 1173 von einer großen Orientreise nach Spanien zurückkehrte) waren sie als militante Kriegersekte berüchtigt und von Legenden umwoben (meistzitierter Text ist Marco Polo, Il Milione 1, 22). Die jüngere Forschung hat an ihrem überlieferten Bild freilich vieles zu destruieren vermocht. Der (pejorativ von den Gegnern geprägte) Name Assassinen stammt nach der bekanntesten Deutung aus arabisch „haschischiyah" „Haschischbenutzer". Diese Etymologie ist aber möglicherweise aus übler Nachrede entstanden; Drogengebrauch wird nur in den europäischen Quellen erwähnt. Haschisch (Cannabis sativa) wird schon in der Antike von Herodot erwähnt, der seinen Gebrauch in skythischen Schwitzhütten beschreibt, und war als Droge im mittelalterlichen Orient durchaus verbreitet. Die auch in Europa bekannte Legende erzählte von dem dämonischen „Alten der Berge", der auf seiner Berghöhe eine Art künstliches, durch Drogen (Haschisch und Opium) unterstütztes Paradies mit großer Pracht, Blumen und schönen Frauen schafft. Dorthin verschleppten Männern wird vorgegaukelt, sie würden bereits jetzt Einblick in das Leben nach dem Tode gewinnen, um sie zu umso radikalerem Gehorsam gegenüber ihrem Anführer zu ermutigen. Angeblich hätten sie dann im Auftrag ihres Meisters Meuchelmorde durchgeführt, da ihnen die Gefahr des eigenen Todes nach den Erlebnissen im „Paradies" bedeutungslos erschien. Das englische Wort „assassins" (Attentäter) ist direkt aus dieser Legende abgeleitet.

Religions- und geistesgeschichtlich gehören die Assassinen in das Milieu des schiitischen Islam ismailitischer Prägung, d.h. sie sind eine Bewegung innerhalb der „Siebener-Schia". Wie alle Ismailiten sind sie Esoteriker, kennen also vor der Öffentlichkeit verborgene Geheimlehren. Ihre historischen Wurzeln liegen in den Streitigkeiten, die sich in der Nachfolge der ägyptischen Fatimiden ergaben. Vor allem im Iran hatten es schiitische Gruppen im 11. Jhdt. schwer, da die Herrschaft in der Hand sunnitischer, türkischstämmiger Seldschuken lag. Auch von Seiten sunnitischer Theologie (al-Ghazali, gest. 1111) wurde der Druck auf die Schiiten immer stärker. 1090 eroberte der berühmte Anführer einer Gruppe der ismailitischen Nizaris Hasan-i Sabbah (etwa 1034-1124) die Bergfeste Alamut im Elburz-Gebirge (im nördlichen Iran). Diese wurde zum Widerstandshort der neuen ismailitischen Bewegung, und allmählich zum Zentrum eines eigenen Reiches. Bald gab es bis weit nach Syrien Festungen, welche das Anliegen der Assassinen unterstützten. Trotz großen äußeren Druckes bestand das Reich für etwa 150 Jahre, bis es in den Mongolenstürmen zugrunde ging. Marco Polo besuchte Alamut 1273, kurz nachdem die Feste (angeblich mit einer der größten naturwissenschaftlichen Bibliotheken der islamischen Welt) von den Mongolen niedergebrannt worden war, wobei 12 000 Mitglieder der Bewegung getötet wurden. Die größere Bewegung der Nizari Ismailiten bestand freilich weiter und wurde schließlich sogar zu einer modernen, weltoffenen Form des Islam. Ihre spirituellen Führer, zuletzt Sultan Muhammad Shah Aga Khan III. (1877-1957) und Sultan Shah Karim Aga Khan (seit 1957), der 49. Imam, sind auch im Westen gut bekannt.

Der Imam, der geistige Führer, genießt höchste Autorität als sündloser und unfehlbarer Vermittler zwischen Allah und der islamischen Gemeinde, wobei das äußere Religionsgesetz eine eigentümliche, leicht misszuverstehende Vergleichgültigung erfährt. Die esoterischen Doktrinen im Innenleben der Gruppe sind nicht vollständig bekannt (dazu vgl. v.a. Henry Corbin). Der Koran wurde und wird mystisch-allegorisch ausgelegt.

In gewisser Hinsicht können die Assassinen als radikaler und militanter Flügel der Ismailiten gelten. Der politische Mord wurde systematisch als Waffe im Kampf gegen die Seldschuken eingesetzt. Tatwaffe war fast immer der Dolch. Der Attentäter („fida῾i" „Geweihter, einer, der sein Leben zu opfern bereit ist", auch Selbstbezeichnung) ließ sich bedenkenlos töten, da er sich als Märtyrer eines zu errichtenden Gottesstaates sah. Saladin war mehrfach erfolglos Objekt von solchen Anschlägen. In Syrien war ab 1140 die Burg Masyaf der Hauptsitz der Assassinen. Das Vorbild des „Alten vom Berge" ist vielleicht der Herrscher von Masyaf Raschid ad-Din (1133-1193), dem ein weiterer Machtausbau gelang. Mit den Christen – die sie nicht als ihre primären Gegner sahen – haben sie sich dagegen zumindest zeitweise gut vertragen. Es muss nicht erklärt werden, dass dieser Geheimbund die europäische Fantasie nachhaltig beschäftigt hat.

Literatur:
Farhad Daftary, The Ismāῑlῑs. Their History and Doctrines. Cambridge 1990 (dt.: Kurze Geschichte der Ismailiten. Würzburg 2003) * Ders. The Assassin Legends. Myths of the Ismailis. London 1995 * Helga Lippert, Terra X. Vom Geheimbund der Assassinen zum Brennpunkt Qumran. München 2003 * Bernard Lewis, Die Assassinen. Frankfurt a. M. 2001 (zuerst engl. 1967) * Henry Corbin, Cyclical Time and Isma῾ili Gnosis. London 1983 * W. B. Bartlett, The Assassins. The Story of Islam῾s Medieval Secret Sect. Stroud 2001.

Islamische Geheimbünde und die Freimaurer?

Auch die islamische Gesellschaft kennt Orden und Bünde mit unterschiedlichen Graden von Arkandisziplin. Der große viktorianische Reisende Sir Richard Francis Burton (1821-1890) verglich bereits die Derwischgemeinschaften des Sufismus mit der Freimaurerei. Diese seien „der östliche Elternteil der Freimaurerei". Später haben Gelehrte wie Bernard H. Springett und v.a. der im Westen bekannte afghanisch-indische Sufi-meister Idries Shah (1924-1996) eine solche Sicht ausgebaut. Sie konnten z.b. auf erstaunliche Parallelen zur Hiramsage bei arabischen Maurervereinigungen hinweisen (al-Banna, Bund der Maurer). Doch scheitern diese Theorien wohl daran, dass sie zwar phänomenologische Ähnlichkeiten (Passworte, Rituale, Legenden) herausarbeiten, aber die kommunikative Wege nicht benennen können, wie diese das England bzw. Schottland des 17./18. Jhdts. erreicht haben sollen. Wir können das Thema hier nicht vertiefen, das wohl ohnehin noch monographischer Aufarbeitung bedarf.

Literatur:
Muhammad S. Abdullah, Freimaurerische Spuren im Islam. In: Quatuor Coronati, Jahrbuch 17 (1980), 117-135 * Idries Shah, Die Sufis. Botschaft der Derwische, Weisheit der Magier. 11. Aufl. Kreuzlingen/München 2000 * Bernard H. Springett, Secret Sects of Syria and Lebanon. London 1922.

Islamische Geheimbünde in der Literatur: ein Beispiel des frühen 19. Jhdts.

Wenn wir am Beginn des 21. Jahrhunderts nach verborgen agierenden Gruppen fragen, welche unser Welt bedrohen und einerseits weit entfernt, andererseits bedrohlich nahe sind, denken wir vielleicht am ehesten an radikalislamische Gruppen. Natürlich hat diese Angst vor dem Islam in Europa eine jahrhundertealte Vorgeschichte, die über das Mittelalter hinaus entscheidend geprägt ist insbesondere durch den militärischen Vormarsch der Muslime auf dem Balkan im 15., 16. und 17.

Jahrhundert. Im frühen 16. Jhdt. war die vielfach herrschende Anschauung eine apokalyptische Angst, von den militärisch als massiv überlegen erlebten Türken überrollt zu werden. Martin Luther hat 1529 (Belagerung Wiens) ganz selbstverständlich damit gerechnet, dass die Osmanen in Kürze auch in Deutschland einmarschieren werden. Diese Angst vor dem Islam ist bis zum 18. Jahrhundert allmählich immer stärker zurückgetreten, vor allem aufgrund des schnellen inneren Verfalls des Osmanenreiches. Sie wurde in Folge aber zum literarischen Motiv, nicht zuletzt anknüpfend an die Unterwanderungsängste gerade der spanischen Gesellschaft gegenüber den Nachkommen der zwangschristianisierten islamischen Familien. Wir befinden uns damit im Vorfeld einer der großen literarischen Umsetzungen des Themas „islamische Geheimbünde", die hier kurz vorgestellt werden soll: Jan Graf Potocki, „Manuscrit trouvé à Saragosse", entstanden etwa zwischen 1797 und 1815. Die Publikationsgeschichte des umfangreichen Romans ist kompliziert: Geschrieben auf französisch, werden zu Lebzeiten Potockis (1761-1815) nur Teile veröffentlicht, doch bald erscheinen Plagiate und partielle Übersetzungen, zum Teil sogar unter dem Namen anderer Autoren. Charles Nodier, Maurice Cousin und Washington Irving haben Passagen aus dem Roman unter ihrem eigenen Namen erscheinen lassen bzw. plagiiert (z.T. vielleicht in Unkenntnis der wahren Verhältnisse), die dann wiederum weiter übersetzt wurden. Die Wirkungsgeschichte der einzelnen Episoden des Romans ist vielschichtig. Eine vollständige Fassung erschien 1847 in polnischer Übersetzung in Leipzig in 6 Bänden. Leider ist das französische Original, das dieser Übersetzung zugrunde lag, verloren gegangen. Teile eines französischen Manuskripts wurden im Laufe des 20. Jhdts. entdeckt, aber vollständig liegt das Werk nur auf Polnisch vor. Leider unterscheiden sich die verschiedenen Fassungen und Teildrucke drastisch, u.a. wegen der Zensur des 19. Jhdts., welche die recht interessanten erotischen Passagen abmilderte, dann wegen der erheblichen Freiheiten, die sich der Übersetzer nahm, und zuletzt auch deshalb, weil der Autor den Text niemals abschließend durchredigierte.

Zur Handlung: 1809 entdeckt ein französischer Offizier bei der Eroberung Saragossas ein altes Manuskript, welches die Erlebnisse eines Hauptmannes der wallonischen Garde Philipp V. auf seinem Weg nach Madrid erzählt. Dabei begegnen ihm Zigeuner, Schankwirte, Einsiedler, Soldaten, Schmuggler, jüdische Kabbalisten, diverse schöne Damen, Ahasver, der ewige Jude und viele andere mehr. Und alle erzählen sie Geschichten. Das Netz aus Geschichten in Geschichten, die immer wieder unterbrochen und wieder neu aufgenommen werden, ist ungeheuer kompliziert. Eine jüngere deutsche Übersetzung hat 850 Seiten; mehrere Dutzend Figuren treten auf. Alle großen Themen des Romans des 18. Jhdts. sind integriert: politische Intrigen, Abenteuer, Sex, Religion, Duelle etc. Satire und Humor kommen nicht zu kurz, insbesondere der Ehrenkodex der militärischen und bürgerlichen Welt wird höflichem Spott preisgegeben. Dabei treffen sich die Fäden der verschiedenen Erzählungen im Schlussteil. Es stellt sich heraus, dass die Figuren, die unter unterschiedlichen Namen auftauchen, zum Teil identisch sind; diverse verwandtschaftliche Bande werden sichtbar: Aus der chaotischen Welt scheinbar zufälliger Reisebekanntschaften wird ein geordneter und gedeuteter Kosmos. Amouröse, fantastische, okkulte und unheimliche Elemente fügen sich zu einem Ganzen. Auch von Vampiren ist öfters die Rede, unter anderem tauchen immer wieder zwei Damen auf, die in Wahrheit dämonische Sukkubae sind. Auch andere Handlungselemente wiederholen sich in immer neuen Wandlungen, was dem Roman einen eigenartigen Reiz verleiht. Der Leser hat das Gefühl, ein Geheimnis zu umkreisen, das nie ganz enthüllt wird. Dennoch ist „Die Handschrift von Saragossa" tief rational. Ganz im Stil der älteren Gothic Novel klärt sich vieles als politische Intrige, und z.B. der ewige Jude ist schlicht ein Betrüger.

Wir können an dieser Stelle keine weiter ausholende Interpretation versuchen, sondern müssen zu unserem Leitmotiv kommen. Der Erzähler entdeckt, dass er Abkömmling einer geheimen Gesellschaft maurischer Weltverschwörer ist. Die Familie der Gomelez, von der er abstammt, hat in den Bergen geheime Goldminen gefunden und ist dadurch unerschöpflich reich geworden. In tiefen Höhlen und Schluchten hat sie ein verborgenes Reich errichtet, dessen Ziel eine islamische, genauer gesagt schiitische Weltherrschaft ist. Mehrere Familien teilen sich die verborgene Macht, wachen aber auch eifersüchtig übereinander. Jeder, der das Geheimnis zu verraten versucht, wird ermordet. Interessant ist nun, dass Potocki für die Muslime durchaus Sympathien hat. Die komplizierten Binnenhandlungen spielen teils im 17., teils im 18. Jahrhundert. Der Held wird einer Reihe von Prüfungen mit Initiationscharakter unterzogen, die zeigen sollen, ob er es wert ist, in die Mysterien der Gomelez völlig eingeweiht zu werden. Außerdem soll er für den Islam gewonnen werden, was aber nicht gelingt. Am Schluss des Romans kommt es nicht zur islamischen Weltrevolution, weil den Gomelez dann doch das Geld ausgeht: Die Minen sind nach Jahrhunderten schließlich erschöpft. Typisch für das 18. und frühe 19. Jahrhundert ist die Einbindung der Verschwörungsfantasie in den Rahmen verschachtelter Familiengeschichten. Auch viele Nebenfiguren hinterlassen beim Leser einen bleibenden Eindruck, etwa der reisende Mathematiker, der die Theorie vertritt, dass nicht die Liebe, sondern allein die Geometrie den Menschen glücklich machen könne – oder der Gelehrte, dessen großes Lebenswerk die Ratten fressen, ehe es publiziert werden kann. Tragische und komische Elemente halten sich die Waage, vergleichbar mit der Welt des Don Quichote und anderer großer spanischer Romane, an die man sich vielfach erinnert fühlt. Religiöse Toleranz und rationale Weltdurchdringung angesichts rätselhafter Ereignisse sind wichtige Themen Potockis. Und im Hintergrund wird immer wieder das Bild einer einsamen, wilden spanischen Landschaft beschworen, der Sierra Morena, die tagsüber von drückender Hitze ist, in welcher man nachts seltsame Stimme hört, in der das Brausen der Wasserfälle und des Windes in den Tälern Angriffe von Räubern überdeckt, in der spärliche, verfallene Herbergen und mürrische, abergläubische Wirte den Wanderer nicht wirklich zum Bleiben einzuladen vermögen, und wo die wenigen Reisenden sich aus Angst nachts zusammenkauern und nicht wissen, ob sie eher Wölfe, Räuber oder Gespenster fürchten sollen. Potocki selbst ist eine schillernde Gestalt. Als Adliger mit revolutionären Neigungen lebt er lange in Frankreich, wird ein Weltreisender, der 8 Sprachen fließend spricht, und macht sich als Archäologe und Historiker einen Namen. Seine wissenschaftlichen Studien zur Vorgeschichte der slawischen Völker und zur Geschichte des Kaukasus und Zentralasiens werden bis heute nachgedruckt. Er ist einer der ersten Menschen, der mit einem Heißluftballon fliegt, was ihm eine Ehrenmedaille des polnischen Königs einbringt. Im Auftrag des Zaren nimmt er an einer (eher erfolglosen) Chinaexpedition teil. Seine beiden Ehen freilich sind skandalumwittert. Persönlich ist er depressiv veranlagt. 1815 kommt er zu der Überzeugung, er habe sich in einen Werwolf verwandelt. In wochenlanger Arbeit schnitzt er sich selbst eine Silberkugel, lässt sie vom Dorfpfarrer segnen und erschießt sich damit. Potockis Leben wurde von einem englischen Autor charakterisiert als: "Baron Munchhausen meets Marco Polo" (www.forteantimes.com/articles/140_potocki.shtml). Aber sein einziger großer Roman bleibt ein Klassiker der polnisch-französischen Fantastik, und der europäischen Ängste vor den Geheimbünden einer fremden Kultur.

Literatur:
Jan Potocki, Die Handschrift von Saragossa. 2 Bände. Hrg. von Roger Caillois. Frankfurt a. M. 1980 * Zur Vorgeschichte der Islam-Furcht in der frühen Neuzeit vgl. die Literaturangaben in: Marco Frenschkowski, Die Reformatoren und der Islam. Die Wahrnehmung des Islams zwischen Apokalyptik und Politik in der Reformationszeit. In: Blätter für pfälzische Kirchengeschichte und religiöse Volkskunde 70 (2003), 311-332.

Die Feme

Ebenfalls nur ganz knapp wollen wir noch auf einen völlig anderen Typ von Geheimtreffen des Mittelalters hinweisen, die westfälische Feme (auch Vehme u.ä.). Sie erinnert uns daran, dass Geheimbünde spezifische gesellschaftliche Funktionen erfüllen, und auch in weniger offensichtlichen Fällen nur von dieser spezifischen Funktion her verstanden werden können. In unserem Fall ist der Geheimbund eine Gerichtsinstanz, die zumindest partiell im Verborgenen wirkt. „Feme" ist ein niederdeutsches Wort (belegt seit 1252), das vielleicht etwa „Bund der zum gleichen Gericht gehörenden Freien" meint (die genaue Bedeutung des Wortes ist umstritten). „Vemen" heißt verurteilen, strafen, „vemestatt" ist die Richtstätte, „vememeister" der Henker. Im späten Mittelalter, v.a. im 14. und 15. Jhdt. ist Feme Name eines besonderen Gerichts, das für schwere Verbrechen wie Tötungen, Raub, Brandstiftung zuständig ist. Ursprünglich verurteilte es in flagranti ertappte Täter. Auch später war es eine Art Notgericht, welches ohne Ansehen der Person tätig werden sollte, wo die kaiserlichen Gerichte versagten oder gar nicht zum Zuge kamen. Der Vorladung konnte man sich kaum entziehen: Wer nicht kam, wurde „verfemt", was die Hinrichtung fast automatisch nach sich zog. Das Gericht praktizierte ein erhebliches Maß an Geheimhaltung und wurde weithin gefürchtet, obwohl es Recht gerade in Fällen schaffen wollte, die sonst der Rechtsprechung entgingen. Eine Berufungsinstanz gab es nicht. Entschieden wurde meist in einer Sitzung; falls auf die Todesstrafe (i.A. Erhängen) erkannt wurde, wurde sie auch sofort vollzogen. Besetzt waren die Femegerichte mit Freischöffen unter der Leitung eines Freigrafen. Gegenüber den alten Ortsgerichten konnten sie Vorladungen reichsweit aussprechen. 1431 wurde sogar König Sigismund vor ein Femegericht geladen und einige Jahre später Kaiser Friedrich III. Auch in mitteldeutschen Gebieten wie der Oberlausitz und Schlesien gab es zeitweise Femegerichte, am bedeutendsten aber waren sie in Westfalen. Ihre letzten Ausläufer reichen bis ins 18. Jhdt., obwohl ihre Bedeutung schon im 16. Jhdt. weithin geschwunden war, und sie nur noch Bagatellstrafsachen behandeln konnten. Der Name „Feme" wurde später – nicht ganz sachgemäß – zum Ausdruck für „geheime" Strafmaßnahmen gegen Personen, die öffentlich nicht vor Gericht zu bringen waren.

Literatur:
Karl Kroeschell, Art. Feme. In: Lexikon des Mittelalters 4 (1989), 346-349 *
Eberhard Fricke, Die westfälische Veme im Bild. Münster 2002.

5. HEXEN, ZAUBERER, SATANISTEN: DIE FIKTION EINER ANTIRELIGION IM UNTERGRUND DES ABENDLANDES

Die Konstruktion einer Zauber- und Hexensekte
im späten Mittelalter und ihr „Umkippen"
in der Wicca-Religion

Der Glaube an Hexen und Magier, ihre besonderen Kräfte und an den Schaden, den sie der Gesellschaft zufügen, ist nicht nur Teil der abendländischen Kulturgeschichte und darin schon vorchristliches Erbe, sondern ist nahezu universal in den meisten Sozietäten vorhanden. Zu Verfolgungen angeblicher Hexen und Zauberer kommt es allerdings nur unter bestimmten gesellschaftlichen Rahmenbedingungen, die als Zeiten der „Angst" und der „Krise" nur unzureichend beschrieben sind. Wenige andere Forschungsgebiete haben so radikale Infragestellungen älterer Klischees erlebt wie derjenige der sozialgeschichtlichen Hexenforschung in den letzten 40 Jahren. Vor allem die starke regionale und zeitliche Unterschiedlichkeit der Phänomene ist immer deutlicher geworden. Entsprechend schwierig ist es, allgemeingültige Aussagen zu treffen. Was im späten Mittelalter zu der aus der Antike und dem alteuropäischen Raum ererbten Hexenvorstellung hinzutritt, ist die Konstruktion einer „Hexensekte", sozusagen einer eigenen schwarzmagischen Religion. Damit wurde ein Paradigma geschaffen, das bis in die jüngste Vergangenheit unheilvoll wirksam war. Immer wieder treten panikartige, epidemische Fiktionen einer „Antireligion" im Untergrund des Abendlandes auf. Die letzte dieser epidemischen Episoden war die Welle angeblicher Satanismusfälle in den 1970er und 1980er Jahren, vor allem in den USA, aber auch in

Mitteleuropa, die sich zum Bild einer untergründigen satanistischen Universalbedrohung zusammenfügten. Das Thema ließ sich medienwirksam gut ausschlachten und konnte nur langsam auf das Tatsächliche hin überprüft werden. Wir werden darauf zurückkommen. Wichtig ist die sozialgeschichtliche Einsicht, dass es eine Kontinuität der Hexen- und Satanismusfiktionen gibt, die sich beschreiben und partiell auch erklären lässt.

In der Gegenwart wird die Wahrnehmung des Themas außerdem dadurch verändert, dass ein „Umkippen" des Hexenparadigmas geschehen ist, und die Hexe etwa seit den frühen 1970er Jahren zu einem positiven Identifikationsmuster für viele Frauen geworden ist. Die Anfänge dieses Umkippens, d.h. die Entstehung der „guten" oder „weisen Hexe" als Identifikationsfigur, liegen im 19. Jhdt., insbesondere in den Schriften des amerikanischen Journalisten und Volkskundlers Charles Godfrey Leland (1824-1903). Leland folgt dem sozialen Verständnis des Hexentums, das der französische Historiker Jules Michelet (1798-1874) entwickelt hatte. Die Hexe ist hier eine soziale Rebellin der Unterschicht gegen Unterdrückung und Klerikalismus, sozusagen die erste Feministin (heutige feministische Sichtweisen der Hexenprozesse gehen freilich andere Wege). Leland vertieft die Analyse weit über Michelet hinaus, und verbindet sie mit der Gegenwart, die Michelet nicht im Blick hatte. Sein Buch „Aradia, or, The Gospel of the Witches" (London 1899) ist eine „Theologie des Hexentums", wie Leland es interpretiert hat und aus italienischen (toskanischen) Quellen kennen gelernt haben will. Im Mittelpunkt stehen die Figuren der Diana, der Königin (oder Göttin) der Hexen, und des von ihr ausgesandten weiblichen Messias (explizit: „female messiah") Aradia, der Begründerin der Hexenreligion. Als wandernde Predigerin lehrt Aradia zu einer unbestimmten Zeit im Mittelalter (14. Jhdt.?) unterdrückte Frauen und Männer die Hexenkunst, damit diese nicht wehrlos den Mächtigen ausgeliefert sind, dazu Heilkunde und andere magische Künste. Insbesondere stiftet sie den Hexensabbat als eine Art Sakrament, der nichts mit Teufelsverehrung zu tun habe, sondern einen beglückenden orgiastischen Dianakult darstelle.

Im Anschluss an dieses „basic ritual" bietet der Band „Aradia, or, The Gospel of the Witches" noch mythologische und legendäre Erzählungen und Brauchtum, die Leland beigefügt haben will, weil sie dem Charakter des Grundtextes entsprechen. Der wesentliche Unterschied zwischen der katholisch-christlichen Konstruktion „Hexerei" und der „alten Religion" besteht nach Leland darin, dass diese keinerlei Bezug zur christlichen Figur des Teufels habe. Dieser kommt zwar beiläufig in Erzählungen vor, ist aber nicht die mythologische Mitte der „vecchia religione" (nach Leland der Begriff, den italienische Hexen selbst benutzten). Diese Mitte wird vielmehr durch die Göttin Diana und ihre Tochter Aradia verkörpert. Das Vorstellungsgeflecht um den Teufelspakt fehlt in der paganen „Hexerei" vollständig, die darin eben antike Vorbilder fortführe. Dieser Text hat dann in den 1940er und 1950er Jahren die Entstehung der Wicca-Religion beeinflusst, die sich als Wiederbelebung der alten „Hexenreligion" sieht. Hier kippt, wie gesagt, in einem vage esoterischen Kontext die Vorstellung einer bedrohlich-gefährlichen Geheimreligion der Hexen in ihr Gegenteil um und führt zur Entstehung einer neuen religiösen Bewegung, die zwar auf Nichtöffentlichkeit ihrer Rituale wert legt, aber doch durch intensive publizistische Tätigkeit nicht eigentlich „geheim" ist, ja energisch Werbung für ihre Sache betreibt. Wicca ist heute mit allein den USA etwa einer Million Praktizierender eine bedeutende neue religiöse Bewegung geworden. Mit „Satanismus" hat sie nichts gemeinsam, und auch nur sehr wenig mit der zeremoniellen Magie eines Aleister Crowley. Den meisten „Neuen Hexen" ist bewusst, dass die Geschichtskonstruktionen von Leland und ähnlichen Autoren (Margaret Murray wäre noch zu nennen) fragwürdig sind, aber Wicca funktioniert als neue religiöse Bewegung auch ohne diese Geschichtslegenden.

Wir wenden den Blick aber nicht auf diese neueren Zusammenhänge, sondern wieder zurück auf das negative Hexenparadigma, die Hexe als Vernichterin der Ernten, Störerin des Wetters, Verflucherin des Eheglücks, Kindermörderin und Teufelsbündnerin. Dieses Bild ist in wesentlichen Teilen vorchristliches Erbe, wurde aber in Spätmittelalter und früher Neuzeit in besonderer Weise aktiviert. Umstritten war im ganzen Mittelalter die Realität des zauberischen Fluges und der Tierverwandlung. Im späten 14. und 15. Jhdt. – also an der Schwelle der Neuzeit – erlebt der Hexenglaube eine Steigerung. Plötzlich werden nicht mehr einzelne Hexen und Zauberer verdächtigt und verfolgt, sondern eine ganze „Hexenbewegung", eine „secta" (Gefolgschaft). Einen Höhepunkt dieser Konstruktion stellt der berühmte und infame Hexenhammer („Malleus Maleficarum") des Heinrich Kramer (sein Humanistenname war „Institoris") dar, ein Juristenhandbuch zum Zwecke der effektiven Hexenverfolgung, von dem zwischen 1486-1669 etwa dreißig Auflagen erschienen. Die Anfänge liegen indes früher. Im 14. Jhdt. entsteht das klischeehafte Bild des Hexensabbats, der „synagoga Satanae", wie er unter missbräuchlicher Verwendung von Apk. 2, 9 heißt. Diese orgiastischen „Hexentreffen", in deren Mittelpunkt die blasphemische Verehrung des Teufels steht, prägen in der Folgezeit immer stärker das populäre Hexenbild. Vor allem im Alpenraum entwickelt sich in dieser Epoche einer massiven Klimaverschlechterung und anderer Umbrüche die Konstruktion einer Hexensekte. Im frühen 15. Jhdt. heißt sie „secta gazariorum" oder „secta strigarum". Eine feste Hexenterminologie bildet sich erst allmählich heraus (von „hexerey" spricht zuerst ein Schweizer Prozess aus dem Jahr 1400). Was vormals Juden, Häretikern und (für uns noch schwerer begreifbar) Leprakranken unterstellt wurde, nämlich jede Art bösen Wirkens bis zur Brunnenvergiftung, trifft nun die angeblichen Hexen und Zauberer. 1409 spricht ein päpstliches Dekret von „novas sectas"; die Hexen und Zauberer werden analog den Katharern und Albigensern gesehen, die zwei Jahrhunderte zuvor verfolgt worden waren. In Frankreich heißen die Hexen regelmäßig „Vaudoises", Waldenser. Sie werden hier also als Fortsetzung der Waldenser (eigentlich einer kirchlichen Reformrichtung!) gedeutet, die man als gefährliche Untergrundbewegung sah. Bei den dämonologischen Autoren des 15.-17. Jhdts., den „Klassikern" des Hexenglaubens (Ulrich Molitor, Samuel Cassinis, Jean Bodin, Paulus Grillandus, Martin

Delrio, Nicolaus Remigius, Francesco Maria Guazzo, Pierre de Lancre, Matthew Hopkins, James VI. etc.) ist dieses Bild im Großen und Ganzen stabil. Die zentrale Verschwörungsthese besagt also nicht nur, dass es bösen Hexen und Zauberer gäbe, sondern dass diese eine zusammenhängende Organisation, eben eine satanistische Untergrundreligion bildeten. Es war u.a. wohl gerade diese Steigerung des Hexenglaubens, welche die großen epidemischen Verfolgungen der frühen Neuzeit (1450-1650) auslöste. Die Gesellschaft sah sich nicht nur als unterwandert durch Hexen und Zauberer, sondern als auf das äußerste gefährdet. In einem massiven Gegensatz zu heutiger Wahrnehmung sahen sich die Hexenjäger als „letzte Bastion" gegen eine immer stärker werdende Übermacht böser Kräfte und Menschen. Ein apokalyptisches Geschichtsszenario lag ihnen nahe: Es ist die Zeit eines letzten Kampfes zwischen Gut und Böse. Dies alles ist uns nicht ganz so fern, wie es auf den ersten Blick scheinen möchte. Die Satanismuspaniken der jüngeren Zeit lassen vergleichbare Projektionsphänomene erkennen. Die Idee einer Hexensekte – für deren Existenz es keinerlei Indizien gibt – ist ohne Frage partiell wahnhaft. Sie ist aber Teil des abendländischen Erbes, und muss offenbar mehr als einmal überwunden werden.

Literatur:
Wolfgang Behringer, Witches and Witch-Hunts. A Global History. Cambridge 2004 (beste Gesamtdarstellung) * Richard M. Golden (Hrg.), Encyclopedia of Witchcraft. The Western Tradition. 4 Bände. Santa Barbara, CA 2006 (trotz seines Umfanges eher populäres Nachschlagewerk zum Thema) * Joseph Hansen, Zauberwahn, Inquisition und Hexenprozess im Mittelalter und die Entstehung der großen Hexenverfolgung. München 1900 = Aalen 1983 * Ders. (Hrg.), Quellen und Untersuchungen zur Geschichte des Hexen-wahns und der Hexenverfolgung im Mittelalter. Bonn 1901 = Hildesheim 1963 (grundlegende Quellensammlung in den Originalsprachen) * Bengt Ankarloo, Clark Stuart (Hrg.), The Athlone History of Witchcraft and Magic in Europe. 6 Bände. London 1999-2002 (repräsentiert den Forschungsstand) * Norman Cohn, Europe´s Inner Demons. An Enquiry Inspired by the Great Witch-Hunt. London 1975 * Marco Frenschkowski, Charles Godfrey Leland (1824-1903) und die Ursprünge der Wicca-Religion. In: Christa Tuczay (Hrg.), Faszination des Okkultismus. Wien 2007 (im Druck) * Wulf Köpke u.a. (Hrg.),

Hexen im Museum. Hexen heute. Hexen weltweit. Hamburg 2004 (Aufsätze) * Heinrich Kramer (Institoris), Der Hexenhammer. Malleus Maleficarum. Neu aus dem Lateinischen übertragen von Wolfgang Behringer, Günter Jerouschek und Werner Tschacher. München 2000.

Eine radikalfeministische Sekte im Mittelalter?

Die ohne Frage fiktive Aradia wäre allenfalls mit der 1300 als Häretikerin verbrannten Mayfreda Visconti entfernt vergleichbar, die von der Gruppe der Guglielmiten als ihre „Päpstin" eingesetzt wurde und als Nachfolgerin der Guglielma (Vilemína) von Böhmen galt (gest. Mailand 1279), die ihrerseits als weibliche Inkarnation des Heiligen Geistes verehrt worden war. Guglielma war aus Böhmen nach Italien gekommen, hatte dort weibliche Priester und Kardinäle eingesetzt und eine Bewegung begründet, die als radikale feministische Variante des Joachimismus interpretiert werden kann. Aber als Hexen galten diese Frauen wohl allenfalls ihren Gegnern. Immerhin stellen sie die erste in Ansätzen feministische „Sekte" des Abendlandes dar.

Literatur:
Luisa Muraro, Vilemína und Mayfreda. Die Geschichte einer feministischen Häresie. Freiburg i. Br. 1987 (aus dem Italienischen) * Peter Dinzelbacher, Art. Wilhelmina v. Böhmen. In: Lexikon des Mittelalters 9 (1998), 196f.

Satanismus: Vorgeschichte im 17.-19. Jahrhundert

Mit dem Ende der großen Hexenverfolgungen (letzte legale Hinrichtung einer Hexe in England 1685, in Italien 1717, in Schottland 1727, in Bayern 1756, in Ungarn 1777, auf Jamaika 1780 und in der Schweiz 1782) verschiebt sich das Bild der Hexensekte in dasjenige eines „satanistischen Untergrundes". An die Stelle des Hexensabbats tritt das Bild der „schwarzen Messe" als Ritus dieser geheimen Untergrundbewegung. Nun hat es ohne Frage bei irregeleiteten Geistern schwarze Messen gegeben. Sie haben im Allgemeinen ein pubertär-emanzipatorisches Gepräge und stellen einen Ausbruchversuch v.a. aus einem katholischen Koordinatensystem dar. Diese Analyse soll sie nicht verharmlosen, ganz im Gegenteil. Man kann das Gefahrenpotential einer Verirrung nur wirksam aushebeln, wenn man sie nicht karikiert oder verzeichnet. Nur einige wenige Beobachtungen zur Sache sind hier möglich. Von einer „schwarzen Messe" als einer Travestie des christlichen Gottesdienstes hat das Mittelalter noch nicht gesprochen. Die Idee ist ausschließlich neuzeitlich. Ende des 16. Jhdts. hören wir in einzelnen Prozessen, bei den Hexenversammlungen geschähe eine blasphemische Umkehrung des christlichen Gottesdienstes. 1586 werden in Sizilien zwei Priester hingerichtet, weil sie mit zwei Studenten in einer Höhle den Teufel im Rahmen einer Messfeier beschworen hätten, wozu sie drei Totenschädel und neun Kerzen verwendet und auch einen Hund geopfert hätten. Drei der vier Angeklagten wurden hingerichtet. Übrigens gehörten Kleriker, entgegen einem unausrottbaren Vorurteil, zu den relativ häufigen Opfern von Zaubereivorwürfen; in Würzburg gab es im 17. Jhdt. eine ganze Welle von Priesterhinrichtungen wegen Hexerei. Mit dem Zaubereiverdacht konnten auch einfache Menschen, Hausangestellte etc. gegen sozial sonst Höhergestellte wie etwa Kleriker erfolgreich intrigieren. Solche Fälle sind zeitweise sehr häufig gewesen. Manche Fälle von angeblichen „Priester-Satanisten" schlagen Wellen in ganz Europa, so derjenige um Urbain Grandier, dessen angeblicher Pakt mit dem Teufel noch heute erhalten ist. Ab 1617 wirkte er in Loudun unter den Nonnen eines Ursulinnenklosters, wo er im spektakulärsten Fall von Massenbesessenheit in der europäischen Geschichte offenbar sowohl Nutznießer als auch Opfer war. Jedenfalls gaben ihm die Nonnen die Schuld an ihren konvulsischen Zuckungen und verbalen Ausfällen. Am 18. August 1634 wurde er verbrannt, das berühmteste und meistdiskutierte Opfer eines Hexenprozesses im 17. Jhdt. Auch bei den neuenglischen Hexenprozessen in Salem, Massachusetts (heute Danvers) war eines der 20 Opfer der frühere Pfarrer der Kommune, George Burroughs. 1692 wurde er gehängt (in England und Amerika wurden Hexen gehängt, nicht verbrannt). Zuvor hatte er das Vaterunser so deutlich und fehlerfrei gebetet, dass der dabeistehende Cotton

Mather, Verteidiger des Hexenglaubens, die aufgebrachte Menge beruhigen musste: Der Volksglaube sagte, ein Hexer könne nicht beten, ohne zu stocken oder sich zu versprechen.

Das moderne Bild der „schwarzen Messe" stammt vor allem aus den Ereignissen im Umfeld des französischen Hofes 1679-1682. Ein Abbé Guibourg vollzog im Auftrag reicher Gönner an die Messe angelehnte Rituale, die offenbar in erster Linie einer dekadenten Ästhetik und einem Sinneskitzel dienen sollten. Der Raum war mit schwarzem Samt ausgeschlagen, als Altar diente der Körper eines nackten Mädchens. Bald gab es ungeheuerliche Gerüchte über Kinderopfer und sexuelle Ausschweifungen; auch andere Priester waren beteiligt. Publik wurden die Vorkommnisse durch Untersuchungen über eine erhebliche Zahl von Giftmorden, die offenbar von Mitgliedern des Zirkels begangen worden waren und die durch eine Verletzung des Beichtgeheimnisses ans Tageslicht kamen. Madame de Montespan, die Geliebte Louis' XIV, wurde in die Ereignisse hineingezogen, die das Ausmaß eines riesigen Skandals annahmen. Die schwarze Messe ist hier eine Karikatur, eine Travestie des Katholizismus. Sie kann in diesem Rahmen nur von einem abgefallenen, aber gültig geweihten Priester vollzogen werden. Alle Rituale einschließlich des auf dem Kopf stehenden Kreuzes, des umgekehrt gesprochenen Vaterunsers etc. stammen aus dem christlichen Bezugsrahmen. Damit ist die schwarze Messe eine Perversion des Katholizismus. Mit dem neopaganen Selbstverständnis heutiger „neuer Hexen" hat sie schlechterdings nichts zu tun. Sie wird zum in erster Linie literarisch tradierten Klischee. Im Fall der Affäre um Abbé Guibourg ist an der Tatsächlichkeit der schwarzen Messen nicht zu zweifeln, auch wenn die angeblichen Kinderopfer vielleicht nicht stattgefunden haben.

Im 18. und 19. Jhdt. verändert sich dann zudem die Symbolik des Teufels. Aus dem nichtexistierenden Teufel der Aufklärung wird der Teufel als Rebell, als schwarzer Held und Heros der dunklen Seite der Romantik. In der Décadence findet diese Umwertung ihren Höhepunkt. Mit christlichen Bildern des Bösen hat sie rein gar nichts mehr zu tun. Natürlich koexistieren andere Teufelsbilder: der christliche Teufel, ein gefallener Engel und Versucher, der durch Nachdenken zu beseitigende Teufel der Aufklärung, der dumme und zu überlistende Teufel des Volksglaubens, gelegentlich auch der gefährlichere Teufel schwarzmagischer Praktiken. Aber wirklich neu ist im 19. Jhdt. nur der Teufel der Décadence, der schwarzen Romantik. In diesem Kontext entsteht nun ein literarischer Satanismus, in dessen Kontext zuerst Autoren wie Charles Baudelaire und Victor Hugo zu sehen sind. Der Teufel ist hier Freiheitsheld, Satanismus eine aggressive Selbstbefreiung. Keiner dieser literarischen Satanisten hätte aber je daran gedacht, tatsächlich eine „schwarze Messe" durchzuführen. Bekanntester Ausdruck ist der in der Tat bis heute bemerkenswerte Roman des zum Katholizismus konvertierten Joris-Karl Huysmans, "Là-bas" (1891). Der Satanismus wurde vor allem literarisches Motiv, bevor ihn eine gelangweilte und verunsicherte Jugend in den 1960er und 1970er Jahren als probates Mittel wiederentdeckte, sich ihrer Unabhängigkeit von ihren christlichen Eltern zu vergewissern. Wir betonen noch einmal, dass dieser spätromantische und dann postmoderne Satanismus nichts mit der gelebten Religion Neuer Hexen zu tun hat.

Literatur:
William Monter, Art. Black Mass. In: Encyclopedia of Witchcraft. The Western Tradition (s.o.), Bd. 1, 125 * Karl R. H. Frick, Satan und die Satanisten. 3 Bände. Graz 1982-1988. In 1 Band Wiesbaden 2006 * Gerhard Zacharias (Hrg.), Satanskult und schwarze Messe. Wiesbaden 1964. 3., überarb. Aufl. unter dem Titel: Der dunkle Gott. Wiesbaden 1982 * Zur Geschichte des Teufelsbildes: Wassilios Klein, Otto Böcher u.a., Art. Teufel. In: Theologische Realenzyklopädie 33 (2002), 113-147 * Marco Frenschkowski, Art. Teufel. In: Enzyklopädie des Märchens, Bd. 13 (erscheint 2008) * Gustav Roskoff, Geschichte des Teufels. 2 Bände. Leipzig 1869 = Augsburg 2001 * Jeffrey B. Russel, The Devil. Perceptions of Evil from Antiquity to Primitive Christianity. Ithaca-London 1977 * Ders., Satan. The Early Christian Tradition. Ithaca, NY 1981 * Ders., Lucifer. The Devil in the Middle Ages. Ithaca, NY 1984 * Ders., Mephistopheles. The Devil in the Modern World. Ithaca, NY 1986 * Ders., The Prince of Darkness. Radical Evil and the Power of Good in History. Ithaca, NJ 1988* Rossell Hope Robbins, The Encyclopedia of Witchcraft and Demonology. New York 1959.

Hell-Fire Clubs

In die gleiche Zeit wie die Aufklärung und der Aufschwung der Freimaurer gehören die berüchtigten Hell-Fire Clubs, deren programmatische Unmoral freilich eher ästhetizistische Attitüde war und nicht ideologisch überfrachtet werden darf. Sie sind aber doch prototypisch für eine bestimmte Form der "dekadenten" Geheimgesellschaft geworden. Der berühmteste Hell-Fire Club hat diesen Namen erst im Nachhinein erhalten: der "Order of St. Francis of Wycombe" des Sir Francis Dashwood, Baron Le Despenser (1708-1781). Er wurde "Hell-Fire Club" freilich erst genannt, als er als eigene Vereinigung mit regelmäßigen Treffen schon eingeschlafen war. Die berüchtigten "Monks of Medmenham" – wie sie sich selbst gerne nannten – waren ihrer Sozialstruktur nach ein adliger und großbürgerlicher Club, der sich mit Wein, Weib und Gesang vergnügte und sich dabei sehr verrucht vorkam. Eigentlicher Satanismus ist nicht bezeugt, obwohl man etwas blasphemische Rollenspiele auf Kosten der englischen und vor allem der katholischen Kirche liebte. Es ging auf den Treffen wohl ziemlich obszön und derb zu; Frauen reisten daher nur verschleiert an, aber die Mitgliedschaft der Männer war kein wirkliches Geheimnis, auch wenn man in den schriftlichen Aufzeichnungen Pseudonyme benutzte. Mehr als dreißig oder vierzig Mitglieder hatte der Club offenbar nie. Heidnisch im engeren Sinn war hier nichts, auch wenn Parodien christlicher Rituale eine Rolle spielten. Die Engländer des 18. Jhdts. fanden die Vorgänge ziemlich schockierend; heute würden sie auf uns wohl eher wie ein etwas geschmacksverirrter Karneval vorkommen. Benjamin Franklin war während seines Englandaufenthaltes zeitweise Mitglied. Viel näher an satanistischen Praktiken standen die Hell-Fire Clubs in Dublin, Irland, die zuerst 1721 bezeugt sind, und die offenbar auch vor kriminellen Verirrungen nicht Halt machten, über die wir aber nur sehr wenig wissen.

Motto dieser ganzen Bewegung wird der berühmte Satz aus Rabelais' Abtei Thelema: "Fay ce que voudras!" – Tu was Du willst. In Dashwoods gemieteter Zisterzienserabtei, in welcher der Orden sich traf, standen diese Worte über einem alten Ostportal geschrieben. Im 20. Jhdt. hat dieses berühmte anstößige Dictum bekanntlich Karriere gemacht als Motto Aleister Crowleys: "Do what thou wilt shall be the whole of the Law". Für den Magier Crowley (1874-1947) ist der hier beschworene wahre Wille etwas, was erst in einem längeren Prozess freigelegt werden muss, in dem sich der Mensch von allen nachträglichen Begründungen seines Handelns emanzipiert und sich zu seiner reinen innersten Intentionalität stellt, die Crowley "Magick" nennt. „What thou wilt" ist für Crowley gerade nicht „what you will" (obwohl sprachlich einfach die ältere Form des gleichen Satzes). Historisch ist der Satz "Do what thou wilt" – was Rabelais, Dashwood und Crowley auch noch durchaus wussten – letztlich ein Zitat des nordafrikanischen Kirchenvaters Augustin, der schreibt: "Dilige et quod vis fac" (meist falsch kürzer, aber fast sinngleich zitiert als: "Ama et fac quod vis") "Liebe, und dann tue, was du willst" (In epist. Ioannis homiliae 7, 8, Migne Patrologia Latina 35, 2033). Gemeint ist: Dann wirst Du nichts wirklich Falsches tun. Es steht zu befürchten, dass Dashwood wohl den Tiefpunkt in der Interpretation dieses paradoxen Dictums darstellt. Immerhin hat er das Klischee des lästerlichen, anrüchigen, frevelhaften Hell-Fire Clubs definiert. 1809 feiert Lord Byron das Andenken des Ordens, indem er in den Ruinen von Newstead Abbey mit Freunden aus einem Schädel Burgunderwein trinkt. Das ganze Unternehmen wirkt sehr als auf Provokation berechnet. Noch heute kann man sich als Tourist die Räumlichkeiten der „Mönche" vorführen lassen.

Der Satanismus mit seinen Nebenformen ist überhaupt sozusagen die Frühpubertät der Religionsgeschichte. Dashwood gilt im 19. Jhdt. allgemein als ausgemachter Satanist, was nach allem, was wir wissen, nicht wirklich zutrifft. Als in Jerome Jeromes komischem Roman "Three Men in a Boat" von 1889 die drei Reisenden auf der Themse an Medmenham vorbeifahren, bedarf es nur noch einer kurzen Anspielung, um ein angenehmes Gruseln zu erzeugen. Man „kennt" den Satanismus, aber er verursacht eher ein Rümpfen der Nase als Unterwanderungsängste. Das sollte sich im letzten Drittel des 20. Jhdts. massiv ändern. (Vgl. auch unten zur Taxil-Affäre).

Literatur:
Geoffrey Ashe, The Hell-Fire Clubs. A History of Anti-Morality. Revised Edition. Phoenix Mill, Stroud, Gloucestershire 2000 * Betty Kemp, Sir Francis Dashwood. An Eighteenth-Century Independent. London 1967.

Die Satanismus-Debatte der Jahre 1970-2000

1969 ermordete die „Manson-Family" in Bel Air wahllos eine Reihe von Menschen, darunter die Schauspielerin Sharon Tate. Charles Manson (geb. 1934 in Cincinnati), uneheliches Kind einer 16-jährigen Drogensüchtigen, mit langer krimineller Geschichte, wurde nach 1967 Mittelpunkt einer Gruppe labiler 18-24-Jähriger, die er aus konfus-paranoiden Motiven zu mehreren Morden anstachelt. Heute ist der lebenslang einsitzende Manson Mittelpunkt eines Kultes schierer Faszination durch das Befreiungspathos, zu dessen Symbol er für manche Menschen wurde. Mit den Morden des „Family" beginnt in gewisser Hinsicht die neueste Satanismus-Debatte (obwohl Manson häufiger die Offenbarung Johannes zu zitieren pflegte als neomagische Literatur). Die Breitenwirkung des Themas „Satanismus" in den 1970er bis 1990er Jahren hängt damit zusammen, dass es mit dem ehemaligen Tabuthema Kindesmissbrauch gekoppelt wurde. Nur mühsam begreifen die westlichen Gesellschaften, dass die erhebliche Dunkelziffer in Sachen Kindesmissbrauch nicht durch „fremde böse Männer", sondern durch Familienangehörige und Nachbarn zustande kommt. „Satanisten" wurden in der Abwehr dieser Einsicht zu einer bevorzugten Projektionsfläche.

Die Welle der „Enthüllungen" begann mit dem Buch „Michelle Remembers" von Michelle Smith und ihrem Psychiater Lawrence Pazder (New York 1980). Frau Smith behauptete, als Kind von ihren Eltern in einem Käfig gefangen gehalten, bei satanistischen Ritualen missbraucht worden zu sein und den Satan selbst gesehen zu haben. Auch wollte sie zahlreiche Ritualmorde miterlebt haben. Es begann eine Welle ähnlicher Anschuldigungen, die zu großen Teilen auf „verdrängte Erinnerungen" zurückgingen, die von Therapeuten unter Hypnose oder in intensiver Befragung wieder gefunden worden sein sollten. 1990-1994 sammelte das National Center on Child Abuse and Neglect systematisch die berichteten Fälle von angeblichem satanistischem Missbrauch von Kindern in den USA (die oft viele Jahre zurücklagen). 12 264 Fälle wurden von etwa 11 000 Polizeistationen und psychiatrischen Einrichtungen untersucht: In keinem einzigen Fall konnten die „nachträglichen Erinnerungen" bestätigt werden. In kleinerem Rahmen kam eine ähnliche Studie in Großbritannien (1988-1991) zum selben Ergebnis: Auch hier war kein einziger Fall nachweisbar; auch den angeblichen Mordopfern entsprachen keine real verschwundenen Menschen. Es wurde immer deutlicher, dass die Befragungen von „Satanismus-Opfern" durch Suggestivtechniken jeweils zu den gewünschten Ergebnissen und grausigen Details kamen. Aus heutiger Sicht wurden diese Verfahren noch bis in die späten 1980er Jahre hinein außerordentlich naiv angewandt. Mittlerweile sind die Vorgänge der Konfabulation besser bekannt, durch die im systemischen Szenario zwischen Hypnotiseur, Hypnotisiertem und Umfeld (Eltern etc.) Erinnerungen produziert werden können. Etwa seit Anfang der 1990er sind Psychologie und Kriminalistik gegenüber Rückführungen unter Hypnose sehr viel skeptischer geworden. Es wird sogar die These vertreten, dass alle auf diese Weise zu Tage kommenden Erinnerungen Konfabulationen sind und keinen unabhängigen Wert haben. Das ist vielleicht in die entgegengesetzte Richtung übertrieben. Auch bei der Befragung von Kindern (ohne Hypnose) ist deutlicher geworden, dass nur speziell geschultes Personal Suggestivfragen vermeiden kann, wenn ein Anfangsverdacht auf Missbrauch besteht. Unbestritten und gut dokumentiert ist heute, dass das False Memory Syndrome in großem Umfang Erinnerungen produzieren kann, die subjektiv geglaubt werden, aber objektiv nicht wahr sind. Meist handelt es sich um Selbstinszenierungen als Opfer von Gewalttaten. Besonders anfällig sind naturgemäß jene etwa vier Prozent der Bevölkerung, die „fantasy-prone personalities" sind und Halluzinationen (die ausnahmslos alle Menschen gelegentlich haben) also nur mühsam von ihrer sonstigen Lebensrealität trennen können.

Das heißt selbstverständlich nicht, dass es am Rand der Okkultszene nicht Gruppen und vor allem einzelne Menschen gibt, deren Drang nach Grenzüberschreitung ins Kriminelle abgleitet. Die Regel ist das nicht. 1982 gründet in Berlin Michael D. Eschner (geb. 1949) den Thelema-Orden Argentum Astrum e.V. Nach 1985 treten die Anhänger unter dem Namen Thelema Society auf (mit einem Zentrum in Bergen/Dumme). Im Kontext der neomagischen Gruppe kommt es zu Fällen von Körperverletzung und zwei Vergewaltigungen, für die Eschner eine sechsjährige Haftstrafe antreten musste (von Eschner werden die Straftaten bestritten). Ehemalige Mitglieder berichten von „Ekeltraining" mit Konsum von Kot und Urin. Die Gruppe übt strikte Geheimhaltung (Strafandrohung für Verräter); auch Formen der „schwarzen Messe" werden wiederbelebt. Innerhalb der neomagischen Szene ist das wie gesagt eine Ausnahme, von der sich andere Mitglieder dieser Szene sehr deutlich distanzieren. Einzeltäter bzw. Täterpaare, die bis zum Ritualmord gegangen sind (Silvia Brakel, Frank Gust, Manuela und Daniel Ruda waren die bekanntesten Fälle der letzten Jahre) haben viel Aufsehen erregt, können aber bei augenblicklichem polizeilichem Erkenntnisstand nicht als Exponenten einer etwa gewaltbereiten satanistischen Szene gelten. Die breite Verwendung und Kommerzialisierung satanistischer Symbole in der Jugendkultur wird zwar vielfach mit Sorge betrachtet, darf aber keinesfalls mit einem gewaltbereiten Kultsatanismus zusammengeworfen werden.

Literatur:
Gareth J. Medway, Lure of the Sinister. The Unnatural History of Satanism. New York u. London 2001 (das Standardwerk zum Thema) * Guido Grandt, Der Satan von Witten und andere fanatische Ritualmörder. München 2007 * Ders., Schwarzbuch Satanismus. Augsburg 1995 (sensationalistisch) * Joachim Schmidt, Satanismus: Mythos und Wirklichkeit. 2. Aufl. Marburg 2003 * Katharina Kickinger, Satanismus. Eine Entmystifizierung. Wien 2005

* Massimo Introvigne u. Eckhard Türk, Satanismus. Zwischen Sensation und Wirklichkeit. Freiburg i. Br. 1995 * Jürgen Holz, Im Halbschatten Mephistos – Literarische Teufelsgestalten von 1750-1850. Frankfurt a. M. 1989 * Mario Praz, Liebe, Tod und Teufel. Die schwarze Romantik. München 4. Aufl. 1994 (zuerst 1963) * Vincent Bugliosi, Helter Skelter. The True Story of the Manson Murders. New York 1974 * Richard Ofshe u. Ethan Watters, Making Monsters. False Memories, Psychotherapy, and Sexual Hysteria. New York 1994 * Mark Pendergrast, Victims of Memory. Incest Accusations and Shattered Lives. Hinesburg, VT 1995 * J. S. La Fontaine, The Extent and Nature of Organized and Ritual Abuse. Research Findings. London 1994 * David Frankfurter, Evil Incarnate. Rumors of Demonic Conspiracy and Ritual Abuse in History. Princeton, NJ 2006 * Mary de Young, The Ritual Abuse Controversy: An Annotated Bibliography. Jefferson, NC u.a. 2002.

6. Rosenkreuzer und andere ideale und utopische Gesellschaften des 17. Jhdts.

Das Erwachen des utopischen Denkens

Im Jahr 1516 erscheint ein Roman des britischen Politikers und Philosophen Thomas Morus „Nova Insula Utopia", der zusammen mit der Schilderung einer idealen Alternativgesellschaft auf einer fiktionalen fernen Insel (man befindet sich im Zeitalter der Entdeckungen) auch das Wort „Utopie" in die europäischen Sprachen einführt. Wörtlich bedeutet Utopia „Nicht-Ort", fiktiver, nur imaginierter Ort. Utopische Romane (ohne Verwendung dieses Titels) und utopische Staatsentwürfe hat es freilich schon in der Antike gegeben. Platon hatte in seiner Schilderung der vorzeitlichen Insel Atlantis (Kritias 109A-121C; Timaios 21D-25C) utopische Gedanken einfließen lassen, und in seiner „Republik" das Modell eines Idealstaates vorgelegt, der ganz von Philosophen und philosophischer Vernunft geprägt ist. Das Genre des hellenistischen Reiseromans hat die Grundidee, mögliche Alternativgesellschaften und Idealstaaten in eine räumliche Ferne zu verlegen und durch Reisende (z.B. Schiffbrüchige) entdecken zu lassen, dann vielfach aufgenommen (Euhemeros,

Jambulos, Antonius Diogenes u.a.) und mit buntem und abenteuerlichem Erzählgut aufgefüllt. Wichtigster Text dieser antiken utopischen Tradition sind die „Wahren Geschichten" (Verae historiae) des Lukian (2. Jhdt.), der uns als Autor auch im Kapitel über die Mysterien begegnet ist. Lukian verfremdet die utopische Tradition bereits satirisch. Im mythologischen Vorfeld solcher Texte steht das Motiv des Locus amoenus, des „angenehmen, heilvollen, paradiesischen Ortes" der epischen Überlieferung (Gärten der Hesperiden, Inseln der Seligen, Homers Phäakenidyll etc.). Aber erst im 16. und 17. Jhdt. wird das utopische Denken struktureller Teil der neuzeitlichen Philosophie. Man begreift, dass die Welt veränderbar ist, dass vieles auch ganz anders sein könnte. Ausdruck finden diese Bilder einer radikal alternativen Gesellschaft in Romanen, die von fernen Orten berichten, wo genau in diesem Sinn alles anders ist, und zwar besser. Bilder einer idealen Gesellschaft werden zu einem beliebten Thema der Literatur (Tommaso Campanella, „Civitas Solis", 1602 bzw. 1623; Francis Bacon, „Nova Atlantis", 1624; Höhepunkt der Gattung sind dann im 18. Jhdt. Jonathan Swifts „Gullivers Travels"). Im Gegensatz zu religiösen Entwürfen erheben diese „Nicht-Orte" keine unmittelbaren Wirklichkeitsansprüche. Erst im 18. Jhdt. werden fiktionale Utopien dann in die Zukunft verlegt (zuerst bei Louis-Sébastien Mercier, Mémoires de l'An 2440, Amsterdam 1770 (Erstdruck anonym)). Solche Utopien sind keine Science-Fiction. Es geht nicht so sehr um technisch-wissenschaftliche Denkmöglichkeiten, sondern um gesellschaftliche Alternativmodelle. Diese können sich auf Staats- und Wirtschaftsformen, Arten des Zusammenlebens, Veränderungen der Geschlechterkonstellation oder des Bildungswesens, die Zukunft von Kultur, Kunst und Religion u.a. beziehen. Utopien inszenieren insofern eine Veränderbarkeit von Gegenwart bzw. üben Zivilisations- und Sozialkritik. In Hinsicht auf ihre Umsetzbarkeit werden deskriptive, evasive und konstruktive Utopien unterschieden. Ein Korrelat der gesamtgesellschaftlichen Utopie ist nun die fiktive ideale Geheimgesellschaft, die im Verborgenen an der Verwirklichung einer besseren Gesellschaft arbeitet. Nicht zufällig tritt sie zur gleichen Zeit in den Mittelpunkt der europäischen Imagination, als auch die ersten großen neuzeitlichen Utopien formuliert werden. Idealer Geheimbund und Utopie korrelieren. Die bei weitem wichtigste dieser idealen und utopischen Geheimgesellschaften sind die Rosenkreuzer.

Literatur:
Franz Rottensteiner u.a. (Hrg.), Werkführer durch die utopisch-fantastische Literatur. Meitingen 1989ff. * Robert N. Bloch, Bibliographie der Utopie und Fantastik 1650-1950 im deutschen Sprachraum. Hamburg u.a. 2002 * Bernfried Kytzler, Utopie. In: Der Neue Pauly 12 (2002), 1070-1072 * Richard Saage, Utopie-Forschung. Eine Bilanz. Darmstadt 1997.

Rosenkreuzer: die fundamentalen Fakten

Die Rosenkreuzer sind in vieler Hinsicht der archetypische ideale Geheimbund: eine wohltätige, geheimes Wissen bewahrende Gesellschaft, die im Verborgenen wirkt und nur nach ihren eigenen inneren Gesetzen hin und wieder öffentlich sichtbar wird. Zugleich kann es keinem Zweifel unterliegen, dass die Rosenkreuzer (andere Schreibungen: Rosencreutzer etc.) von Hause aus vollständig eine Fiktion darstellen. Sie sind ein Kind der utopischen, gesellschaftsverändernden Ideen des frühen 17. Jhdts. und zugleich ein Produkt lutherischer Theologie, konstruiert etwa in den Jahren 1604-1616 im Zwischenfeld zwischen kirchlichen Reformideen sowie mystischer Hermetik und Alchemie. Das Symbol des Rosenkreuzes selbst stammt von Martin Luther: Es war sein persönliches Wappen. 1614 publizierte der lutherische Theologe Johann Valentin Andreae (1586-1654) anonym in Kassel die „Fama Fraternitatis oder Brüderschafft des Hochlöblichen Ordens des Rosen-Creutzes" (auch seine Familie führt ein ähnliches Wappen). Wenig später folgte die „Confessio Fraternitatis". Eine „Fraternitas" ist eine Bruderschaft. Weitere Schriften folgen, deren wichtigste ein allegorischer Initiationsroman ist, die „Chymische Hochzeit" (1616). Im Mittelpunkt steht die Idee einer geheimen, angeblich von Frater R. C. (Christian Rosencreutz, 1378-1484) gegründeten

Gemeinschaft, die Träger verborgener, höherer Erkenntnisse u.a. orientalischer Provenienz sei. Dieser Christian Rosencreutz, der im arabischen Damaskus in alle Geheimnisse der Natur eingedrungen sein will, ist eine Symbolfigur für den neuen Geist, der sich nicht mit dem mittelalterlichen Wissenssystem zufrieden gibt. Der Referenzrahmen ist protestantisch: Rosencreutz mahnt zur eifrigen Lektüre der Bibel. Desgleichen wird ein Bezug zur Reformation hergestellt: Hundert Jahre nach Luther wartet die „ecclesia semper reformanda" (die immer weiter zu reformierende Kirche) auf einen Erneuerungsschub und mystische Vertiefung. Daneben zeichnet sich deutlich das neue Verhältnis zur Natur ab. Formal sind beide ursprünglichen Schriften Aufforderungen, mit der Fraternität Kontakt zu suchen, was aber nur den „Würdigen" gelingen könne. In den nächsten 10-15 Jahren entstehen in einem wahren Rosenkreuzerfieber mindestens 400 Bücher, die für oder gegen die Existenz der Rosenkreuzer argumentieren und oft einfach schriftliche Versuche sind, die fabulösen Bruderschaft aufzufinden. (Von einem „Orden" sollte man übrigens nicht sprechen, weil das ein katholischer Begriff ist, und die Texte heftige Papsttumskritik betreiben.) Andreae selbst distanzierte sich bereits 1619 von manchen Ideen dieser früheren Schriften, blieb aber utopisch-pädagogischen Reformprojekten Zeit seines Lebens verbunden. Die Verfasserschaftsfragen sind übrigens recht kompliziert. Andreae hat sicher die „Chymische Hochzeit" geschrieben; bei den anderen Texten ist er vielleicht nur Mitautor, während im Hintergrund ein Zirkel von Tübinger Theologen steht, der sich um den Theologieprofessor Christoph Besold gesammelt hatte. Dazu gehörte auch der Jurist und Mediziner Tobias Hess (1568-1614), der vielleicht das paracelsische Element in die Rosenkreuzertraktate einbrachte. Ab 1604 soll es handschriftliche Rosenkreuzertexte gegeben haben. Andreae war 1601 als Student an die Universität gekommen. Ähnlich wie später bei den Illuminaten scheinen die Rosenkreuzer das gedankliche Produkt sehr junger Menschen zu sein. Spürbar ist auch ein Einfluss von Simon Studion, „Naometria", einem mystisch-metaphysischen Buch, das ebenfalls die Reform der

Kirche in einem theosophischen Sinn vorantreiben wollte. Es erscheint im gleichen Jahr (1604), in dem die Rosenkreuzer angeblich den unverwesten Körper ihres Meisters wiederentdecken und die Gemeinschaft neu entsteht (s. dazu unten im Text). Auch Studion kennt eine Geheimgesellschaft, die er „Militia Crucifera Evangelica" nennt, und verwendet die Symbole Kreuz und Rose. Die Legende von der Auffindung des Grabes von Frater Rosencreutz ist vielleicht durch eine ähnliche Erzählung über die Tabula Smaragdina beeinflusst, den zentralen Referenztext der hermetischen Alchemie.

Viele Gruppen haben in der Folgezeit beansprucht, mit den Rosenkreuzern identisch zu sein, so z.b. schon eine alchemistisch interessierte Gesellschaft in Nürnberg 1654, bei der u.a. G. W. Leibniz Mitglied war. Die verborgenen Wissenden der Bruderschaft wurden damit zu zentralen Hoffnungsträgern für ein esoterisch-mystisches, aber auch aufklärerisch-erzieherisches Verständnis des Christentums. Die „Generalreformation", auf welche die Rosenkreuzer hinarbeiteten, sollte das verlorene Wissen Adams, des ersten Menschen, wiederherstellen. In Nachahmung der für real gehaltenen Rosenkreuzer entstanden bereits im 17. Jhdt. auch außerhalb Deutschlands zahlreiche weitere Gruppen mit dem Charakter eines konsequenten oder partiellen Geheimbundes, welche die Gesellschaft erneuern und den Menschen mit seinen göttlichen Wurzeln verbinden wollten. Gelegentlich erwuchsen aus diesen in einem weiteren Sinn theosophischen und pansophischen Gruppen Bewegungen, die tatsächlich weltveränderndes Potential entfaltet haben. Das sicher wichtigste Beispiel ist die Royal Society in London, die 1660 aus utopischen Motiven gegründet und 1662 inkorporiert wurde und schließlich rasch zum wichtigsten Diskussionsforum britischer Wissenschaft avancierte. Einer ihrer ersten Präsidenten war u.a. Isaac Newton. Auch die Freimaurer – auf die noch zurückzukommen sein wird – haben "rosenkreuzerische" Ideen übernommen. Vor allem im 19. und 20. Jhdt. wird die Fraternität der Rosenkreuzer zu einer Chiffre für die Sehnsüchte der westlichen Esoterik. Wir haben in einem Anhang dieses Buches die beiden zentralen Rosenkreuzertraktate des 17. Jhdts. vollständig wiedergegeben, die wir daher hier nicht weiter resümieren.

Literatur:
Paul Arnold, La Rose-Croix et ses rapport avec la Franc-Maçonnerie. Paris 1970 * Karl R. H. Frick, Die Erleuchteten. Gnostisch-theosophische und alchemistisch-rosenkreuzerische Geheimgesellschaften bis zum Ende des 18. Jhdts.. 2 Bände. Graz 1973-1975. Nachdruck in 1 Band Wiesbaden 2005 * Martin Brecht, Johann Valentin Andreae. In: Ders. (Hrg.), Theologen und Theologie an der Universität Tübingen. Tübingen 1977, 270-342 * Christopher McIntosh, The Rose Cross and the Age of Reason. Leiden 1992 (Wirkungsgeschichte im 18. Jhdt.) * Carlos Gilly (Bearb.), Cimelia Rhodostaurotica. Die Rosenkreuzer im Spiegel der zwischen 1610 und 1660 entstandenen Handschriften und Drucke. Ausstellungskatalog Amsterdam 1995 * Roland Edighoffer, Die Rosenkreuzer. München 2002 * Wilhelm Kühlmann, Art. Rosenkreutzer. In: Theologische Realenzyklopädie 29 (1998), 407-413 * Wolfram Frietsch, Die Geheimnisse der Rosenkreuzer. Reinbek bei Hamburg 1999 * Gerhard Steiner, Freimaurer und Rosenkreuzer. Georg Forsters Weg durch Geheimbünde. Berlin 1987 * Donald R. Dickson, Johann Valentin Andreae´s Utopian Brotherhoods. In: Renaissance Quarterly 49 (1996), 760-802 * Will-Erich Peuckert, Pansophie. Ein Versuch zur Geschichte der weißen und schwarzen Magie. Stuttgart 1936 * Eine wissenschaftlich kommentierte Neuausgabe der Rosenkreuzertraktate beim Verlag Frommann-Holzboog ist für 2008 angekündigt.

Moderne Rosenkreuzer

Der Name Rosenkreuzer wird auch auf gedanklich nahe stehende Persönlichkeiten des 17. Jhdts. angewandt, die sich selbst nie so genannt haben (Robert Fludd, Elias Ashmole, Julius Sperber, Michael Maier, der Leibarzt Rudolf II. etc.). 1756 tritt zuerst ein „Orden der Gold- und Rosencreuzer" auf, eine christlich-alchemistische Gruppierung, die wohl v.a. pansophische Gedanken des schlesischen Alchemisten und Predigers Samuel Richter („Sincerus Renatus") verbreitete. Im Zuge weitgehender Reformen zwischen 1767 und 1777 wurde daraus eine freimaurerähnliche Vereinigung mit 9 Einweihungsstufen und eigenem Lehrsystem. Zentrum war lange Wien. Erbitterte Feindschaft pflegten sie gegenüber den Illuminaten, dagegen wurde Jakob Böhme eifrig verehrt. Umgekehrt griff sie der Illuminat Adolf

Franz Freiherr von Knigge (1752-1796) heftig an („Ueber Jesuiten, Freymaurer und deutsche Rosencreutzer". Leipzig 1781). König Friedrich Wilhelm II., als er noch Prinz war, wurde (als „Ormesus Magnus") 1781 im Charlottenburger Schloss in den Orden eingeweiht, wobei die späteren preußischen Minister Johann Christoph Wöllner (1732-1800) und Johann Rudolf Bischoffswerder (1714-1803) in einer großen Zeremonie die Geister von Marc Aurel, Leibniz und dem Großen Kurfürsten erscheinen ließen, welche mit Grabesstimme dem Prinzen Ratschläge erteilten – ein abgefeimter Betrug, wie später ans Tageslicht kam. Mit dem „Silanum" vom Januar 1787 verschwand der Orden in Preußen.

Im 19. Jhdt. werden die Rosenkreuzer ein Synonym für „christliche Esoterik". Immer mehr religiöse Gruppen (nicht unbedingt nur Geheimbünde) entstanden und nahmen den ehrwürdigen Namen für sich in Anspruch. Nennen wir einige ohne weitergehende Diskussion: 1866 gründet Robert Wentworth Little (1840-1878) die Societas Rosicruciana in Anglia. 1888 entsteht in Paris der Ordre Kabbalistique de la Rose Croix, dem u.a. Stanislas de Guaïta (1861-1897) und Joséphin Péladan (1858-1918) angehören, zwei der bekanntesten französischen Okkultisten, und dem auch die Komponisten Claude Debussy und Erik Satie beitreten. 1909 gründet Carl Louis Fredrik Graßhoff („Max Heindel") die Rosicrucian Fellowship, wenige Jahre später (1915) Harvey Spencer Lewis den Antiquus Mysticusque Ordo Rosae Crucis (AMORC). Beides sind bis heute erfolgreiche Vereinigungen mit internationaler Verbreitung. Eine etwas andere Richtung verkörpert das Lectorium Rosicrucianum, das um 1925 in den Niederlanden entsteht (Gründer Jan van Rijckenborgh, 1896-1968). Diese Gruppen üben z.T. Arkandisziplin, aber die Inhalte sind die gleichen, die man auch sonst auf dem Markt christlicher Esoterik zu kaufen aufgefordert wird. Das Symbol des Rosenkreuzes ist dabei von den verschiedenen Gruppen ganz unterschiedlich gedeutet worden. Luther selbst hatte zu seinem Wappen geschrieben: „Das erste sollte ein Kreuz sein – schwarz – im Herzen, das seine natürliche Farbe hätte. Denn so man von Herzen glaubt, wird man gerecht [...] Solch Herz soll

mitten in einer weißen Rose stehen, anzeigen, dass der Glaube
Freude, Trost und Friede gibt [...] darum soll die Rose weiß und
nicht rot sein; denn weiße Farbe ist der Geister und aller Engel
Farbe. Solche Rose steht im himmelfarbenen Feld, dass solche
Freude im Geist und Glauben ein Anfang ist der himmlische
Freude zukünftig [...] Und um solch ein Feld einen goldenen
Ring, dass solche Seligkeit im Himmel ewig währt und kein Ende
hat und auch köstlich über alle Freude und Güter, wie das Gold
das edelste köstlichste Erz ist." (Brief vom 8. Juli 1530).

Literatur:
Harald Lamprecht (Hrg.), Neue Rosenkreuzer. Ein Handbuch. Göttingen
2004.

7. DIE FREIMAURER IM 18. JHDT. UND IHRE GESCHICHTSLEGENDE

„Eine diskrete Gesellschaft"

Die Freimaurer sind die größte und bekannteste aller real
existierenden Geheimgesellschaften. Ein berühmter, viel zitierter
Satz eines Historikers der französischen Freimaurer besagt:
„La Franc-Maçonnerie n'est pas une société secrète, mais une
société discrète" (Albert Lantoine, gest. 1949). In der Tat ist die
Geheimhaltung der Freimaurer heute weitgehend symbolischer
Art und bezieht sich im strengen Sinn nur auf einige Passwörter
und symbolische Gesten. Freimaurer verkörpern exemplarisch
die Chancen und gesellschaftlichen Einflussmöglichkeiten
eines vielschichtigen Bundes mit Geheimhaltungselementen,
wurden aber auch zur Projektionsfläche für vielfältige Ängste
und Fantasien. Nahezu alle Probleme und Vorstellungen, denen wir in der Geschichte der Geheimbünde begegnen, lassen
sich auch in der Geschichte der Freimaurer nachweisen. In
ihrer grundlegenden Struktur sind die Freimaurer im 18. Jhdt.
geprägt, aber ihre Anfänge reichen ins 16./17. Jhdt. zurück. Im

Rahmen dieser knappen Übersicht werden nur die historischen Anfänge der Freimaurer und einige ausgewählte Aspekte skizziert. Heute stellen die Freimaurer eine weltweite Bewegung dar, die sich einer humanitären und toleranten Grundhaltung verpflichtet weiß. Organisationsform ist die Loge (engl. lodge). Einen organisatorischen Zusammenhalt, der alle Freimaurer weltweit (etwa 6 Millionen) umfassen würde, gibt es nicht, doch fassen die traditionsreichen Großlogen eine Mehrheit von Freimaurern unter ihrem Dach. Die Legitimation einer neuen Loge geschieht durch das „Patent" schon bestehender Logen (meist einer Großloge); daher stehen die „regulären" Logen, die sich gegenseitig anerkennen, in einer Art Sukzessionsverhältnis untereinander. Manche Logen haben bestimmte Zielgruppen: Militär-, Diplomaten-, Residenz-, Exil-, Forschungslogen. Frauenlogen heißen aus historischen Gründen seit 1775 auch Adoptionslogen; mehrheitlich ist die Freimaurerei jedoch eine Männerangelegenheit geblieben (gemischte Logen existieren seit 1893). „Winkellogen" (engl. clandestine lodges, fringe masonry) sind solche, die kein Patent eines Großmeisters einer Großloge besitzen, also „irregulär" begründet wurden. Im Einzelnen wurde über Autorisierungs- und Legitimitätsfragen in der Freimaurergeschichte endlos gestritten: typisches Kennzeichen einer eigenen subkulturellen Szene mit offenen Rändern. Wichtiger als die konkrete Zugehörigkeit zu einer Einzelorganisation ist für viele Freimaurer jedoch die zur Bewegung als einer ganzen, die am Haus der Menschheit konstruktiv mitwirken will.

Literatur:
Hans Biedermann, Der verlorene Meisterwort. Bausteine zu einer Kultur- und Geistesgeschichte des Freimaurertums. Wien u.a. 3. Aufl. 1999, 201f. (Zitat Lantoine) * Das im deutschen Sprachraum grundlegende Nachschlagewerk ist: Eugen Lennhoff; Oskar Posner; Dieter A. Binder, Internationales Freimaurerlexikon. Neuausgabe München 2000. 5. Aufl. 2006 (Erstausgabe des Grundwerkes in kürzerer Form 1932) (stellt jedoch kein Rituale dar) * Weitere Literatur: Manfred Agethen, Geheimbund und Utopie. Illuminaten, Freimaurer und deutsche Spätaufklärung. München 1984 * Adolf Bartels, Freimaurerei und deutsche Literatur. Feststellungen und Vermutungen. Bremen 1929 * Daniel Béresniak, Symbole der Freimaurer. Augsburg 1999

* Joachim Berger; Klaus-Jürgen Grün (Hrg.), Geheime Gesellschaft. Weimar und die deutsche Freimaurerei. Katalog zur Ausstellung der Stiftung Weimarer Klassik im Schiller-Museum Weimar 21. Juni bis 31. Dezember 2002. München u. Wien 2002 * Giuliano de Bernardo, Die neue Utopie der Freimaurerei. Wien 1997 * Dieter A. Binder, Die diskrete Gesellschaft. Geschichte und Symbolik der Freimaurer. Freiburg i. Br. 2004 (repräsentiert den Forschungsstand) * Reinhold Dosch, Deutsches Freimaurerlexikon. Bonn 1999 * Karl R. H. Frick, Die Erleuchteten. Gnostisch-theosophische und alchemistisch-rosenkreuzerische Geheimgesellschaften bis zum Ende des 18. Jhdts.. 2 Bände. Graz 1973-1975. Nachdruck in 1 Band Wiesbaden 2005 * Ders., Licht und Finsternis. Gnostisch-theosophische und freimaurerisch-okkulte Geheimgesellschaften bis zur Wende des 20. Jhdts.. Graz 1975-1978. Nachdruck in 1 Band Wiesbaden 2005 * Ders., Satan und die Satanisten. Satanismus und Freimaurerei – ihre Geschichte bis zur Gegenwart. 3 Bände. Graz 1982-1986. Nachdruck in 1 Band Wiesbaden 2006 * Wolfgang Hardtwig, Genossenschaft, Sekte, Verein. Zur Geschichte der freien Vereinigung in Deutschland. Bd. 1. München 1997 * Charles William Heckethorn, Geheime Gesellschaften, Geheimbünde und Geheimlehren. Aus dem Engl. von Leopold Katscher. Hrg. u. eingeleitet von Marco Frenschkowski. Wiesbaden 2007 (zuerst engl: The Secret Societies of All Ages and Countries, 2 Bände, Nachdruck New Hyde Park, NY 1965 der 2., erweiterten Aufl. London 1897. Die deutsche Ausgabe ist in Hinsicht auf die dt. Freimaurer vom Übersetzer überarbeitet) * Roland Hoede (Hrg.), Werkstätten der Humanität. 250 Jahre Freimaurer in Frankfurt. Frankfurt a. M. 1992 * Stefan-Ludwig Hoffmann, Die Politik der Geselligkeit. Freimaurerlogen in der deutschen Bürgergesellschaft 1840-1918. Göttingen 2000 * Stephen Knight, The Brotherhood. The Secret World of the Freemasons. London 1994 (zuerst London 1983) * René Le Forestier, Die templerische und okkultistische Freimaurerei im 18. und 19. Jahrhundert. 4 Bände. Heidelberg-Leimen 1987-1989 * Erich J. Lindner, Die Königliche Kunst im Bild. Beiträge zur Ikonographie der Freimaurerei. Graz 1976 * Peter Christian Ludz (Hrg.), Geheime Gesellschaften. Heidelberg 1979 * Monika Neugebauer-Wölk, Esoterische Bünde und bürgerliche Gesellschaft. Entwicklungslinien zur modernen Welt im Geheimbundwesen des 18. Jhdts. Göttingen 1995 * Helmut Reinalter (Hrg.), Aufklärung und Geheimgesellschaften. Zur politischen Funktion und Sozialstruktur der Freimaurerlogen im 18. Jahrhundert. München 1989 * Ders. (Hrg.), Freimaurer und Geheimbünde im 18. Jhdt. in Mitteleuropa. Frankfurt a. M. 1983. 4. Aufl. 1993 * Ders., Die Freimauer, München. 5. Aufl. 2006 (aktualisiert) * Ders., Mozart und die geheimen Gesellschaften seiner Zeit. Innsbruck 2006 * Herbert Schneider, Deutsche Freimaurer-Bibliothek. 2 Bände. Frankfurt am Main 1993 (ergänzt durch regelmäßige Mitteilungen in: Humanität. Das deutsche Freimaurermagazin) * Georg Schuster, Geheime Gesellschaften, Verbindungen und Orden. 2 Bände. Leipzig 1906. Nachdruck in 1 Band. Köln 2003 * Arthur Singer, Der Kampf Roms gegen die Freimaurerei. Leipzig 1925 * David Stevenson, The Origins of Freemasonry. Scotland's Century,

1590-1710. Cambridge 1988 bzw. 1996 * Helmut Neuberger, Winkelmaß und Hakenkreuz. Die Freimaurer und das Dritte Reich. München 2001 * Weitere, z.T. überholte und oft nicht unproblematische Lexika zum Thema: Arthur Edward Waite, A New Encyclopedia of Freemasonry. 2 Bände 1921. In einem Band New York 1996 * Kenneth MacKenzie, The Royal Masonic Cyclopedia. Wellingborough, Northamptonshire 1987 (zuerst 1877) * Exzellente knappe Einführungen sind auch: Alexander Giese, Die Freimaurer. Eine Einführung. Wien 4. Aufl. 2005 * Helmut Reinalter, Die Freimaurer. 4. Aufl. München 2004 * Horst Kischke, Die Freimaurer. Fiktion, Realität und Perspektiven. Wien 1996 = München 1999 * Wissenschaftliche Zeitschriften: Ars Quatuor Coronatorum. 1888ff. * Zeitschrift für internationale Freimaurer-Forschung. 1999ff. * Quatuor Coronati Jahrbuch. 1997ff.

Die Gründung der ersten Großloge 1717 und die Folgen

Am 24. Juni 1717 trafen sich vier Londoner Freimaurerlogen in der Apple-Tree Tavern in Covent Garden, London, und erklärten sich gemeinsam zur ersten „Grand Lodge", Großloge. Dieses Datum (am Tag Johannes des Täufers) gilt gemeinhin als der Geburtstag der Freimaurerei im modernen Sinn, und wird feierlich begangen. Die (tatsächlich kaum greifbaren) Entwicklungen der englischen und schottischen Logen vor diesem Jahr gelten als „Vorgeschichte". Die neue Form eines Männerclubs mit rituellen und humanitär-brüderschaftlichen Elementen traf offenbar das Bedürfnis der Zeit: Das 18. Jhdt. ist für die Freimaurer ein Jahrhundert beispiellosen Wachstums und kulturellen Einflusses geworden. Voltaire, Swedenborg, Mesmer, Marie Joseph La Fayette, Ch. de Montesquieu, Washington, Burke, Danton, Marat, Bürger, Goethe, Herder, Klopstock, Claudius, Lessing sind nur einige der heute noch berühmten Namen des 18. Jhdts., die Freimaurer waren: Der Bund versammelte die Elite Europas, auch zahlreiche gekrönte Häupter, Politiker und Militärs. Der Wiener Loge „Aux trois Canons" (jede Loge hat einen eigenen Namen) gehörten z.B. J. Haydn und W. A. Mozart an: Auch die Kulturszene verschloss sich der Modebewegung nicht. Zugleich war mit der Gründung 1717 – was andere Freimaurer als Schock erlebten – Öffentlichkeit geschaffen. Als der schottische Dissenterpfarrer James Anderson (geb. um 1680, gest. 1739) einen ersten Entwurf einer Freimaurergeschichte und Verhaltensmaßregeln im Umgang der Freimaurer miteinander publizierte („Constitutions", 1723, Neubearbeitung 1738), geschah dies bei einem normalen Verlag: Das Buch sollte für jedermann käuflich zu erwerben sein. Damit war eine Weiche in Sachen Geheimhaltung gestellt: Sie ist in der Freimaurerei immer nur cum grano salis zu nehmen. Allerdings hat es immer auch eine stärker okkultistische Freimaurerei gegeben (z.T. in „irregulären" Winkellogen), die sich im Kontakt mit geheimnisvollen unbekannten „Oberen" sah und damit als Träger tieferer Geheimnisse. Ein Beispiel ist die „Strikte Observanz" (ab 1751) des Baron Karl Gotthelf von Hund und Altengrotkau (1722-1776), um deren Mystifikationen freimaurerischer Geschichte heftig gestritten wurden, ehe sie langsam wieder aus der Mehrheit der freimaurerischen Bewegung verschwanden. 1725 entstand die erste Loge in Paris, 1735 in Lissabon, 1738 in Dresden, 1740 in Berlin, 1760 die Landesloge in Schweden, usw. Bereits 1775 gab es in Boston eine Loge mit schwarzafrikanischen Mitgliedern. Die „Alten Pflichten" des zuvor erwähnten Konstitutionenbuches von James Anderson blieben dabei eine Basis für die äußere Organisation aller dieser Gründungen (sie sind unten als Anhang dieses Buches abgedruckt).

Mittelalterliche Grundlagen: von den Bauhütten zur spekulativen Maurerei

Nach einer gängigen und einleuchtenden, in vielen Details aber nicht völlig beweisbaren Theorie sind die ersten Freimaurerlogen in England und Schottland aus Ausläufern der spätmittelalterlichen Bauhütten und Steinmetzzünfte entstanden. Berufsgeheimnisse und ritualisierte Kommunikation zwischen den einzelnen Hütten waren von großer Wichtigkeit, ebenso die mündliche Unterweisung zwischen dem Meister und seinen Lehrlingen und Gesellen. Eigene Steinmetzbruderschaften prosperierten schon im 11.-13. Jhdt. in ganz Europa. Große Bauhütten wie diejenige von Straßburg waren Einrichtungen von internationalem Rang, deren Mitarbeit an den großen

Kathedralen sie in das spirituelle Zentrum Europas stellte. Die technische Seite der Arbeit war anspruchsvoll und umfasste auch alles, was heute von Architekten und Statikern geleistet wird. In der Kommunikation untereinander waren Passwörter und Erkennungszeichen („Handschenk") von Bedeutung. Förmliche Ordnungen hielten die Steinmetzbruderschaften zusammen (die älteste erhaltene aus dem deutschen Sprachraum stammt allerdings erst von 1459), und auch Niederschriften des Lehrstoffes gab es, so in England das Regius-Manuskript von 1390 und das Cooke-Manuskript von etwa 1440. Speziell im Cooke-Manuskript finden sich bereits Legenden über den Ursprung des Steinmetzhandwerks in vorsintflutlicher Zeit. Während die Bedeutung der traditionsreichen Bauhütten im 15. und 16. Jhdt. zurückging (ihre letzten Reste verschwanden im frühen 18. Jhdt.), wurden in England auch Laien, die zum Handwerk selbst keine Beziehung hatten, in die Vereinigungen aufgenommen (engl. „accepted masons", angenommene Maurer, oder „non operative masons"), wofür etwa ab 1600 diverse Belege existieren. Berühmt ist die Aufnahme des englischen Universalgelehrten Elias Ashmole (1617-1692) am 16. Okt. 1646. Auch die vereinzelte Aufnahme von Frauen ist bereits im 17. Jhdt. bezeugt. Diese Logen reicherten ihre Traditionen offenbar mit allegorischen Ausdeutungen der Bausymbolik an. Der salomonische Tempel, wie ihn das Alte Testament beschreibt, wurde zum zentralen Metaphernspender. Die „Arbeit am rauhen Stein" ist charakterliche Erziehungsarbeit am Menschen selbst: Der Freimaurer sieht sich selbst als Stein, der für den göttlichen Bau des Universums zubereitet wird. Die Rituale mit ihren Symbolen und Ritualgegenständen (Zirkel, Winkelmaß, Schurz (gerne aus Lammfell), Handschuhe, Hammer usw.) dienen letztlich diesem Zweck. Anfänglich gab es daher analog dem System im Handwerk mit Lehrling, Geselle und Meister drei Einweihungsstufen. Diese nennt man bis heute Johannisgrade: Sie bilden die Basis aller freimaurerischen „Arbeit" (wie alle Rituale heißen).

Mitte des 18. Jhdts. entstehen über diesen drei Graden (oder sie ergänzend) so genannte „Hochgrade", in denen v.a. die

Tempelrittersymbolik ihren Platz findet. Die Hochgrade hängen ohne Frage auch mit dem zunehmend aristokratischen Gepräge der Freimaurerei zusammen, werden aber auch rasch zum Vehikel für allerlei Mystifikationen, die im Laufe der Jahre wieder zurückgenommen werden mussten. In der heute sehr verbreiteten Form des „Alten und Angenommenen Schottischen Ritus" gibt es 33 Grade, die zuerst 1801 in Charleston, USA bearbeitet wurden, aber natürlich Vorstufen hatten. Besondere Bedeutung hat etwa noch der „Royal Arch"-Grad (das „königliche Gewölbe"), der von den „Ancient Masons" seit etwa 1743 bearbeitet wurde, einer alten Konkurrenzeinrichtung zur Londoner Großloge, die sich 1813 mit dieser vereinte. Heute existieren über hundert verschiedene freimaurerische Systeme, die sich in ihren Ritualen erheblich unterscheiden, sich aber doch als Teil einer gemeinsamen Bewegung verstehen.

Älter als die englischen sind die schottischen Logen, deren älteste eine Geschichte bis 1599 aufweisen kann. Aber erst 1736 gründeten sie eine Großloge. Nicht ganz klar ist die Vorgeschichte des Begriffs „Freimaurer" (engl. „free-mason, freemason"), der sich zuerst in Dokumenten der Kathedrale von Exeter aus dem Jahr 1396 nachweisen lässt und der dann 1495 in den Reichsstatuten König Heinrich VII. und 1537 in einer Londoner Gilde verwendet wird. Offenbar meint das Wort die Steinbildhauer und Bauplaner, welche gegenüber den schlichten „roughstone-masons" anspruchsvollere Arbeiten ausführten.

Literatur:
K. Schulz u.a., Art. Zunft, -wesen, -recht. In: Lexikon des Mittelalters 9 (1998), 686-708.

„Sohn der Witwe": die Hiram-Abiff-Sage

Hiram Abiff (auch Abif) war nach einer Legende, die mindestens auf die Anfangstage der Freimaurerbewegung zurückzugehen scheint, Architekt des Königs Salomon beim Bau des Jerusalemer Tempels im 10. vorchr. Jh. (genauere Datierungen sind unsicher). Diese Figur ist unter diesem Namen im Alten Testament nicht belegt, geht aber wohl auf 2. Chron. 2, 12f. zurück, wo die hebräische Wendung „Churam abi" („mein Vater Huram") von einem besonders begabten und listigen Facharbeiter aus Tyros erscheint, dessen Mutter Jüdin aus dem Stamme Dan war. Der tyrischen König Hiram I. hatte Salomon Baumaterial (Zedern) und Facharbeiter geschickt (2. Sam. 5, 11). Wichtig wurde dann die Gleichsetzung des Hiram Abif mit dem „Sohn der Witwe" (1. Kön. 7, 13), der die Bronzearbeiten am Tempel leitete. Nach der freimaurerischen Legende wurde dieser Hiram, der vollkommene Maurer, nun von einer Gruppe dreier Gesellen ermordet, die ihn angriffen, um das Losungswort seiner Meisterschaft zu erfahren. Hiram starb, das Meisterwort ging verloren. Die Legende hat noch zahlreiche weitere Aspekte, die hier nicht diskutiert werden können. Ohne Frage ist es eine alte Bausage. Auffällig ist die Ähnlichkeit mit der Überlieferung, die sich mit der „Apprentice Pillar" in Rosslyn Chapel verbindet. Viele Zünfte und Berufsgruppen im späten Mittelalter besaßen Ursprungs- und Legitimationslegenden, die oft biblische Motive und Figuren aufnahmen und die in Ritualen vergegenwärtigt wurden. Im Laufe der Jahrhunderte hat die freimaurerische Bewegung zahlreiche Geschichts- und Legitimationslegenden produziert. Am bekanntesten wurde neben der Hiram Abif-Sage (deren symbolischer Charakter auf der Hand liegt) die Behauptung, in der Nachfolge der Tempelritter zu stehen. Mit dieser Idee mochte der Bund im 18. Jhdt. noch ein wenig interessanter für die Aristokratie werden; historische Beweise dafür gibt es nicht. Vor allem die „Strikte Observanz" kultivierte die Idee geheimnisvoller „Unbekannter Oberer", die dann in den verborgenen Meistern der Theosophie und anderer okkultistischer Gruppen des 19. Jhdts. repristiniert wurden. Goethe karikiert manche dieser legendären und okkultistischen Motive in seinem „Groß-Kophta" (1792). Heute spielen sie für die Mehrheit der Freimaurer keine Rolle mehr.

Berühmte Freimaurer

Fast ein eigenes Genre freimaurerischer Literatur sind Listen bedeutender Menschen, die Teil des Bundes waren. Dokumentieren wir den kulturellen Einfluss, indem wir einige nennen: Edwin Eugene Aldrin, Jr. (geb. 1933, Mitglied der Apollo 11-Besatzung); Salvador Allende (1908-1973, Staatspräsident von Chile); Roald Amundsen (1872-1928, Polarforscher); Louis Armstrong (1901-1971, Jazztrompeter und Sänger); Johann Jacob Astor (1763-1848, deutsch-amerikanischer Hotelgründer); Mustafa Kemal Atatürk (1881-1938, Begründer der modernen Türkei); Frédéric Auguste Bartholdi (1834-1904, Gestalter der Freiheitsstatue); Gebhard Leberecht von Blücher (1742-1819, Generalfeldmarschall); Karlheinz Böhm (geb. 1928, Schauspieler); Holger Börner (geb. 1931, ehemal. Ministerpräsident von Hessen); Simon Bolivar (1783-1830, Revolutionär, „Bolivien"); Aristide Briand (1862-1932, Politiker und Friedensnobelpreisträger); Giacomo Casanova (1725-1798, Schriftsteller); Adalbert von Chamisso (1781-1938, Naturwissenschaftler und Dichter), Sir Winston Churchill (1874-1965, Staatsmann); Samuel Langhorne Clemens („Mark Twain", 1835-1910, Humorist); Samuel Colt (1814-1862, Schusswaffenerfinder); Lovis Corinth (1858-1925, Maler); Georges Jacques Danton (1759-1794, Revolutionär); Charles Dickens (1812-1870, Schriftsteller); Sir Arthur Conan Doyle (1859-1930, Schriftsteller, u.a. der „Sherlock-Holmes"-Erzählungen); Edward VII. (1841-1910, König von England); Gustave Alexandre Eiffel (1832-1923, Erbauer des Eiffelturms); Johann Gottlieb Fichte (1726-1814, Philosoph und 1. Rektor der Berliner Universität); Friedrich III. (1831-1988, dt. Kaiser); Clark Gable (1901-1960, Schauspieler); Johann Wolfgang von Goethe (1749-1832); Joseph Haydn (1732-1809, Komponist); Johann Gottfried von Herder (1744-1803, Philosoph und Dichter); Victor Hugo (1802, 1885, Schriftsteller); Hussein II. (1935-1999, König von Jordanien); August Wilhelm Iffland (1759-1814, Schauspieler); Rudyard Kipling (1865-1936, Schriftsteller); Adolph Freiherr von Knigge (1752-1796); Charles Augustus Lindbergh (1902-1974, Pilot des

1. Nonstop-Fluges über den Atlantik); Harold Lloyd (1891-1971, Filmkomiker); Douglas MacArthur (1880-1964, General, meistdekorierter Soldat der US-Geschichte); George Marshall (1880-1959, „Marshall-Plan"); Giacomo Meyerbeer (1791-1864, Komponist); Leopold Mozart (1719-1787, Musiker, Vater von Wolfgang Amadeus Mozart); Sir Horatio Nelson (1758-1805, britischer Admiral); Johann Heinrich Pestalozzi (1776-1827, Pädagoge und Schulreformer); George Pullman (1831-1897, entwickelte den 1. Eisenbahn-Schlafwagen); Anton Philipp Reclam (1807-1896, Verleger); James de Rothschild (1792-1869, Bankier); Antoine de Saint-Exupéry (1900-1940, Pilot und Schriftsteller); Emanuel Schikaneder (1751-1812, Theaterdirektor); Sir Walter Scott (1771-1832, Schriftsteller); Jan Sibelius (1865-1957, Komponist); Heinrich Friedrich Karl Reichsfreiherr vom und zum Stein (1757-1831, preußischer Politiker); Arthur Sullivan (1842-1900, Komponist und Dirigent); Voltaire (eigentlich Francois-Marie Arouet, 1694-1778, Philosoph); John Wayne (1907-1979, Schauspieler); Christoph Martin Wieland (1733-1813, Dichter).

Frauen in der maurerischen Kunst

Mehrheitlich war die Freimaurerei von Anfang an eine männliche Angelegenheit, wie Geheimbünde ohnehin eine Tendenz haben, entweder reine Männerbünde oder reine Frauenbünde zu sein. Diese Beobachtung hängt mit den kulturgeschichtlichen Wurzeln des Phänomens „Geheimbund" in archaischen Gesellschaften zusammen, die wir oben knapp skizziert haben. Daher haben viele freimaurerische Logen grundsätzlich keine Frauen aufgenommen. Angesichts des aufgeklärten und humanitären Grundzugs freimaurerischer Vereinigungen wurde dies aber schon im 18. und 19. Jhdt. vereinzelt und später in stets wachsendem Maße als anachronistisch empfunden. Im Laufe der Jahre hat es eine große Zahl von Frauen gegeben, die Freimaurerinnen waren, z.B. Alice Ann Bailey (1880-1949, die Begründerin der „Arkanschule"), Josephine Baker (1906-1975, Tänzerin), Mary Bannister (1694-1759; war bereits Logenmitglied vor Gründung der Großloge von London), Clara Barton (1821-1912, Gründerin des amerikanischen Roten Kreuzes); Friederike Sophie Wilhelmine von Bayreuth (1709-1758, Schwester Friedrichs II. von Preußen); Joséphine de Beauharnais (1763-1839, erste Frau von Napoléon Bonaparte I.); Marie Béquet Devienne (1854-1913, Menschenrechtlerin); Helena Petrovna Blavatsky (1831-1891, Theosophin, einflussreichste Okkultistin der Neuzeit); Caroline Bonaparte (1782-1839, Schwester Napoléon I., Königin von Neapel); Edith Clark (1905-1937, erste weibliche Testpilotin und Fallschirmspringerin); Edith Cowan (1866-1932, austral. Politikerin und zeitweise die „2. Frau des britischen Empire"); Alexandra David-Neel (1868-1969, Entdeckungsreisende und Tibetforscherin), Rose-Marie Gisèle Faivre (1902-1997, französische Postministerin), oder die Literaturnobelpreisträgerin Gabriela Mistral (1889-1957), um nur einige zu nennen.

Die Gründung der USA und die Freimaurer.

Viele Präsidenten der USA waren Freimaurer, so zuletzt Franklin D. Roosevelt (1882-1945), Gerald Rudolph Ford (geb. 1913), Lyndon Baines Johnson (1908-1973), Franklin Delano Roosevelt (1882-1945) und Harry S. Truman (1884-1972), daneben manche andere Führungspersönlichkeit der Vereinigten Staaten. Tatsächlich dürfte die Freimaurerei im 20. Jhdt. in den USA eine größere Bedeutung gehabt haben als etwa in Mitteleuropa. Es ist darüber hinaus natürlich seit je bekannt, dass prägende Gestalten unter den amerikanischen Gründungsvätern („founding fathers", der in der USA übliche Ausdruck) Freimaurer gewesen sind, so mindestens 9 Unterzeichner der Declaration of Independence und 13 der Constitution of the United States. Das gilt u.a. für Benjamin Franklin (1706-1790), die führende amerikanische Persönlichkeit des 18. Jhdts., der das erste freimaurerische Buch auf dem Boden Nordamerikas drucken ließ, und besonders für George Washington (1732-1799) selbst. Dieser war 1752 in die Fredericksburg Lodge No. 1 in Virginia aufgenommen worden, und hielt bis zu seinem Lebensende immer einen lockeren Kontakt zu freimaurerischen Organisationen. Wie tiefgehend seine innere Bindung dabei war, ist umstritten. Die Grundsteinlegung des Kapitols in der neuen Hauptstadt vollzog er nach freimaurerischem Ritus, bekleidet mit dem traditionellen Schurz, den Marquise de La Fayette (1757-1834) für ihn zu diesem Zweck anfertigen ließ. Letzterer hatte zusammen mit dem preußischen Offizier Friedrich Wilhelm von Steuben (1730-1797), ebenfalls Freimaurer, die amerikanischen Truppen überhaupt erst organisiert und zum Sieg geführt. La Fayette war 1776 in Gegenwart von George Washington in eine stark militärisch geprägte Loge in Morristown aufgenommen worden.

In den letzten Jahren ist eine weitreichende Debatte darüber entbrannt, wie dieser ganze Sachverhalt zu interpretieren ist. Die konservative christliche Rechte hat in den USA in den letzten 30 Jahren verstärkt versucht, Amerika als von seinen Wurzeln her „christliches Land" zu definieren, das zu diesen Wurzeln wieder neu zurückfinden müsse. Mit Recht haben Historiker und andere Stimmen dagegen darauf aufmerksam gemacht, dass das Christentum der Gründerväter in vieler Hinsicht eher dem aufgeklärten Deismus des 18. Jhdts. verpflichtet ist als dem evangelikalen Christentum der „moral majority" der heutigen amerikanischen Rechten. Es ist behauptet worden, keine andere geistige Bewegung habe die Gründung der USA stärker beeinflusst als das Freimaurertum. Es ist schwer, hier ein objektives Urteil zu fällen. Das Großsiegel der Vereinigten Staaten ist in der Tat ohne Freimaurersymbolik kaum zu verstehen. Jedenfalls feiert das George Washington Masonic Memorial wenige Kilometer südlich von Washington DC in einer imposanten Weise den kulturellen Beitrag der Freimaurer zur Entstehung und Geschichte der USA.

Fügen wir an dieser Stelle noch die kuriose Geschichte der „George Washington Bible" ein. Als George Washington am 30. April 1789 in New York in der City Hall in sein Amt als Präsident der Vereinigten Staaten eingeführt werden sollte, hatte man vergessen, sich um ein Bibelexemplar für den Amtseid zu kümmern. Im letzten Moment brachte Jacob Morton, Großmeister der St.

Johns Lodge No. 1 (Ecke Water und Walls Street) das bei ihren Zeremonien verwendete Exemplar einer King James Bibel von 1767 (man wollte auch keine kirchliche Denomination bevorzugen). Das Exemplar wurde am Ende von Gen. 49 und Anfang von Gen. 50 aufgeschlagen, und so leistete Washington seinen Eid, wobei er über die vorgesehenen Worte hinaus sprach „I swear, so help me God," und die Bibel küsste. So haben es seitdem alle Präsidenten der Vereinigten Staaten gehalten, und viele haben eben dieselbe Freimaurerbibel verwendet wie Washington selbst. Sie befindet sich nach wie vor im Besitz derselben Loge, und wird heute jeweils zur Amtseinführung nach Washington gebracht. Jimmy Carter und George H. W. Bush benutzten diese Bibel; George W. Bush musste auf ein anderes Exemplar ausweichen, denn da es ein Regentag war und die Amtseinführung im Freien stattfindet, wollte man die „Staatsreliquie" nicht der Feuchtigkeit aussetzen. Der einzige katholische Präsident, den Amerika je hatte, John F. Kennedy, lehnte es ab, auf die Freimaurerbibel zu schwören und verwendete ein Familienexemplar.

Literatur:
Mark A. Tabbert, American Freemasons. Three Centuries of Building Communities. New York 2005 * Allen E. Roberts, Washington, Master Mason. Richmond 1976 * Robert Hieronymus, Founding Fathers, Secret Societes. Rochester, VT 2006 * www.gwmemorial.org * John J. Robinson, A Pilgrim's Path. Freemasonry and the Religious Right. New York 1993 * L. Randall Rogers, Our Masonic Presidents. Waco, TX 1998 * Graham Hancock u. Robert Bauval, Talisman. Sacred Cities, Secret Faith. London 2004 (Spekulatives zur Gründung und Anlage der Stadt Washington als freimaurerischer „Musterstadt").

Ein freimaurerisches Gottesbild? Der „Große Architekt des Universums".

In Freimaurerlogen gilt die Regel, dass über Politik und Religion nicht gestritten, ja eigentlich gar nicht geredet werden soll. Entsprechend herrscht große Liberalität der Gottesbilder. Für alle Freimaurer verbindliche Vorschriften gibt es in Sachen Gottesbild nicht. Allerdings ist die bekannteste, und herkömmlich in besonderer Weise mit der Freimaurerei verbundene Metapher für Gott der „Große Architekt des Universums" (engl. Great/Grand Architect of the Universe, zuweilen auch Supreme Architect of the Universe, oder abgekürzt GAOTU). Die kosmogonische Architektensymbolik hat natürlich eine besondere Nähe zum freimaurerischen Symbolkosmos. Allerdings reichen die Ursprünge dieses Bildes weit über die Bauhütten des Mittelalters hinaus. Cicero hatte die platonische Bezeichnung des Weltschöpfers „Demiurgós" (Handwerker) mit „fabricator" oder „aedificator" übersetzt (Ciceronis paradoxa), während später auch „artifex" und „architectus" gebräuchlich wird, letzteres für Gott schon bei Cicero, Apuleius und dem Häresiographen Irenäus. Daran konnten Christen auch sonst anschließen. Die Vulgata nennt Gott den „artifex et conditor deus" (Hebr. 11, 10). Eine Maß- und Proportionsästhetik konnte sich der Baumeistermetaphorik bedienen: Der Kosmos ist das vollkommen schöne Kunst- und Bauwerk Gottes. Für Alanus ab Insulis (etwa 1120-1202) ist Gott der „mundi elegans architectus" (Belege bei Curtius). Spätere Theologen haben das wiederholt, z.B. Thomas v. Aquin und Johannes Calvin: Aus Calvin übernimmt James Anderson wohl den Begriff, der ihn 1723 in die freimaurerische Sprache einführt. Die Seele allerdings galt im Mittelalter eher in augustinischer Tradition als Ebenbild des trinitarischen Gottes. Die Baumetaphorik bezog sich also durchaus auf den materiellen Kosmos. In platonischen und gnostischen Traditionen werden der transzendente Gott und der sich abmühende Weltenbaumeister gerne auseinander gerissen; im Christentum wird solchen Versuchen jedoch heftig widersprochen und die Einheit des einen und transzendentenden Gottes mit dem sich der Welt zuwendenden Schöpfer strikt festgehalten. In mittelalterlicher Symbolsprache sind auch andere Symbole geläufig: Die Schöpfung ist ein Goldschmiede- oder Töpferwerk, ein Gemälde Gottes, ein Gedicht, ein Theaterstück, eine Musik, ein Lied, ein Gewebe.

In der Sprache der Freimaurer setzte sich die Rede vom Großen Architekten von Anfang an durch, und sie ist eines der bekanntesten Stücke freimaurerischer Sondersprache geblieben, wenn auch eher im englischen und französischen Raum als im deutschen. Es sollte aber nicht übersehen werden, dass sie die christlichen Spezifikationen des Gottesbildes gerade vermeidet: Sie will nicht sagen, wer Gott ist, sondern ein Symbol anbieten, an das Menschen ganz unterschiedliche Ideen anknüpfen können. In rein islamischen Logen wird der Koran an Stellen im Ritual verwendet, wo Logen im christlichen Kulturraum die Bibel benutzen. Trotz dieser Traditionen gibt es kein freimaurerisches Gottesbild, und die verschiedenen Systeme unterscheiden sich beträchtlich. Das „Schwedische System" ist streng lutherisch-christlich orientiert, während der „Grand Orient de France" (GOdF, gegründet unter anderem Namen 1773), d.h. die Großloge von Frankreich, seit 1877 einen strikt und militant atheistischen Kurs fährt. Freimaurer legen großen Wert darauf, keine Religion zu sein, sondern eine der Gesamtmenschheit verpflichtete Bruderschaft.

Literatur:
Allgemein zu Handwerkermetaphorik u.ä. in Schöpfungsmythen: Marco Frenschkowski, Art. Schöpfung. In: Enzyklopädie des Märchens 12, Lieferung 1 (2005), 170-179 * Ernst Robert Curtius, Europäische Literatur und lateinisches Mittelalter. Bern u. München 5. Aufl. 1965, 527-529 („Gott als Bildner" in mittelalterlicher Literatur).

8. ILLUMINATENORDEN UND ERLEUCHTUNGSPATHOS

Der historische Illuminatenorden

Am 1. Mai 1776 gründet der erst 28-jährige Professor für Kirchenrecht Adam Weishaupt in Ingolstadt mit Studenten den Illuminatenorden (lat. Illuminati „Erleuchtete"). Dem Orden war nur eine kurze und wenig glanzvolle Geschichte beschieden, aber er wurde zum Ansatzpunkt für eine der erstaunlichsten Legendenbildungen in den Annalen der Geheimbünde. Name der Gründung war zuerst „Bund der Perfektibilisten". Weishaupt war ein Gegner der Jesuiten, die trotz der Aufhebung ihres Ordens 1773 das geistige Klima in Ingolstadt vollständig beherrschten. Erfüllt von aufklärerischen Ideen, versucht Weishaupt in gewisser Hinsicht, einen aufklärerischen Gegenpol zu den Jesuiten zu schaffen. Auch in seiner Persönlichkeit ist er eine Art letztlich erfolgloses Gegenstück zu Ignatius von Loyola: Wie so oft, ähnelt man am stärksten den Gegnern, die man am heftigsten bekämpft. Geboren am 6. Febr. 1748 in Ingolstadt, wurde der früh verwaiste Knabe von einem Schüler des Philosophen Christian von Wolff, Adam Ickstatt, adoptiert und ganz im Geiste dieser Schulphilosophie erzogen. Als junger Mann studierte er in seiner Heimatstadt Geschichte, Jurisprudenz, Staatswissenschaften und Philosophie. 1768 wurde er zum Doktor der Philosophie promoviert. 1772 wurde er außerordentlicher Professor der Rechte, 1773 schließlich ordentlicher Professor für kanonisches Recht (also das interne Rechtssystem der katholischen Kirche). Man hat seine politischen und kulturellen Leitbilder liberal und republikanisch genannt, dies weckt aber unter Umständen schiefe Assoziationen. Weishaupt bleibt ein Kind seiner Zeit. Als Mensch war er rechthaberisch, immens wichtigtuerisch und gegenüber denen, die sich seiner Leitung anvertrauten, autoritär. Dies lässt sich nicht gut bestreiten. 1780 trat Adolph Freiherr von Knigge dem Orden bei, der die Ordensrituale formulierte und dem Orden eine hierarchische Struktur verlieh. Mit ihm – der dem Gründer an geistiger Freiheit weit überlegen war – hat Weishaupt sich bald überworfen. Es ist auch wichtig, nicht zu übersehen, dass Weishaupt zum Zeitpunkt der Ordensgründung noch ein sehr junger Mann war, gerade dem Studentenalter entwachsen. Im Gegensatz zu Johann Valentin Andreae, der zum Zeitpunkt der Erfindung des Rosenkreuzerordens ebenfalls noch sehr jung war, genügte ihm jedoch nicht eine nur literarische Gestaltung seiner utopischen Ideen. Der – wenn auch nur kurzfristige – Erfolg des Illuminatenordens hat ihn ganz offensichtlich überfordert. Am 18. Nov. 1830 stirbt er in Gotha. In späteren Jahren hat sich eine Reihe völlig fantastischer Spekulationen an seine Figur geheftet.

Der kurzfristige Erfolg des Ordens hängt mit dem Zusammenbruch der „Strikten Observanz" zusammen, die in Freimaurerkreisen eine gewisse Ratlosigkeit hinterließ. Johann Christoph Bode (1730-1793), einer der führenden Köpfe im Kreise von Hunds, wechselte zu Weishaupt über. Mit den Prinzen Karl von Hessen und Ferdinand von Braunschweig sowie den Herzögen Ernst von Sachsen-Gotha und Carl August von Sachsen-Weimar erreichte man gesellschaftliche Spitzenpositionen. Auch Goethe und Herder traten bei, doch bald rieb sich der Orden in inneren Streitigkeiten um die Führungsautorität auf. Knigge verließ den Orden 1784 und wandte sich von der „Mode-Thorheit" ab, die Welt durch geheime Gesellschaften bessern zu wollen; bekanntlich schrieb er danach ein Buch zum höflichen Umgang der Menschen untereinander. Den Todesstoß setzten dann äußere Verfolgungen. Am 22. Juni 1784 verbot der bayerische Kurfürst Karl Theodor, durch seinen Beichtvater beeinflusst, alle „Communitäten, Gesellschaften und Verbindungen", die ohne seine „landesherrliche Bestätigung" gegründet wurden.

In einem kurz darauf erlassenen Edikt wurden Freimaurer und Illuminaten auch namentlich genannt und als landesverräterisch und religionsfeindlich verboten. 1787 stellte ein drittes Edikt die Werbung für den Orden unter Todesstrafe. Es war vor allem die Furcht vor politischen Intrigen, welche den Illuminatenorden zum Gegenstand der Unterdrückung machte; wahrscheinlich nicht zu Unrecht. Die Philosophie des Ordens war durch ein aufgeklärtes Sittlichkeitsstreben, Hochschätzung der Bildung und Feindschaft gegen Despotismus geprägt. Letztere konnte leicht ins Politische hineinreichen, und interne Ordensschriften (den Neumitgliedern nicht zugänglich) entfalteten in der Tat Herrschaftsfantasien für den Orden. Zu Hinrichtungen freilich kam es nicht. Es blieb bei Hausdurchsuchungen und Landesverweisungen, auch wurden einige kurze Haftstrafen verhängt. Weishaupt entzog sich durch Flucht aus Bayern und wurde später Hofrat in Gotha. Als der Orden schon gar nicht mehr bestand, witterte man nun überall revolutionäre Illuminaten. Pius VI. erklärte den Orden für unvereinbar mit dem katholischen Glauben. Vor allem im Schatten der französischen Revolution richteten sich Verschwörungsfantasien und Unterwanderungsängste gerne auf die Illuminaten. Der ehemalige Jesuit Abbé Augustin Barruel (1741-1820) erklärte sie für hauptverantwortlich an der französischen Revolution, welche das konservative Europa als Katastrophe apokalyptischen Ausmaßes erlebte. In Bayern wurden 1799 und dann wieder 1804 alle Geheimbünde verboten. Das Thema wanderte auch in die Literatur; dazu s. später. In Ingolstadt erinnert Theresienstr. 23 (früher Am Weinmarkt 298) in der Fußgängerzone an die kurzlebige Geheimgesellschaft.

Die Illuminaten: Innenleben und Nachleben

Die Einweihungsgrade der Illuminaten waren ähnlich fantasievoll ausgestaltet wie die Hochgrade der Freimaurer. Es gab den Novizen, den Minerval und den Illuminatus minor, dann Lehrling, Geselle, Meister, Illuminatus maior und Illuminatus regens, darüber noch die „Mysterienklasse" mit den Graden Priester, Regent, Magus und Rex. Jedes Mitglied erhielt zudem einen Geheimnamen (Weishaupt war „Spartacus", Knigge war „Philo", Goethe „Abaris" usw.), und auch Stadtnamen wurden chiffriert (München hieß „Athen", Frankfurt „Edessa" und Ingolstadt „Eleusis"). Die unteren Grade kannten sich nur beim Geheimnamen. Ein Drittel der Mitglieder waren Adlige, 70 % hatten ein Studium absolviert. Die maximale Zahl der Mitglieder scheint 1500-2000 betragen zu haben, vielleicht weniger. Anders als der Freimaurerbewegung gelang es den Illuminaten jedoch nicht, zu einer dauerhaften geistigen Größe zu werden. Ein Werk wie Mozarts und Schikaneders freimaurerische „Zauberflöte" (1791) haben die Illuminaten nicht inspiriert.

Dafür wurden sie zum Lieblingsorden aller Verschwörungstheoretiker bis heute. Schon 1802 erscheint ein Roman des populären Romanautors Ignaz Ferndinand Arnold, "Mirakuloso oder der Schreckensbund der Illuminaten. Ein fürstliches Familiengemählde aus dem Nachlass eines Staatsverbrechers und der rothen Maske auf dem Vischerad". Dieser Trend zur Dämonisierung hält bis heute an. 1975 erscheint die „Illuminatus!"-Trilogie von Robert Shea und Robert Anton Wilson, in der sie sich mit anderen Geheimbünden einen Kampf um die Weltherrschaft liefern. Der erste der drei Illuminatus-Romane ("The Eye in the Pyramid") mit seiner Mischung von schizoidem Alptraum und psychedelischer Fantasie hat eine Widmung von Ishmael Reed: "The history of the world is the history of the warfare between secret societies". Oder, wie es an anderer Stelle heißt, "Just because you're not paranoid doesn't mean they're not plotting against you". Zwei Geheimgesellschaften stehen gegeneinander, die ordnungsversessenen Illuminati und die anarchischen Discordians. Allein ihr Gleichgewicht hält die Welt am laufen.

Dan Brown verwendet die Illuminaten, und auch in abgesunkener Form werden sie zum Inbegriff finsterer Verschwörer (z.B. in Simon Wests Film „Lara Croft: Tomb Raider", 2001, um ein populäres Beispiel zu nennen). Beliebt ist vor allem die Idee, sie verständigten sich über geheime Zeichen und Codes. Die Zahl 23, das allsehende Auge, die unfertige Pyramide auf der amerikanischen 1-Dollar-Note, Ambigramme und vieles andere ist in diesem Zusammenhang genannt worden. Historisch ist das alles Unsinn: Emblem des Illuminatenordens war vielmehr die Eule der Minerva, Symbol der Weisheit.

Literatur:

Jan Rachold (Hrg.), Die Illuminaten. Quellen und Texte zur Aufklärungsideologie des Illuminatenordens (1776–1785). Berlin 1984 * Illuminaten I. Adam Weishaupt, Das verbesserte System der Illuminaten. Ludwig A. Ch. von Grolmann, Eine Rede über den Illuminaten Orden (...). Sinzheim 2001 (Reprint von mehreren längeren Quellentexten zur Ordensgeschichte) * Die Korrespondenz des Illuminatenordens. Bd. 1. 1776–81. Hrg. von Reinhard Markner, Monika Neugebauer-Wölk und Hermann Schüttler. Tübingen 2005 * Leopold Engel, Geschichte des Illuminatenordens. Beitrag zur Geschichte Bayerns. Berlin 1906 = Bremen 1985 * Manfred Agethen, Geheimbund und Utopie. Illuminaten, Freimaurer und deutsche Spätaufklärung. München 1987 * Richard van Dülmen, Der Geheimbund der Illuminaten. Stuttgart 1977 * Jochen Hoffmann, Bedeutung und Funktion des Illuminatenordens in Norddeutschland. In: Zeitschrift für Bayerische Landesgeschichte 45 (1982), 363-380 * Wilhelm Mensing, Der Illuminatismus auf dem Freimaurer-Konvent in Wilhelmsbad vom 14.7. bis zum 1.9.1782. In: Zeitschrift für Bayerische

Landesgeschichte 41 (1978), 271–292 * Walter Müller-Seidel u. Wolfgang Riedel (Hrg.), Die Weimarer Klassik und ihre Geheimbünde. Würzburg 2002 * Helmut Reinalter (Hrg.), Der Illuminatenorden (1776–1785/87). Frankfurt/Main 1997 * Johannes Rogalla von Bieberstein, Die These von der Verschwörung 1776–1945. Philosophen, Freimaurer, Juden, Liberale und Sozialisten als Verschwörer gegen die Sozialordnung. Frankfurt a. M. 1976 * Hans-Jürgen Schings, Die Brüder des Marquis Posa. Schiller und der Geheimbund der Illuminaten. Tübingen 1996 * Hermann Schüttler, Die Mitglieder des Illuminatenordens 1776-1787/93. München 1991 * Eberhard Weis, Der Illuminatenorden (1776–1786). Unter besonderer Berücksichtigung der Fragen seiner sozialen Zusammensetzung, seiner Ziele und seiner Fortexistenz nach 1786. In: Helmut Reinalter (Hrg.), Aufklärung und Geheimgesellschaften. Zur politischen Funktion und Sozialstruktur der Freimaurerlogen im 18. Jahrhundert. München 1989 * W. Daniel Wilson, Geheimräte gegen Geheimbünde. Ein unbekanntes Kapitel der klassisch-romantischen Geschichte. Stuttgart 1991.

Erleuchtungspathos und Aufklärung

Lenken wir unseren Blick, das Kapitel über die Illuminaten abschließend, kurz auf das Metaphernfeld „Licht, Erleuchtung". Von Haus aus ist es im religiösen Bereich angesiedelt: „Alles, was offenbar wird, ist Licht, darum heißt es: Wach auf, der du schläfst, und steh auf von den Toten, so wird dich Christus erleuchten", schreibt der neutestamentliche Epheserbrief (5, 14) in einem sogenannten „Weckruf". Erleuchtungsmetaphorik liebt später besonders die Mystik. In diesem Kontext hat es immer schon Gruppen gegeben, die sich selbst „Erleuchtete" (Illuminaten) nannten oder die von anderen so genannt wurden. Nennen wir als etwas weniger bekanntes Beispiel die spanischen Alumbrados bzw. Iluminados, die in Toledo etwa 1512-32, in Llerena 1570-82 und in Sevilla 1623 auftreten. Ihr Anliegen ist die Vereinigung der Seele mit Gott. Mystische Ekstase und Visionen werden dabei wichtig, während die Bedeutung der Kirche als Heilsanstalt zurücktritt (was kein reformatorischer Einfluss sein muss). Das macht sie der katholischen Obrigkeit verdächtig. Theologen des Franziskanerordens (Juan de Olmillos, Francisco de Osuna) formulieren im 16. Jhdt. ihre Theologie, das einfache Volk verehrt die „Erleuchteten", aber bald geraten sie bei der Inquisition in Verdacht (die in Spanien zu dieser Zeit im Gegensatz zum Mittelalter übrigens eine staatliche Einrichtung ist, keine kirchliche). Selbst Ignatius von Loyola, der Gründer des Jesuitenordens, und Teresa von Avila, kluge Seelsorgerin und Erforscherin seelischer Abgründe, geraten in die Schusslinie. Mit den bayerischen Illuminaten haben diese „Alumbrados" freilich nichts zu tun. Evidenzerfahrungen heißen in vielen Traditionen „Erleuchtungen", so im Buddhismus („bodhi", „Erleuchtung"; „buddha" „der Erleuchtete") und im Islam. Seit einigen Jahren haben sich die amerikanischen religionskritischen Humanisten- und Atheisten-Verbände darauf verständigt, als volkstümliche Selbstbezeichnung (wie die Homosexuellen „gay") „bright" zu verwenden, „hell, licht". Erleuchtungspathos findet sich auf allen Seiten. Im 18. Jhdt. wird es zur Leitmetapher für eine neue Philosophie (engl. enlightenment, schottisch licht, deutsch Aufklärung usw.), die sich gerade gegen die Erleuchtungen der alten Zeit richtet. Aber auch ihr Licht leuchtet nicht für die Ewigkeit.

Literatur:
Alastair Hamilton, Heresy and Mysticism in Sixteenth-Century Spain. The Alumbrados. Cambridge 1992 * Alvaro Huerga, Historia de los alumbrados (1570-1630). 5 Bände. Madrid 1978-1994 * Henry Kamen, The Spanish Inquisition. A Historical Revision. New Haven u. London 1997, bes. 86-89, 128 f.

9. GEHEIMBÜNDE ALS OBJEKTE DER ANGST IM 18. UND 19. JHDT.: FREIMAURER ALS TEUFELSBÜNDNER, MORGANAFFÄRE UND TAXILSKANDAL

Angriffe auf die Freimaurer und antimaurerische Legenden

Zwei Unterstellungen hat es den Freimaurern gegenüber fast von Anfang an und bis in die letzten Jahre gegeben: politische Verschwörungen, d.h. verborgenes Machtstreben bis zur Zerstörung der Sozialordnung, und eine tiefgeheime antireligiöse, genauer satanistische Agenda. Im 18. Jhdt. waren es noch eher Klüngelei und Korruption, die man Freimaurern nachsagte: Die Mitglieder missbrauchten den Orden für ihr Karrierestreben. Etappen der von solchen Verdächtigungen geleiteten Maßnahmen gegen den Bund sind das (wirkungslose) Verbot der Freimaurerei in Frankreich 1737, 1738 in Venedig und Polen. 1743 gibt es militante Verfolgungen in Wien und Lissabon, 1748 verbietet das Osmanische Reich die Freimaurer als „religionsfeindlich", 1751 werden sie in Spanien verfolgt, 1763 verbietet sie der Senat der Stadt Danzig und 1775 das Königreich Neapel. An vielen Orten gibt es vereinzelte Ausschreitungen gegen den Bund, z.B. 1779 in Aachen oder 1791 auf Madeira. 1794 müssen alle Logen in Österreich ihre Arbeit einstellen. In Russland folgen die Verbote rasch aufeinander, z.B. 1796 und 1822. In Preußen haben die drei altpreußischen Großlogen ab 1798 eine Sonderstellung, während alle anderen geheimen Gesellschaften verboten werden. Ähnlich nimmt ein Gesetz (Bill) gegen Geheimbünde in Großbritannien 1799 die Freimaurer aus. Nach 1814 werden Freimaurer in Spanien wieder verstärkt verfolgt: Es kommt zu diversen Hinrichtungen. 1738 erschien die erste päpstliche Bulle gegen die Freimaurer (Clemens XII., „In eminenti"). Seitdem war es feste Regel, dass Freimaurertum und Katholizismus strikt unvereinbar seien. 1884 erscheint die Bulle „Humanum Genus" Papst Leos XIII. und der Canon Iuris Canonici von 1917 legt das automatische Eintreten der Exkommunikation für Freimaurer fest. Erst in den letzten Jahren hat es eine Entspannung des Verhältnisses gegeben. Der Codex Iuris Canonici von 1983, das augenblicklich gültige Rechtsbuch der Römisch-Katholischen Kirche, erwähnt die Freimaurer nicht mehr (doch vgl. dort can. 1374). Auch die orthodoxen Kirchen und viele amerikanischen protestantischen Kirchen wie die Southern Bapstists halten ihre Lehren mit dem Freimaurertum für unvereinbar. Die Free Methodist Church spaltete sich 1860er Jahren von ihrer Mutterkirche ab, weil sie diese für unterwandert hielt.

Im 19. Jhdt. werden die Vorwürfe immer stärker auf die literarische Ebene verlagert. Auch volkstümlich wird der „Freimaurer als Teufelsbündner" zu einem stabilen Motiv. Alle totalitären Staatsformen haben die Freimaurerei massiv verfolgt, so das NS-Regime, der Kommunismus, der italienische Faschismus und andere. In den meisten islamischen Ländern ist die Bewegung verboten, und z.B. die palästinensische Hamas hat ihre Vernichtung in ihrem Programm. Auch deutsch-nationale Gruppen kämpften schon vor den Nationalsozialisten gegen die Freimaurer, so der deutsche General Erich von Ludendorff (1865-1937) in vielen Publikationen („Das Geheimnis der Freimaurerei ist überall der Jude"). 1921 veröffentlichte Alfred Rosenberg seine Schrift „Das Verbrechen der Freimaurerei"; viele weitere Hetzschriften folgten. Charakteristisch war in diesem antisemitischen Milieu die Vereinheitlichung aller Gegner: Juden, Freimaurer, Jesuiten, Kapitalisten, Bolschewisten werden zu einer einheitlichen Front, der alles Unheil der jüngeren Geschichte angelastet wird. 1923 wird Rosenbergs Kommentar zu den „Protokollen der Weisen von Zion" ein großer publizistischer Erfolg. Verschwörungsfantasien gegen Juden und Freimaurer fließen nun ununterscheidbar zusammen. Am 17. August 1935 ordnet Innenminister Frick das Verbot aller freimaurerischen Tätigkeit auf dem Boden des Deutschen Reiches an. Zu im engeren Sinn militanten Verfolgungen kommt es jedoch nicht.

Die Morganaffäre

Die Affäre um den Steinmetz William Morgan (geb. 1774, Todesdatum unbekannt) führte 1826 zum größten Skandal in der Geschichte der amerikanischen Freimaurer, zu schweren Verfolgungen und einem merklichen Rückgang der Mitgliederzahlen der Logen. Viele Logen mussten ganz schließen. Es hatte sich das Gerücht verbreitet, Morgan wolle über den Verleger David C. Miller ein antifreimaurerisches Enthüllungsbuch schreiben, welches u.a. alle Rituale und Passwörter nennen würde. Freimaurer warnten Morgan in Zeitschriften, dies nicht zu tun:

Morgan gab bekannt, sein Buch würde in jedem Fall erscheinen. Dann beschloss ein kleiner Kreis von Freimaurern, Morgan zu entführen, um ihm seine Pläne auszureden. Morgan wurde unter einem Vorwand verhaftet, dann von „Freunden" ausgelöst und nach Fort Niagara in Kanada gebracht. Dabei verschwand Morgan: Niemand konnte ihn mehr auffinden. Als die Sache publik wurde entstand sofort die Unterstellung, Freimaurer hätten ihn ermordet. Eine Leiche wurde bei Fort Niagara angespült und fälschlicherweise mit Morgan identifiziert. Tatsächlich tauchte er 1831 in Smyrna gesund und munter wieder auf. 1826 aber sahen sich jene bestätigt, die den Freimaurern das Schlimmste unterstellten, und fanden Rückhalt in der Bevölkerung. Der öffentliche Druck wuchs. 1827 entstand eine eigene politische Partei, die „Anti-Masonic Party", welche sich die militante Bekämpfung des Geheimbundes auf die Fahne geschrieben hatte. Der spätere Präsident Millard Fillmore (1800-1874) machte in ihr wichtige Karriereschritte. Die Entführer Morgans wurden zu Gefängnisstrafen verurteilt, aber auch sie wussten nicht, was aus ihm geworden war. Zahlreiche Kirchen schlossen Freimaurer vom Abendmahl aus, Kindern von Freimaurern wurde der Schulzugang verwehrt, die Großloge von New York, die 1827 insgesamt 227 Logen zählte, hatte 1835 nur noch 41, die von Vermont hielt keine Sitzungen mehr ab, usw. Die öffentlichen Verdächtigungen der Freimaurer verloren jedes Maß. Zu einem Umschwung führte v.a. 1828/29 der Wahlkampf des späteren Präsidenten und Volkshelden Andrew Jackson (1767-1845, „Old Hickory"), der sein Maurertum offensiv vor sich her trug und Sympathien zu gewinnen wusste. Seitdem ist die Präsenz der Freimaurer in den USA ungebrochen, wenn sie auch heute wie viele ähnliche Gesellschaften etwas unter Nachwuchssorgen leiden.

Die Taxilaffäre

Wir haben in einem früheren Kapitel die Satanismus-Furcht als Fortsetzung der frühneuzeitlichen Hexenangst interpretiert.

Das Thema Satanismus tritt etwa Ende des 19. Jhdts. wieder in den Mittelpunkt des öffentlichen Interesses, wozu neben dem Roman von Joris-Karl Huysmans, „Là-bas" (1891) vor allem die Taxil-Affäre beigetragen hat, welche einst die Zeitungen Europas füllte. Diese kuriosen Ereignisse sollen hier als tragikomisches Beispiel einer Verquickung von Fantasie und Wirklichkeit in Sachen Geheimbünde zur Sprache gebracht werden. Seinerzeit wurden sie als die „größte Lüge des 19. Jhdt." gehandelt. Der leidenschaftliche Freidenker und erfolgreiche französische Journalist Leo Taxil (bürgerlicher Name Gabriel Jogand-Pagès, 1854-1907) erklärte 1885 seine Bekehrung zum Katholizismus und kündigte öffentlich an, von nun an nur noch für diesen streiten zu wollen. Diese Konversion wurde in Frankreich als Triumph über antiklerikale Freidenkerei und Freimaurerei gefeiert. (Wir erinnern uns: Die französische Freimaurerei ist mehrheitlich militant atheistisch.) Noch im selben Jahr erschien als erstes einer Reihe von Büchern „Les frères Trois-Points" (Die Dreipunktbrüder), in dem die Freimaurer als Teufelsanbeter entlarvt werden sollten. Angeblich besaß der Orden eine geheime innere Gruppe, deren Machenschaften reiner Satanismus seien, und der Pomp und die Geheimnistuerei der Logen sollten nur Menschen anlocken, unter denen dann eine Auswahl für das eigentliche geheime Anliegen möglich wäre. Taxils Bücher, die in rascher Folge erscheinen, sind von immer fantastischeren Enthüllungsdetails über sexuelle Orgien, Meuchelmorde und perverse Rituale erfüllt, an denen sogar Frauen teilnehmen. Diese satanistische Freimaurerei werde „Palladismus" genannt. Großmeisterin sei die bekehrte ehemalige Oberhexe Miss Diana Vaughan (angeblich eine leibliche Tochter des Dämons Bitru, aber auch Nachkommin des großen Mystikers Thomas Vaughan), die immer mehr zur Kronzeugin des ganzen Erzählgebäudes wird. In katholischen Kreisen findet das Werk rege Aufmerksamkeit, Taxil wird zur Audienz bei Papst Leo III. geladen, dessen Enzyklika „Humanum genus" am 20. April 1884 (als noch vor den Taxil-Büchern) die völlige Unvereinbarkeit von Christentum und Freimaurerei betont hatte. 1896 kommt es zur Konfrontation.

Auf einem großen Antifreimaurerkongress in Trient, den Taxil angeregt hatte, soll Helen Vaughan zum ersten Mal öffentlich reden, jedoch zeigt Taxil nur ein angebliches Photo von ihr. Allein 36 Bischöfe und 50 bischöfliche Delegierte anderer Diözesen sind zu Gast, daneben hunderte Gäste und Journalisten. Trotz des Fehlens jeglicher Beweise steht Taxil weiterhin im Mittelpunkt der Aufmerksamkeit. Ostersonntag (19. 4.) 1897 lässt er dann bei einer Rede im Saal der Geographischen Gesellschaft in Paris die Bombe platzen: Eine Helen Vaughan existiert nicht, der ganze Palladismus ist Taxils freie Erfindung, ersonnen zu dem einen und einzigen Zweck, der Welt die Leichtgläubigkeit des katholischen Klerus vor Augen zu führen. Taxil lebt den Rest seiner Tage als antiklerikaler Prediger, dessen Motto der Satz wird: „Tuons-les par le rire! „ „Töten wir sie durch Gelächter." Die Freimaurer haben freilich nicht gelacht, denn das Lügengebäude ging ja auch auf ihre Kosten. Man sollte der Gerechtigkeit halber auch hinzufügen, dass gerade Gelehrte des Jesuitenordens den Schwindel sofort durchschaut hatten, nur bei Bischöfen und Papst damit nicht durchdringen konnten. Motive des Palladismus tauchen in diesen Jahren öfters in der Literatur auf, u.a. bei Arthur Machen (1863-1947, „The Great God Pan"), dessen Freund, der Okkultist Arthur Edward Waite (1857-1942) den Schwindel auch schon früher entlarvt hatte, aber kein Gehör damit fand („Devil-Worship in France", 1896).

Das ganze bleibt ein kurioses Kapitel in der spannungsreichen Geschichte der Freimaurerei. Die Deutsche Bischofskonferenz der katholischen Kirche hat 1980 noch einmal erklärt, dass niemand gleichzeitig Mitglied der katholischen Kirche und Freimaurer sein kann, auch wenn Freimaurer nicht mehr automatisch exkommuniziert sind, wie es vormals geltendes Recht war. Von den Fantasien Taxils hat man sich natürlich längst losgesagt.

Literatur:

Karl R. H. Frick, Satan und die Satanisten. 3 Bände. Graz 1982-1988. In 1 Band Wiesbaden 2006 * Eugen Joseph Weber, Satan franc-maçon présenté par Eugen Weber. La mystification de Léo Taxil. Paris 1964.

10. Thuggee

Die Mördersekte

Wir wenden uns einer völlig anderen Art von Geheimbund zu, der freilich nicht weniger als die Illuminaten oder Rosenkreuzer zu einen Gegenstand gesellschaftlicher Imagination geworden ist, wenn auch in einem ganz anderen Sinn. Das indische Wort „thag" (meist engl. geschrieben: thug, davon engl. Thuggee, auch Tuggee für die Bewegung) meint einen Dieb, Übeltäter oder Betrüger. Im 19. Jhdt. wird Thuggee zum auch in Europa wohl-bekannten und gefürchteten Namen einer Untergrundbewegung von Räubern und Mördern, die ihr Tun mit einer eigentümlichen hinduistischen Ideologie verbrämen. Die Anfänge der Thugs rei-chen vielleicht bis ins 13./14. Jhdt. zurück, aber zu einer politisch beachteten Größe werden sie v.a. im 19. Jhdt. Thugs traten immer in wandernden Gruppen auf, oft bildeten sie ganze Karawanen. Sie waren nur weit von ihren persönlichen Wohnorten entfernt tätig, so dass sie niemand kannte. Hatten sie das Vertrauen von Mitreisenden gewonnen, töteten sie diese, raubten sie aus und verbargen die Leichen. Zwei oder drei Thugs begingen den Mord (meist durch Erdrosseln mit einem Tuch), während die größere Gruppe durch Lärm von dem Geschehen ablenkte. Dieser Lebensstil – mit mehreren mörderischen Raubzügen im Jahr (von denen ihre Angehörigen oft nichts wussten) – galt den Thugs als heilige Pflicht und besondere Form der Verehrung ihrer Göttin Kali. Ihr gelbes Kordel, das sie zum Strangulieren benutzten (Rumaal) war in ganz Indien gefürchtet. Doch mussten sich junge Aspiranten erst die Ehre verdienen, es in der Gruppe zu benutzen. Nach ihren eigenen Überlieferungen haben die Thugs sowohl islamische als auch hinduistische Wurzeln. Ihre Göttin war die tantrische Kali, die „Schwarze", die mit dem Erfahrungsraum von Tod, Untergang, Vernichtung und Krieg zusammengebracht wird. Kali ist dabei durchaus Teil des allen Hindus gemeinsamen Pantheons. Dargestellt wird sie mit einem Halsband von Menschenschädeln, am Gürtel abgehackte Gliedmaßen tragend, ein Schwert und einen abgehauenen Kopf in der Hand, mit ihren Füßen auf dem Körper eines Zwerges tanzend. Dieses groteske Bild verkörpert die dunklen und destruktiven Aspekte der Gottheit, ohne die kein neues Leben möglich wäre. Die Anhänger der Mördersekte hießen auch Phansigars, von „phansa" „Öse" (die über den Kopf gezogen wird). Die Aufforderung zu einem Raubzug entnahmen die Thugs (in deren Gemeinschaft sich auch Muslime befanden) komplizierten Omina, die als Befehle der Göttin interpretiert wurden. Wie viele Geheimbünde verfügten sie über ein eigenes System chiffrierter Sprache, mit der sie sich auch vor Nichtmitgliedern verständigen konnten („Ramasi"). Die Zahl der Opfer ist schwer abzuschätzen; sicher waren es in der ersten Hälfte des 19. Jhs. einige 10 000. Noch schwerer ist es, die Zahl der Mitglieder des Bundes zu eruieren. Der Thug-Anführer Behram will zwischen 1790 und 1830 angeblich 931 Menschen getötet haben, nach anderen Angaben 125. Wegen einer Kronzeugenregelung wurde er nie angeklagt. Neben „Sutee" („sati", der Witwenverbrennung) und manch anderem, was Europäer befremdete, gaben die Thugs England ein Motiv für das kulturelle Überlegenheitsszenario, welches zur Legitimation des Kolonialismus gebraucht wurde. Entsprechend ausführlich wurde das Thema in den britischen Zeitungen behandelt. Das „Guinness Book of Records" gibt die Zahl der Opfer mit 2 Millionen an, was wahrscheinlich maßlos übertrieben ist. Interessanterweise waren Frauen als Opfer tabu. Aber die Thugs waren doch eine wahre Landplage geworden und nur in einem mühsamen Konflikt zu unterdrücken. Auch als Flusspiraten betätigten sie sich. Geheime Rituale, eine eigenes Erzählgut über ihre göttlichen Ursprünge und eine ausgeprägte Hierarchie dienten ihrer Legitimation als religiöse Gruppe.

Ab 1828 ergriff Lord William Bentinck, der Generalgouverneur von Indien, energische Maßnahmen gegen den Bund. 1835 wurde eine eigene Polizeitruppe gegen die Thugs gegründet, das „Thuggee and Dacoity Department" (Hindi „dakait" „Räuber in einer Gang"). Auch „undercover" wurde ermittelt. Sir William Sleeman (1788-1856) wurde die in England berühmteste Gestalt

des Kampfes; durch eine großzügig angewandte Kronzeugen-
regelung wurden die Interna des Kultes gut bekannt (Thuggee
Act 1836) und gegen 1870 war er praktisch ausgerottet. (Die
Polizeitruppe zum Kampf gegen Thuggee bestand bis 1904.)
Im Zuge der Dekonstruktion kolonialer Weltbilder sind auch
die Thugs in den letzten Jahren zum Gegenstand verschiedener
Neuinterpretationen geworden, die bei einigen Auffälligkeiten
einsetzen. So wurden niemals Europäer Opfer von Thugs, und
es gibt keine Indizien, dass die indische Bevölkerung je die
Engländer um Hilfe gegen sie gebeten hätte. Gegen übertriebene
Skepsis hat Mike Dash jedoch gezeigt, dass die grundlegenden
Fakten unanfechtbar sind. Im 20. Jhtd. haben zahlreiche Bücher
und Filme („Gunga Din", 1939; „Indiana Jones and the Temple
of Doom", 1984) das Thema farbig ausgemalt.

Literatur:
Martine van Woerkens, The Strangled Traveler. Colonial Imaginings and the
Thugs of India. Chicago 2002 * Mike Dash, Thug. The True Story of India´s
Murderous Cult. London 2005 * Thornton (so publiziert), Illustrations of
the History and Practices of the Thugs. London 1851. Reprint New Delhi
2000 * Henry Yule u. A. C. Burnell, Hobson-Jobson. A Glossary of Colloquial
Anglo-Indian Words and Phrases (...). Neuausgabe hrg. von William Crooke.
London 1903. Reprint New Delhi 1984 (Lexikon und Belegstellensammlung)
* Augustus Somerville, Crime and Religious Beliefs in India. Calcutta 1931.
Reprint Madras 2000 * George Bruce, The Stranglers. The Cult of Thuggee
and Its Overthrow in British India. London 1968 * Literarisierungen: Philip
Meadow Taylor, Confessions of a Thug. 3 Bände. London 1839 * Arthur Conan
Doyle, The Adventure of the Crooked Man. Zuerst in: Strand Magazine, Juli
1893 * John Masters, The Deceivers. New York 1952 * Dan Simmons, Song
of Kali. New York 1985.

11. Der Hermetic Order of the Golden Dawn und die Entstehung neomagischer Orden im 19. und 20. Jhdt.

Die Anfänge des neomagischen Revivals in Großbritannien

1801 publiziert Francis Barrett in London seine Kompilation magischer Quellen „The Magus, or Celestial Intelligencer; Being a Complete System of Occult Philosophy", das lange Zeit zu den gesuchtesten und teuersten Büchern auf dem Okkulta-Markt gehörte. Barrett bezeichnet sich als Chemiker, war aber in Wahrheit Apotheker. Das Buch besteht aus geringfügig bearbeiteten Passagen aus dem Werk „De Occulta Philosophia" (Erstfassung 1510, endgültige Fassung 1533) des Cornelius Agrippa von Nettesheim, dem wohl einflussreichsten Werk des Renaissanceokkultismus. Barrett hatte Agrippas Vorlage für seine zeitgenössischen Leser aufbereitet und um Texte anderer Autoren, wie Peter von Abano (aus dem spuriosen „4. Buch" des Agrippa), ergänzt. Barrett hatte zur Kompilation dieses Werkes die Büchersammlung seines Förderers, des Astrologen Ebenezer Sibly (auch Sibley, 1751-1799) benutzen können. Sibly, zu seiner Zeit ein berühmter Mann, verkaufte auch eine „Solartinktur" gegen männliche Impotenz und natürlich Horoskope (z.B. auch ein „Horoskop Christi"). Seine beträchtlichen Einnahmen setzte er in den Erwerb seltener Bücher um, wovon der junge Barrett profitierte. Seinen Landsleuten war Barrett v.a. als Experimentator mit der neu entwickelten Ballonfliegerei bekannt. Doch in Erinnerung blieb er als Autor der genannten Kompilation praktischer Magie. „The Magus" enthielt auch eine Werbung, die wir hier einmal im Original zitieren wollen: „The Author of this Work respectfully informs those that are curious in the studies of Art and Nature, especially of Natural and Occult Philosophy, Chemistry, Astrology, etc., etc., that, having been indefatigable in his researches in those sublime Sciences; of which he has treated at large in this book, that he gives private instructions and lectures upon any of the above-mentioned Sciences; in the course of which he will discover many curious and rare experiments. Those who become Students will be initiated into the choicest operations of Natural Philosophy, Natural Magic, the Cabbala, Chemistry, the Talismanic Arts, Hermetic Philosophy, Astrology, Physiognomy, etc., etc. Likewise they will acquire the knowledge of the Rites, Mysteries, Ceremonies and Principles of the ancient Philosophers, Magi, Cabbalists, and Adepts, etc. The Purpose of this school (which will consist of no greater number than Twelve Students) being to investigate the hidden treasures of Nature; to bring the Mind to a contemplation of the Eternal Wisdom; to promote the discovery of whatever may conduce to the perfection of Man; the alleviating the miseries and calamities of this life, both in respect of ourselves and others; the study of morality and religion here, in order to secure to ourselves felicity hereafter; and, finally, the promulgation of whatever may conduce to the general happiness and welfare of mankind." (The Magus 2, 140). Die etwa pompösen Formulierungen stammen möglicherweise nicht von Barrett selbst; das handschriftliche Manuskript des Werkes (heute im medizingeschichtlichen Wellcome Institute, London) weist den Text noch nicht aus. Barrett war verheiratet und hatte einen Sohn; wohl um 1830 scheint er in London gestorben zu sein. Darüber hinaus ist nur wenig über sein Leben bekannt. Doch war mit seinem Werk eine überaus einflussreiche Idee formuliert: Ein „Meister" versammelt einen Kreis von Schülern um sich, die eine Art arkane Schule oder eine okkulte Gemeinschaft bilden. Der (im Gegensatz zu Freimaurerlogen nur aus wenigen Mitgliedern bestehende) okkulte Orden sollte eine wesentliche Organisationsform geheimer Gesellschaften im 19. Jhdt. gerade in der entstehenden neomagischen Szene werden. Man trifft sich in einem kleinen Rahmen (oft durchaus privat, gelegentlich werden Räumlichkeiten angemietet) zu Diskussionen, Vorträgen und Ritualen. Das rituelle Element dieser „zeremoniellen Magie" drückt sich anfänglich oft nur behutsam aus und entfaltet sich erst allmählich. Fast immer lehnt es sich an die Rituale der Freimaurer an. Barretts Referenzrahmen ist noch in jeder Hinsicht christlich (mit dem spielerischen Heidentum der Hell-Fire-Clubs hat er nichts gemeinsam). Die Rituale, die er beschreibt, beschwören Engelwesen und himmlische Intelligenzen.

Im Prinzip verlässt Barrett damit noch nicht den motivlichen Rahmen der Renaissancemagie. Das sollte sich jedoch bald in der entstehenden neomagischen Szene ändern. In Frankreich schreibt Eliphas Lévi Zahed (hebraisierendes Pseudonym von Alphonse Louis Constant, 1810-1875) Mitte des 19. Jhdts. komplexe und reflektierte Bücher über Magie, in denen er vor allem Elemente aus der jüdischen Kabbala integriert und viel Superstitiöses aussondert. Magie ist nach Levi eine Sache des Willens und der Imagination und schöpft aus den Quellen antiken Geheimwissens. Levis gelehrter Okkultismus sieht sich in der Tradition der Mysterien und bezieht in großem Umfang Außerchristliches mit ein, obwohl er sich immer als gläubigen Katholiken verstanden hat. In jungen Jahren hatte er in St. Sulpice (Paris) Theologie studiert, konnte aber wegen einer Liebesaffäre nicht Priester werden. Levi betreibt auch praktische Magie – und er findet Schüler. 1854 folgt er einer Einladung Edward Bulwer-Lyttons nach England, lernt Mitglieder rosenkreuzerischer Bünde kennen und nimmt seine erste formale Beschwörung vor: Er ruft den Geist des Apollonius von Tyana, des großen pythagoreischen Weisen aus dem 1. Jhdt. n. Chr. 1861 lässt er sich in eine Freimaurerloge aufnehmen, kann ihr aber nicht viel abgewinnen. Mit Levi tritt die zeremonielle Magie einen ersten behutsamen Schritt aus dem christlichen Referenzrahmen heraus: Nicht ohne Grund hat sich Aleister Crowley (1875-1947), der Begründer der neomagischen Bewegung der Gegenwart, später als seine Reinkarnation inszeniert.

1866 gründet Robert Wentworth Little die Societas Rosicruciana in Anglia (SRIA), die ihre okkulten Spekulationen in mehreren Ortslogen praktiziert und bald auch in Australien Anhänger findet. 1888 entstand ein amerikanischer Zweig. Nach dem Vorbild der Gold- und Rosenkreuzer des 18. Jhdts. und im freimaurerischen Stil werden philosophische und esoterische Fragen diskutiert. Mitglieder werden aus der Freimaurerbewegung rekrutiert: Alle Mitglieder der SRIA müssen den Meistergrad der regulären Freimaurerei besitzen. Als eine Art öffentliches Aushängeschild werben sie 1867 Bulwer-Lytton (1803-1873) an, der neben Dickens der angesehendste Romancier des viktorianischen Zeitalters ist und den Okkultismus, obwohl selbst durchaus auch skeptischen Gedanken zugeneigt, hoffähig macht. 1880 wird William Wynn Westcott (1848-1925) Mitglied der SRIA und 1891 als „Oberster Magus" Leiter des Ordens. Damit sind Anknüpfungspunkte gegeben für die berühmteste okkulte Ordensgründung des 19. Jhdts.: den Hermetic Order of the Golden Dawn, dem wir uns sofort zuwenden werden. Bulwer-Lytton verdient noch aus einem anderen Grund Erwähnung: In seinem Rosenkreuzer-Roman „Zanoni" (1842) schildert er zu Beginn, wie zufällig in einem Antiquariat ein altes Manuskript aufgefunden wird, das von alter Magie Kunde gibt. Genau diese Szene übernimmt die neue Geheimgesellschaft als ihre Gründungslegende. (Rudolf Steiner übernimmt diesem Roman wenig später seine Idee vom „Hüter der Schwelle".)

Literatur:
Francis X. King, The Flying Sorcerer, Being the Magical and Aeronautical Adventures of Francis Barrett, Author of The Magus. London 1992 * „The Magus" auch: http://www.sacred-texts.com/grim/magus * Alison Butler, Beyond Attribution: The Importance of Barrett's Magus. In: Journal for the Academic Study of Magic 1 (2003), 7-32 * Robert A. Gilbert, Art. Barrett, Francis. In: Dictionary of Gnosis and Western Esotericism, 2 Bände. Edited by Wouter J. Hanegraaff in Collaboration with Antoine Faivre, Roelof van den Broek, Jean-Pierre Brach. Leiden u. Boston 2005, hier 1, 163f. * Über Eliphas Levi: Paul Bénichou, Les mages romantiques. Paris 1988, 435-449. 556-558 * Jean-Pierre Laurant, L'ésotérisme chrétien en France au XIXe siècle. Lausanne 1992, 101-117 * Robert L. Uzzel, The Kabbalistic Thought of Eliphas Lévi and Its Influence on Modern Occultism in America. Diss. Baylor University 1995 * Über Bulwer-Lytton und seine ambivalente Haltung zum Okkultismus: Marco Frenschkowski, Art. Bulwer-Lytton. In: S. T. Joshi und Stefan Dziemianowicz (Hrg.), Supernatural Literature of the World. An Encyclopedia. 3 Bände. Westport, CT 2005, hier 1, 182-184 * Robert Lee Wolff, Strange Stories and Other Explorations in Victorian Fiction. Boston

1971 * Leslie Mitchell, Bulwer-Lytton. The Rise and Fall of a Victorian Man of Letters. Hambledon u. London 2003.

Der „Hermetic Order of the Golden Dawn" : Die zeremonielle Magie erreicht die britische Oberschicht.

Der Hermetic Order of the Golden Dawn war eine wirkliche Geheimgesellschaft, die für eine kurze Zeit eine erhebliche kulturelle Bedeutung besaß – nicht so sehr wegen dem, was sie bewegt hat, sondern wegen dem, was in ihr kulturell sichtbar wird. Magie einer bestimmten Gestalt jedenfalls wird gesellschaftsfähig. Mit seinen oft pompösen Ritualen, seiner Liebe zu farbenprächtigen Zeremonialgewändern und langen Initiationsszenarien steht der Orden in freimaurerischer Tradition, doch inhaltlich ist er anders als diese kein Kind der Aufklärungszeit, sondern des Fin de Siècle und der Décadence. Das kulturelle Milieu der ästhetizistisch verfeinerten Gesellschaft dieses britischen Ordens kann man vielleicht am besten verstehen, wenn man literarische Texte der Zeit vergleicht, die dem gleichen Milieu entstammen, allen voran William Butler Yeats' Erzählung „Rosa Alchemica" (1897), wo das geistige Milieu der gebildeten, etwas gelangweilten, sehnsüchtigen und okkultgläubigen Klientel meisterhaft beschrieben wird, aus der sich der Orden rekrutierte. Der spätere Literaturnobelpreisträger Yeats wurde am 7. März 1890 unter den Ordensnamen „Demon est Deus inversus" initiiert. Später war er „Imperator" der Stella Matutina, eines der Teilorden, in welche die ursprüngliche Gründung bald zerfiel.

Ins Leben gerufen wird der Orden am 12. Febr. 1888 durch eine gemeinsame Erklärung von William Wynn Westcott (1848-1912), Samuel Liddell Mathers (1854-1918) und William Robert Woodman (1828-1891). Ein „Isis Urania-Tempel" wird Ordenszentrum. Das gesamte Initiationsszenario beruht auf der jüdischen Kabbala. Das jüdisch-mystische Element des Ordens ist also sehr viel größer als in der Freimaurerei. Ein etwas änigmatischer Manuskriptfund von 1887 und Kontakte mit einem deutschen „Fräulein Anna Sprengel" geben den Anlass zu der Gründung.

Sie ist die eigentliche Gewährsmännin für die Ordensgeheimnisse und -rituale, aber ihr tatsächlicher Name wurde nie bekannt, wenn sie überhaupt eine reale Person ist. In gewisser Hinsicht gehört sie zu den „Unbekannten Oberen" älterer Okkultorden. Greifbar sind nur die drei britischen Gründer. Doch ist es nicht unwichtig zu wissen, dass sich der Hermetic Order of the Golden Dawn als Fortsetzung eines deutschen Ordens namens „Goldene Dämmerung" verstand, dessen Existenz bis heute nicht bewiesen ist. Werbung geschah anfangs durch die theosophische Zeitschrift „Lucifer", und binnen einen Jahres hatte der Orden 61 Mitglieder und drei Tempel. Bis 1892 wuchs die Zahl der Mitglieder auf 150. Erst jetzt wurde das praktisch-magische Element wirklich zentral. Treibende Kraft war Mathers, der sich jetzt S. L. MacGregor Mathers nannte. Ein zweiter, innerer Orden entstand, der Ordo Rosae Rubeae et Aureae Crucis, der sich als rosenkreuzerische Vereinigung verstand. Theoretisch war seine Existenz ein strenges Geheimnis, aber faktisch wusste jeder von ihm. Ähnlich wie in der Theosophischen Gesellschaft genügte es den Mitgliedern nicht mehr, esoterischen Unterweisungen zu lauschen. Sie wollten in die Praxis der Magie eindringen.

Aus dem gleichen Grund hatte Madame Blavatsky in der Theosophischen Gesellschaft kurz zuvor (Okt. 1888) in London die „Esoteric Section" begründet, deren Unterweisung unter der Verpflichtung gegeben wurde, dass nie etwas davon ohne Autorisierung weitergegeben werden dürfte. Natürlich geschah genau dies dann doch; die vertraulichen Memoranda sind heute in Bd. XII. der Collected Writings of Helena P. Blavatsky (Wheaton, Ill. 1980) enthalten. Aber Madame Blavatsky starb 1891, und die Theosophie zerfiel für ein Jahrzehnt in Partei- und Richtungskämpfe. Außerdem hatte der Golden Dawn nichts mit indischen und tibetischen Überlieferungen im Sinn. Er war ganz Teil der westlichen esoterischen Tradition. Ab 1891 spielen magische Gruppenrituale eine zentrale Rolle im Golden Dawn. Am 26. Nov. 1898 tritt Aleister Crowley (1875-1947) bei und wählt das Motto Perdurabo. Als er in den inneren Orden aufgenommen werden wollte, wird ihm dies verwehrt; man sah Ärger voraus, wie es dann auch gekommen ist. Crowley war zu dieser Zeit noch ein genialischer, immens von sich selbst eingenommener Knabe, der sich für den größte Dichter seiner Zeit hielt. Im Januar 1900 wird er in Paris dann doch durch Mathers initiiert, worüber es zum Bruch zwischen Westcott und diesem kommt. Es ist nicht möglich, die Geschichte hier im Detail zu erzählen. Der Orden zerfällt in den folgenden Jahren in die Stella Matutina (geleitet von Robert Wiliams Felkin, einem Professor für Tropenmedizin in Edinburgh), die Independent and Rectified Rite des Arthur Edward Waite (1857-19421), und in den Orden Alpha und Omega, der Mathers die Treue hielt. Crowley zog andere Wege.

Wirklich interessant wird der „Golden Dawn" dadurch, dass es ihm gelang, Teile der Dichter- und Schriftstellerelite Großbritanniens in seinen Bann zu ziehen, Männer wie Machen, Blackwood, Yeats. Eine reflektierte Symbolsprache, Bild- und Farbmeditationen und immens komplexe Rituale haben dazu beigetragen, ihn für kreative Persönlichkeiten interessant zu machen. Auch zahlreiche Frauen wurden initiiert, z.B. Henry Bergsons Schwester Mina (später Moina, 1865-1928), die Mathers 1890 geheiratet hatte, oder Oscar Wildes Ehefrau Constance Mary Wilde, auch die weltberühmte Schauspielerin Florence Farr. Dass man Okkultisten wie den Astrologen Alfred John Pearce („Zadkiel") in dem Orden fand, verwundert nicht, aber die hohe Zahl an Schriftstellern und Schauspielern überrascht.

Literatur:
Robert A. Gilbert, The Golden Dawn Companion. A Guide to the History, Structure, and Workings of the Hermetic Order of the Golden Dawn. Wellingborough, Northamptonshire 1986 (grundlegendes Handbuch mit praktisch vollständiger Bibliographie) * Ellic Howe, The Magicians of the Golden Dawn. A Documentary History of a Magical Order 1887-1923. London 1972 (grundlegend) * Israel Regardie, The Complete Golden Dawn System of Magic. Tempe, Arizona 2. Aufl. 2003 (überholt alle früheren Textausgaben) * Robert A. Gilbert, Hermetic Order of the Golden Dawn. In: Dictionary of Gnosis and Western Esotericism (s.o.) 1, 544-550 * George Mills Harper (Hrg.), Yeats and the Occult. London 1976.

Der Lehrplan des Hermetic Order of the Golden Dawn.

Exemplarisch für die geistige Welt des Golden Dawn zitieren wir den Lehrplan der unteren Einweihungsstufen. Im Rahmen der Initiationsrituale mussten die Mitglieder jeweils Kenntnisse zahlreicher alchemistischer, astrologischer, kabbalistischer, rosenkreuzerischer u.a. Überlieferungen nachweisen, und zwar im Einzelnen:

„0=0, der Grad des Neophyten: 1. Die Namen und alchemistischen Symbole der vier Elemente. 2. Die Namen, astrologischen Symbole und elementaren Attribute der zwölf Zodiakalzeichen. 3. Die Namen und astrologischen Symbole der sieben Planeten, ebenso ihre Domizile in den Häusern, die Triplizitäten und Exaltationen im Zodiak. 4. Die Namen, Zeichen und Zahlenwerte der 22 Buchstaben des hebräischen Alphabets. 5. Die Namen und englischen Bedeutungen der zehn kabbalistischen Sephiroth.

1=10, der Grade des Zelator: 1. Die Namen und alchemistischen Symbole der drei Prinzipien der Natur. 2. Die Metallattribute der sieben Planeten in der Alchemie. 3. Die Namen der alchemistischen Prinzipien im Besonderen, der philosophischen Sonne und des philosophischen Mondes, des Grünen Löwen, des Königs und der Königin. 4. Die Namen und astrologischen Wertigkeiten der zwölf Himmelshäuser. 5. Die Namen, astrologischen Symbole und Wertigkeiten der Planetenaspekte. 6. Die Bedeutung von „Querent" und „Quesited". 7. Die vier großen Klassen der Astrologie. 8. Das Arrangement der zehn Sephiroth, auf Englisch und Hebräisch. Dies ist von spezieller Wichtigkeit. 9. Die drei Säulen der Sephiroth. 10. Die Namen der vier Klassen von Elementarwesen. 11. Die Namen und Beschreibungen der Cherubim. 12. Die Bedeutung des Beckens und des großen Altars für die Brandopfer, sowie der Opfer, und der Qlipoth oder Hüllen. 13. Die Namen der zehn Himmel von Assiyah, auf Hebräisch und Englisch. 14. Die Namen der vier kabbalistischen Welten, in Hebräisch und Englisch. 15. Die Namen der 22 Trumpfkarten des Tarot und der vier Farben.

2=9, der Grad des Theoricus: 1. Die alchemistischen Sephiroth. 2. Die Bedeutung der Begriffe Cucurbita, Alembic, Athanor, Balneum Mariae, Sandbad und philosophisches Ei. 3. Die Klassifikation der Planeten in wohltätige und üble. 4. Die Natur und die Qualitäten der sieben Planeten. 5. Die Einflusskreise der Planeten und die Häuserspitzen. 6. Die Art und Weise, wie die zwölf Himmelshäuser gebildet werden. 7. Die Einteilungen und das Arrangement des hebräischen Alphabets nach dem Sepher Yezira. 8. Die Namen Gottes, wie sie den Sephiroth zugeordnet sind. 9. Die Namen der Erzengel nach der Ordnung der Sephiroth. 10. Die Bedeutung des Schaubrottisches, des siebenarmigen Leuchters und des Räucheraltars. 11. Die Bedeutungen der Begriff Intelligentia und Spiritus in ihrem Gegensatz. 12. Die Bedeutung der astralen Geister, der Elementargeister und der Planetengeister, sowie von Engel und Teufel. 13. Die magischen Symbolzeichen der Planeten. 14. Die Relation jeder der zehn Karten jeder Tarotfarbe zu den zehn Sephiroth, sowie der vier Farben zu den vier Buchstaben des Gottesnamens, und zu den vier Welten der Kabbala. 15. Die Bedeutung der vier Hofkarten in jeder Farbe. 16. Die Bezüge der 17 Vierecke, aus denen das Fylfot-Kreuz besteht. 17. Der Bezug des Caduceus zu den drei Mutterbuchstaben. 18. Die Bedeutung des Caduceus am Lebensbaum. 19. Die Bedeutung des Mondes in Gedulah (v.l.: Chesed) und Geburah am Lebensbaum. 20. Die Ableitung der Wochentage von den Planeten, nach dem Heptagramm. 21. Die Bildung des Flammenschwertes am Lebensbaum. 22. Die Namen und Gestalten der 16 Figuren der Geomantik.

3=8, Grad des Practicus: 1. Die Ableitung und Bildung der Planetensymbole mit ihren alchemistischen Bedeutungen. 2. Allgemeine Theorie der alchemistischen Symbolik. 3. Die verschiedenen Aspekte der alchemistischen Symbolik. 4. Ursprung der meisten alchemistischen Symbole. 5. Art und Weise, eine Darstellung des Himmels herzustellen. 6. Allgemeine Art und Weise, diese Darstellung zu deuten. 7. Bedeutung der Akzidenzien im Unterschied zur Würde des Essentiellen. 8. Bedeutung von Hylegh und Anareta. 9. Die 22 Pfade, welche die Sephiroth im Baum des Lebens verbinden, und ihre Bezüge zu den 22 Buchstaben. 10. Die 32 Pfade von Jezirah, und worauf sie sich beziehen. 11. Die kabbalistischen Namen der Seelenteile. 12. Die Namen der Ordnungen der Engel in ihrem Bezug auf die Sephiroth. 13. Zahlen und Namen, wie sie von den magischen Quadraten der Planeten abgeleitet werden. 14. Namen der olympischen Planetengeister. 15. Die wahre Zuordnung der 22 Tarottrümpfe zum hebräischen Alphabet und ihre Analogie zu den 32 Pfaden von Yezirah und die yeziratische Einteilung des Alphabets. 16. Die Bedeutung des Merkur am Lebensbaum. 17. Die Bedeutung des alchemistischen Symbols des Merkur im Kontext der alchemistischen Sephiroth. 18. Symbole der Planeten im Merkursymbol. 19. Bedeutung des Kelches des Stolistes im Kontext des Lebensbaumes. 20. Seine Bedeutung als Zusammensetzung aus den Elementen. 21. Bedeutung des Kubuskreuzes aus 22 Quadraten. 22. Bedeutung der triangularen Pyramide. 23. Bedeutung des griechischen Kreuzes aus 13 Quadraten. 24. Talismanische Symbole, wie sie aus den geomantischen Zeichen abgeleitet werden. 25. Die Namen der Genien der geomantischen Figuren. 26. Die Namen der geomantischen Genien der Planeten." (Die Angaben zu den höheren Einweihungsgraden werden hier nicht abgedruckt.)

Die Erklärung dieses Textes würde eine ganze Monographie erfordern. Man sieht jedoch sofort, wie sich der Adept von eher schlichten Lerninhalten (die bis heute die elementare Basis aller westlich-okkulten Systeme bilden) hinaufarbeiten muss. Die Begrifflichkeiten der Alchemie und Astrologie gehören zum Basiswissen. Auffällig ist die große Bedeutung der hebräischen Kabbala. Hier ist allenthalben der Einfluss von Eliphas Levi zu spüren. Asiatisches spielt – anders als in der Theosophie – keine Rolle: Der „Golden Dawn" ist ein dezidiert westliches esoterisches System. Auch die neopaganen Elemente der späteren Esoterik (Keltisches, Germanisches etc.) bleiben im Golden Dawn noch außen vor. Interessant ist die Deutung der Tarot-Karten als Symbole eines Initiationsweges (eine reine Verwendung zu Divinationszwecken lehnte der Golden Dawn ab), wobei den 22

„großen Arkana" (den 21 Trumpfkarten nebst dem „Narren")
besondere Bedeutung zukommt. Diese esoterische Interpretation
des Tarot-Spiels ist durch Eliphas Lévi bekannt geworden; ob sie
über das 18. Jhdt. zurückgeführt werden kann, ist umstritten. Die
frühen Tarotkartensätze (15.-18. Jhdt.) haben noch keinen okkulten oder esoterischen Kontext, sondern sind einfach Spielkarten.
Die (sachlich abwegige) These eine ägyptischen Ursprungs der
22 „großen Arkana" stammt, was hier beiläufig erwähnt werden
mag, von Antoine Court de Gébelin (1725-1784), der in einem
monumentalen Werk von 9 Bänden („Le monde primitif analysé
et comparé avec le monde moderne", 1773-1782) die mystische
„Ursprache" der Menschheit rekonstruieren wollte, und dazu
vor allem neuplatonische und kabbalistische Spekulationen
heranzog. In der Welle großer Ägyptenbegeisterung im Frankreich des späten 18. Jhdts. war er ein viel gelesener Autor. Seine
Kenntnis angeblicher ägyptischer Mysterien schöpfte er aus den
Kirchenvätern (v.a. Clemens von Alexandrien), den Schriften des
Herodot, Plutarch und Apuleius und dem Hieroglyphenbuch
des Horapollon; mit der realen Entzifferung der Hieroglyphen
wenige Jahre später waren seine Ideen als haltlos widerlegt. Nur
die Identifikation der Tarot-Karten mit dem „Buch Thoth" konnte
sich über Eliphas Lévi und den Golden Dawn in der Esoterik
halten, obwohl die tatsächlichen Wurzeln der Tarot-Symbolik mit
einiger Sicherheit in der Renaissance-Emblematik liegen. Auch
Crowley übernahm die These vom ägyptischen Ursprung des
Tarot. 1910 veröffentlichen die Golden Dawn-Mitglieder Arthur
Edward Waite und Pamela Colman Smith ein Tarot-Deck (auch
Rider-Waite-Tarot, nach dem Londoner Verlag Rider & Son, bei
dem es erschien), das fast allen neueren Sätzen zugrunde liegt.
Wir erwähnen diese Sachverhalte hier, weil sie für die geistige
Welt des Golden Dawn von einiger Bedeutung sind.

Der Golden Dawn betrachtete die verschiedenen Symbol-
traditionen (Kabbala, Rosenkreuzer, Tarot, Alchemie, Hermetik
etc.) vor allem unter initiatorischem Aspekt, wobei nicht nur
Rituale, sondern auch elaborierte Meditationstechniken die
verschiedenen Symbole als Zugänge zur Transzendenz und zum

Unbewussten erschließen sollten. Mit späteren tiefenpsychologischen Deutungen etwa im Stile C. G. Jungs hat sich die Magie des Golden Dawn immer gut vereinbaren lassen, wie sich in der Tat auch viele Tiefenpsychologen mit ihrem Symbolkosmos beschäftigt haben. Dennoch ist das System durchaus religiös, und transzendiert zumindest seinem Anspruch nach den seelischen Innenraum. Ein Text des Golden Dawn definiert einmal: „Initiation is the preparation for immortality" (Regardie 1,5). Die Magie des Golden Dawn will einer Transformation dienen, die den Menschen auf die Unsterblichkeit vorbereitet. Damit ist natürlich jeder christliche Referenzrahmen verlassen.

Literatur:
Übersetzt nach R. A. Gilbert, The Golden Dawn Companion (s.o.), 90-94 * Zur Tarot-Geschichte: http://trionfi.com/tarot-history/index.php * Stuart R. Kaplan, The Encyclopedia of Tarot. 4 Bände. New York 1978-1990. Neuausgabe 2006 * Ronald Decker, Thierry Depaulis u. Michael Dummett, A Wicked Pack of Cards. The Origins of the Occult Tarot. London 1996 * Erik Hornung, Das esoterische Ägypten. Das geheime Wissen der Ägypter und sein Einfluss auf das Abendland. München 1999 (über die Ägyptenbegeisterung in der westlichen Esoterik).

Die Gründung des Ordo Templi Orientis

Mit dem „Orientalischen Templerorden" (doch wird sein Name immer lateinisch zitiert und OTO oder O.T.O. abgekürzt) betreten wir das 20. Jhdt. Magische Orden gewinnen damit – eine vielleicht auf den ersten Blick überraschende Behauptung – eine größere Bedeutung, als sie jemals hatten. Die Fiktion verborgener „Oberer" tritt an Wichtigkeit zurück (obwohl sie nie ganz verschwindet). Dafür tritt das sexualmagische Element stärker in den Vordergrund, d.h. die Einbeziehung sexueller Praktiken und Energien (oft auch nur „Substanzen") in magische Rituale. Am weitaus berühmtesten wird dabei der Ordo Templi Orientis. Er hat immer nur eine sehr begrenzte Mitgliederzahl, definiert aber das Verhältnis von Magie, Moderne und Sexualität wegweisend neu, worin ihm auch andere Gründungen neomagischer Geheimbünde bzw. Orden gefolgt sind. Die gesamte neomagische

„Szene" aber ist auch quantitativ ein nicht unbedeutender Teil der sich diversifizierenden religiösen Landschaft der multireligiösen Gesellschaft, wenn auch erst in den letzten Jahren. Die Anfänge der neomagischen Orden aber reichen weiter zurück. Ins Leben gerufen wird der OTO 1903 u.a. von dem Wiener Chemiker und Papierfabrikanten Carl Kellner (1851-1905; Ordensname „Renatus") und dem Theosophen Dr. Franz Hartmann (1838-1912), den Kellner schon 1885 kennen gelernt hatte. Ab 1906 wird Theodor Reuß (Ordensname „Merlin" oder „Peregrinus", 1855-1923) die prägende Persönlichkeit. Man versuchte anfangs, eine Anerkennung als reguläre Freimaurerloge zu gewinnen, was nie gelang. Der Orden hat 10 Einweihungsrade, mit fantasievollen Namen wie „Souveräner Prinz Rose-Croix und Ritter vom Pelikan und Adler, Ritter vom Roten Adler, und Mitglied des Senats der Ritter der hermetischen Philosophie". 1910-1912 wird Crowley im Orden immer einflussreicher. Reuß ermächtigt ihn, in England einen Ableger der OTO zu gründen, welcher den Namen „Mysteria Mystica Maxima" oder MMM erhalten sollte. Was Crowley und Reuß verband, war nicht zuletzt das Interesse an den Möglichkeiten der Einbindung sexueller Energien in magische Rituale. Crowleys Selbstbewusstsein war seit seinen Golden Dawn-Tagen mächtig gewachsen. 1904 hatte er in Kairo in einem Trancezustand jenen Text „empfangen", der die Grundschrift des gesamten neueren magischen Okkultismus werden sollte, das „Book of the Law". In evokativen Sätzen wird das innere Wesen der „Magick" beschrieben, die Crowley als Botschaft eines neuen Äons versteht. „I give unimaginable joys on earth: certainty, not faith, while in life, upon death: peace unutterable, rest, ecstasy; nor do I demand aught in sacrifice" (The Book of the Law I, 58). „Remember all ye that existence is pure joy; that all the sorrows are but as shadows; they pass & are done; but there is that which remains" (l. c. II, 9). Im Jahre 1922 wurde Crowley für die weltweite Führung des Ordens als O.H.O. (Outer Head of the Order) gewählt. Im Laufe der Jahre hat er die Rituale des OTO vollständig im Sinne des „Book of the Law" überarbeitet. Der übliche Name für Crowleys System und

Ansatz wird „Thelema" (giech. Wille), da es um die Erweckung des „wahren Willens" geht.

Crowley stirbt 1947. Die Nachfolgefrage wird zu einem lang anhaltenden Streit. Crowleys Testament wurde nach seinem Ableben notariell eröffnet, und formal wird Karl Germer sein Erbe, eine eher stiller, zurückgezogener Mann (so Peter-R. König), der hauptsächlich bemüht war, Crowleys Schriften zu veröffentlichen, der sich aber nur wenig um den Orden kümmerte. Er starb 1962, ohne einen Nachfolger zu benennen. Heute versteht sich eine Reihe von Gesellschaften als in der Nachfolge des „wahren" OTO stehend. In den USA wurde der so genannten „Caliphats-OTO" gerichtlich als legitimer Nachfolger von Crowleys OTO anerkannt. 2004 hatte er weltweit etwa 2900 initiierte Mitglieder. „Caliph" ist seit 1985 William Breeze unter dem Ordensnamen Frater Hymenäus Beta. In Deutschland hat er Anfang 2007 nach eigenen Angaben etwa 100 Mitglieder. Daneben existieren andere OTO-Gruppen, so u.a. der „Typhonian" OTO des Engländers Kenneth Grant, der ein umfängliches eigenes Lehrsystem verfasst hat, das auch Elemente aus H. P. Lovecraft aufgenommen hat. Im Gegensatz zur älteren zeremoniellen Magie ist heute die Zahl der Frauen in diesen Orden fast so groß wie die der Männer. Alle Rituale sind von einem Befreiungspathos getragen, dass sie z.B. von freimaurerischen Ritualen unterscheidet. Tieropfer werden nicht praktiziert, und der Begriff „Satanismus" trifft die Bewegung auch nicht, obwohl Crowley sich gerne als Bürgerschreck gebärdete. Man versteht sich nicht als Religion, während Thelema nach Crowley sehr dezidiert eine Religion ist – nämlich diejenige des „neuen Äons", in welcher der Mensch seine Freiheit wiederentdeckt. Eine beliebte symbolische Abbreviatur für Thelema ist 93 (auch als Gruß- und Abschiedsformel gebraucht). Die beiden griechischen Worte „Thelema" (Willen) und „Agape" (Liebe) haben beide je denselben Zahlenwert 93 (alle griech. Buchstaben haben, wie auch alle hebräischen, auch Zahlenwerte). Es ist übrigens nicht zutreffend, dass Rudolf Steiner OTO-Mitglied war. Es gab intensive Kontakte, aber Steiner war nie förmlich Mitglied des Ordens.

Wir zitieren, wie der deutsche OTO die Aufnahme von neuen Mitgliedern regelt: „Der O.T.O. hat gegenwärtig (im Jahr 2004 e.v.) über dreitausend Mitglieder und ist in 39 Ländern unterschiedlich stark vertreten und aktiv. Die Mitgliedschaft im O.T.O. ist in dem Sinne vertraulich, als die Namen und Anschriften an niemanden weitergegeben werden, ohne dass das entsprechende Mitglied zuvor sein Einverständnis explizit oder implizit gegeben hat. Dies schließt auch all jene O.T.O. Offiziere ein, die nicht über derartige Informationen verfügen müssen. Die initiierte Mitgliedschaft kann nur durch eine Zeremonie erlangt werden, die von einem (durch eine ordentliche Charter) dazu berechtigten Initiator durchgeführt wird und die physische Anwesenheit des Kandidaten erfordert. Die initiierte Mitgliedschaft unterteilt sich in Grade wie folgt: Der Minerval-Grad (0°) ist ein einführender Initiations-Grad, der dem Strebenden zu einer Entscheidung verhelfen soll, ob er oder sie ein ordentliches Mitglied werden will oder nicht. Der Erste Grad (I°) verleiht dem Initiierten die ordentliche Mitgliedschaft. Ein Erster Grad kann seine aktive Mitgliedschaft im O.T.O. niederlegen, doch das spirituelle Bindeglied, das während der Zeremonie des Ersten Grades zwischen dem Initiierten und dem Orden geschmiedet wird, wird das ganze Leben des Initiierten lang bestehen bleiben. Das Fortschreiten des O.T.O. Initiierten hin zum Vierten und P.'.I.'. Grad nimmt gewöhnlich einige Jahre in Anspruch, da sich die Wirkungen der Initiationen des O.T.O. normalerweise erst im Laufe der Zeit zur Gänze entfalten. Der Minerval und der Erste Grad sowie der Vierte und der P.'.I.'. Grad können jedoch zusammen genommen werden, sofern der Kandidat dies wünscht. Jenseits des P.'.I.'. Grades ist das weitere Fortschreiten nur durch Einladung möglich." (http://www.oto. de/membership.html vom 6. 8. 2007; die Abkürzung e.v. = era vulgaris meint den christlichen Kalender).

Literatur:
Peter-R. König, Der O.T.O. Phänomen Remix. München 2001 (Studie und Textsammlung, wie alle Arbeiten von König zum Thema grundlegend) *

Christian Bouchert, Aleister Crowley. Neuhausen, CH 2000 * Red Flame. A Thelemic Research Journal 4. Berkeley, CA 1997 (Crowley-Bibliographie) * Nach dem Vorbild der Wikipedia läuft seit 2005 das Projekt eines freien Internetlexikons zum Thema „Thelema", „O.T.O." etc., die „Free Encyclopedia of Thelema": www.egnu.org/thelema. Herausgeber des Projektes ist die Ecclesia Gnostica Universalis (www.egnu.org). Der Start ist viel versprechend; es wird sich zeigen, ob das Projekt den Erwartungen gerecht werden kann.

Paschal Beverly Randolph und die Wurzeln der Sexualmagie

Als wichtigster Begründer der sexualmagischen Tradition im westlichen Okkultismus gilt gemeinhin der amerikanische Arzt und Okkultist Paschal Beverly Randolph (1825-1875). Wir wenden uns dem Thema kurz zu, weil die sexualmagische Tradition ein wichtiger Baustein gesellschaftlich devianter und „berüchtigter" magischer Gruppen im 20. Jhdt. geworden ist und einerseits meist nur streng gruppenintern praktiziert wird, andererseits jedoch bei Außenstehenden großes Interesse findet – um nicht zu sagen: sensationslüsterne Neugier auslöst. Die Realität sexualmagischer oder sexualmystischer Elemente in religiösen und okkulten Ritualen ist freilich oft sehr viel nüchterner, als es sich solche Fantasien ausmalen. Randolph – angeblich der erste US-Amerikaner, der sich selbst als Rosenkreuzer bezeichnet hat – war gemischter Abstammung und auch in seiner Kindheit kein Sklave mehr gewesen. Doch wurde er immer als „Farbiger" behandelt, was ihn stark geprägt hat, nicht zuletzt in seinem zeitweisen politischen Engagement. Geboren wohl in New York City 1825 (oder in Virginia), unehelicher Abkunft, wuchs er in ärmlichen Verhältnissen auf und musste in seiner Jugend in diversen Berufen arbeiten, als Schuhputzer, Koch, Schiffsjunge und Friseur. Später arbeitete er u.a. als Privatlehrer ehemaliger Sklaven in New Orleans und erwarb sich einen Ruf als Trancemedium und Heiler. Förmlich Medizin studiert hat er nicht, obwohl er in seinen späteren Jahren oft als Arzt wahrgenommen wurde; nicht zuletzt wirkte er als eine Art Sexual- und Paartherapeut. Bei all diesen Tätigkeiten kam ihm seine glänzende Begabung zum öffentlichen Redner zugute, die er auch politisch einsetzte, nicht zuletzt für das Anliegen der Sklavenbefreiung. Seine Klientel stammte dabei aus dem Umfeld der spiritistischen Bewegung, welche ab 1848 die USA explosionsartig erfasste und rasch alle gesellschaftlichen Gruppen in ihren Bann zog. Die meisten amerikanischen okkulten Gemeinschaften dieser Jahre wie wenig später auch die Theosophische Gesellschaft (gegründet 1875) verbreiteten sich anfänglich über die Kommunikationsorgane des Spiritismus, der rasch eine eigene Zeitschriften- und Vortragskultur gebildet hatte. Vor allem die Zeitschrift „Banner of Light" mit dem Untertitel „An Exponent of the Spiritual Philosophy of the Nineteenth Century" (Boston 1857ff.) ist hier zu nennen. Sie hatte eine immense Auflagenhöhe und war jahrelang das meistgelesene spiritistische Organ der Welt. Aufgemacht als eine Art Familienzeitschrift, die auch Artikel von allgemeinem Interesse und gelegentlich Übersetzungen aus dem Deutschen und Französischen brachte, war ihr Hauptinhalt doch spiritistischer Art. Wie viele Magazine des 19. Jhdts. publizierte „Banner of Light" daneben Erzählungen, Novellen und Gedichte. Randolph und andere Medien boten hier ihre Dienste und öffentliche Auftritte über Inserate an. In dieser spiritistischen Subkultur bewegte sich Randolph sehr erfolgreich, verband seine spiritistischen Sitzungen mit einem engagierten Einsatz gegen die Sklaverei und entfaltet nach zeitgenössischen Berichteten dabei einen erheblichen Charme. Ohne Frage fanden speziell Frauen ihn nicht zuletzt dank seiner exotischen Ausstrahlung ungemein faszinierend. Randolph selbst hatte gegenüber seiner Herkunft ein durchaus gespaltenes Verhältnis – zuweilen bezeichnete er sich als Perser oder Madegassen, weil es ihm peinlich war, als „Neger" zu gelten. In seiner Jugend war er weitgereist, hatte 1857/58 mehrere Länder in Europa und 1861/62 auch den Orient (Syrien und Persien) besucht (und sich die Überfahrten als einfacher Seemann finanziert), wobei er einige Zeit bei den Nusairiern lebte (die wir heute Alawiten nennen; nicht zu verwechseln mit den türkischen Aleviten, obwohl beide nach Mohammeds Schwiegersohn Ali ibn Abi Talib benannt sind). Randolph nannte sie „Ansairees". Bei ihnen will er in Kontakt mit diversen orientalischen Geheimbünden gekommen sein. Auch später wohnte Randolph selten lange an einem Ort. Nicht alle Phasen seines Lebens sind dokumentiert; u.a. begegnen wir ihm in New Orleans, New York, San Francisco und Toledo, Ohio. Zum Medium will er durch den Geist seiner Mutter geworden sein, die an einer Seuche starb, als Randolph sieben Jahre alt war. Als Trancemedium hielt er mehr als 3000 öffentliche Reden in Stadthallen und spiritistischen Versammlungsstätten, wobei angeblich v.a. die Geister verstorbener Politiker aus ihm sprachen. Sein Interesse an der europäischen okkulten Tradition – die er ausgiebig kennen gelernt hatte – führte zur Gründung der „Fraternitas Rosae Crucis". Eine Besonderheit Randolphs als eines Mediums war die Benutzung magischer Spiegel, wie sie in Frankreich in diesen Jahren durch Baron Dupotet de Sennevoy und in England durch Frederick Hockley, K. R. H. Mackenzie und Robert H. Fryar zeitweise ausgesprochen in Mode kamen. Randolph empfahl hier allerdings nicht die Verwendung von Medien, sondern entwickelte ein Verfahren, wie jeder Mensch den Umgang mit diesen speziell hergestellten Spiegeln erlernen könne (um die es mit dem Abklingen der Mode dann rasch wieder still wurde). In Europa stand Randolph in Kontakt u.a. mit Bulwer-Lytton und v.a. Hargrave Jennings (1817-1890), dem Londoner Autor fantastischer, zuweilen unfreiwillig komischer Bücher über eine „phallische Urreligion" im spekulativen, autodidaktischen, pompösen, pseudo-gelehrten Stil eines Godfrey Higgins oder Sir William Drummond, die er beide eifrig zitiert, während Randolph selbst eher im moralisch-erbaulichen Stil der Spiritisten schrieb.

In seiner internen Unterweisung, die auch durch nicht frei käufliche Bücher verbreitet wurden, lehrte Randolph nun auch die Verwendung sexueller Akte zu magischen Zwecken. Dabei kann von einer „freien Moral" keine Rede sein: Randolphs Sexualethik ist nach heutigen Maßstäben prüde (Masturbation wurde geradezu dämonisiert) und hatte auch keinerlei Beziehungen zu den sexuellen Experimenten in den entstehenden utopischen Kommunen wie der 1848 von John Humphrey Noyes begründeten Oneida Community. Man kann in gewissem Sinn von einer intentionalen Sexualmystik sprechen, die sich mit dem sexuellen Akt verbindet. Geburtenkontrolle und bewusste Familienplanung wurde dabei von Randolph befürwortet. Die elaborierten sexualmagischen Rituale des 20. Jhdts. kennt Randolph noch nicht. Andererseits erwähnt Randolph mehrfach die magische Verwendung von Drogen wie Haschisch, Datura (Stechapfel) und Opium, sicher aus eigener Erfahrung. Der Zweck sexualmagischer Akte ist eine Kontaktherstellung mit himmlisch-jenseitigen Wesen. Der Referenzrahmen ist also auch hier im Grunde spiritistisch. Ob Randolph dabei auch die Vorstellung eines sexuellen Umganges mit himmlisch-mythischen Wesen kennt, wird aus seinen Büchern nicht recht deutlich. Im 19. Jhdt. finden wir diese Idee in einer Reihe kleiner Okkultgruppen v.a. in Frankreich. Randolph fasste seine sexualmagischen Lehren zusammen in dem umfänglichen Band „Eulis! The History of Love: Its Wondrous Magic, Chemistry, Rules, Laws, Modes, Moods, and Rationale; Being the Third Revelation of Soul and Sex. Also, Reply to ‚Why is man Immortal?' The Solution to the Darwin Problem. An Entirely New Theory" (2. Aufl. Toledo, Ohio 1874; von der 1. Aufl. scheint kein einziges Exemplar erhalten zu sein). Daneben erschienen Titel wie „Seership! The Magnetic Mirror" (Boston 1870) und diverse Romane [„The Wonderful Story of Ravalette: Also, Tom Clark and His Wife. Their Double Dreams and the Curious Things That Befell Them Therein; or, The Rosicrucian's Story" (New York 1863)], in denen Bulwer-Lyttons Einfluss allenthalben zu spüren ist.

In diesen ganzen Kontext gehört nun auch die nach wie vor rätselhafte „Hermetic Brotherhood of Luxor", welche eventuell den ersten im strengen Sinn magischen Orden der Neuzeit darstellt. Randolphs eigene Beziehungen zu dem Orden sind nicht recht klar, doch wurden seine Bücher zur wesentlichen Inspiration dieser Gruppe, die dezidiert als Geheimbund anzusprechen ist und auch Sexualmagie praktizierte. Begründet 1870, wurde sie erst 1884 öffentlich wahrnehmbar, als in einem Buch von Robert H. Fryer und wenig später in der Zeitschrift

„The Occult Magazine" (Glasgow 1885/86) für sie geworben wurde. „Wahrheitssucher", die an den asiatischen Mahatmas der Theosophen keinen Gefallen fanden, sollten hier okkulte Erkenntnisse finden können. Führer des neuen Ordens waren der schottische Geigenbauer Peter Davidson (1837-1915) sowie Thomas Henry Burgoyne (bürgerlich Dalton, etwa 1855-1895). Im Hintergrund stand etwas schattenhaft die Gestalt des polnischen Juden Max Théon (Pseudonym von Louis Maximilian Bimstein, etwa 1848-1927). Théon gründete später um 1900 unter dem weiteren Pseudonym Aia Aziz in Algerien den „Mouvement Cosmique", einen weiteren Geheimbund, der heute allenfalls noch Erwähnung findet, weil Mirra Alfassa in ihm ihre okkulte Sozialisation empfing, die später als die „Mutter" in Sri Aurobindos Aschram in Pondicherry, Südindien, Weltruhm erlang. In der Hermetic Brotherhood of Luxor, um auf diese zurückzukommen, sammelten sich v.a. die Unzufriedenen der Theosophischen Gesellschaft. Doch war das Verhältnis zwischen beiden Gruppen anfänglich nicht unfreundlich, zerbrach aber, als sich die Hermetic Brotherhood of Luxor immer klarer gegen Grundannahmen der Theosophie stellte, u.a. gegen die Reinkarnationslehre. Dabei wirkte der Orden in England, Frankreich und den USA; die Kommunikation geschah durch Lehrbriefe und Zeitschriften. Die Form des okkulten „Lehrbriefes", dessen Weitergabe strikt untersagt war und zum Ausschluss führte, wurde v.a. in den USA zu einem wichtigen Medium der Verbreitung des Gedankenguts esoterischer und okkulter Gemeinschaften.

Randolph hatte sich mehrfach zu Lebzeiten als Ordensgründer versucht. Noch kurz vor seinem Tod entstand in San Francisco der pompös benannte „Triplicate Order of Rosucrucia, Pythianae and Eulis", der mit Randolphs Tod zerfiel. Keine dieser Gemeinschaften hatte mehr als bestenfalls ein paar hundert Mitglieder; wahrscheinlich waren es weniger. Ihre Bedeutung liegt in ihrer innovativen Funktion für die magischen Bünde des 20. Jhdts., vor allem den O.T.O. Randolph unterschied sich von zeitgenössischen Spiritisten v.a. durch eine elaborierte philosophische Kosmologie (darin gleicht er Madame Blavatsky), unendliche Hierarchien jenseitiger Wesen mit allerlei bunten Fantasienamen (zu denen für ihn auch die rosenkreuzerischen Meister gehörten) und ein Pathos des magischen „Willens" („Imperial Will"), das sich auch in seinem Lebensmotto „Try!" („Versuche es!") ausdrückt und mit dem späteren Aleister Crowley verbindet. Verglichen mit den Traditionen der Renaissancemagie war dieses Willenspathos ein durchaus neues Element. Im älteren Okkultismus ging es eher um verborgenes Wissen als um Intentionalität. Die spiritistischen Bilder eines bürgerlichen „Summerland" (spiritistischer Name eines jenseitigen Paradieses) wirken verglichen mit Randolphs komplexen, hierarchischen Schilderungen auf- und absteigender Geister trivial.

Randolph starb am 29. Juli 1875 durch Suizid mithilfe einer Pistole, angeblich wegen Untreue seiner Ehefrau. Depressive Phasen hatte er auch vorher mehrfach durchlebt und war dabei zum Alkoholiker geworden, doch verurteilen seine Bücher Selbstmord massiv. Eine sehr merkwürdige, wohl auf den deutschen Okkultisten Franz Hartmann zurückgehende Tradition beschreibt Randolphs Tod eingehend als Ergebnis eines „magischen Duells" mit Helena Blavatsky, die Randolph wie alle spiritistischen Medien abgrundtief verachtete, nachdem sie sich selbst vom Spiritismus abgewandt hatte. Auch das Gerücht, Randolphs Tod wäre ein Mord gewesen, hielt sich bis heute, doch erkannte der Coroner von Toledo County auf Suizid. Crowley, Theodor Reuß und andere O.T.O.-Magier sind stark durch ihn beeinflusst. Wir haben ihn hier etwas ausführlicher vorgestellt, weil es in Deutschland noch wenig Literatur über diesen Aspekt einer Religionsgeschichte der Moderne gibt. In der (nicht sexualmagisch tätigen) Fraternitas Rosaecrucis wurde Freeman P. Dowd Randolphs Nachfolger als Supreme Grand Master; die Gruppe besteht bis heute. Ob die von Helena Blavatsky vielfach erwähnte „Brotherhood of Luxor" etwas mit der „Hermetic Brotherhood of Luxor" zu tun hat, ist umstritten und wohl eher zu verneinen.

Doch hat es sexualmagische Praktiken neben den Symbolfiguren Randolph und Crowely auch in anderen Kontexten gegeben. In Deutschland wurden sie bereits Anfang des 20. Jhdts. ausgiebig diskutiert: Nicht erst das letzte Drittel des 20. Jhdts. hat das Thema entdeckt. So bietet Hans Freimark in dem Buch „Okkultismus und Sexualität" (Leipzig 1909. Nachdruck Sinzheim 2003) bereits eine kluge und gebildete Diskussion des Themas, die sowohl Sexualmystik als Kehrseite religiöser Askese als auch Sexualmagie im engeren Sinn behandelt. Sexuelle Handlungen in gottesdienstlichen und rituellen Kontexten hat es sogar im Christentum gelegentlich gegeben. Tatsächlich ist die sexualmagische und sexualmystische Subkultur sehr viel breiter, als es die theologische Kirchengeschichtsschreibung meist wahrzunehmen bereit war. In der Alten Kirche sind es v.a. Gruppen im Umfeld der Gnosis, die nicht nur sexuelle Symbolik verwenden, sondern im Ritual tatsächlich sexuelle Handlungen vollziehen oder mit Körpersubstanzen hantieren, fast immer Sperma, gelegentlich Menstrualblut (klassische Schilderung: Epiphanius, Panarion 26). Zu fast allen Zeiten hat es so genannte „adamitische" Gruppen gegeben, welche den Gottesdienst als Wiederherstellung eines paradiesischen Urzustandes oder Antizipation eines sünden- und schamfreien Himmelreiches gesehen haben – und daher nackt zelebrierten („sky-clad", wie es heute die neopagane Wicca-Community nennt). Diese Gruppen waren immer nur sehr klein, und meist von Skandalen umwittert; manchmal hatten sie mit Sexualmystik gar nichts zu tun, sondern haben nur in einer eher naiven Weise „Paradies" gespielt. Sehr oft waren natürlich auch sexualmystische und sexualmagische Ideen Vehikel der sexuellen Ausbeutung von Frauen, seltener Männern, durch eine Führerfigur.

Ein berühmtes jüngeres historisches Beispiel einer sexualmystisch geprägten dezidiert christlichen Splittergruppe ist die „Buttlarsche Rotte", wie sie polemisch genannt wurde, die Anhängerschaft der radikalen und utopischen Pietistin Eva von Buttlar (1670-1721). Jahrelang zieht sie mit ihrer kleinen Gruppe durch Deutschland, um immer wieder nach Aufdeckung der sexualmystischen Aspekte ihrer Lehren vertrieben zu werden (vgl. zum Verständnis B. Hoffmann). Ihre letzte Station ist Altona

bei Hamburg. Ein deutscher magischer Orden des 20. Jhdts., der
sexualmagische Elemente integriert, ist die Fraternitas Saturni,
welche der Antiquar Eugen Grosche (1888-1964, in okkulten
Kreisen als Gregor A. Gregorius bekannt) 1928 in Berlin gründete. Sie besteht noch heute.

Literatur:
John Patrick Deveney u. Franklin Rosemont, Paschal Beverly Randolph.
A Nineteenth-Century Black American Spiritualist, Rosicrucian, and Sex
Magician. Albany, NY 1996 (seriöse und exzellent recherchierte Pionierarbeit)
* Joscelyn Godwin, Christian Chanel u. John Patrick Deveney, The Hermetic
Brotherhood of Luxor. Initiatic and Historical Documents of an Order of
Practical Occultism. New York 1995 * Joscelyn Godwin, The Hidden Hand.
In: Theosophical History 3, 2-5 (1990-91), 35-43. 66-76. 107-117. 137-148 *
Hargrave Jennings, The Rosicrucians. Their Rites and Mysteries. London
1870. 4. Aufl. in zwei Bänden London 1890 * Ders., Phallicism, Celestial and
Terrestrial, Heathen and Christian (...). London 1884 * Christian Chanel,
Art. Théon, Max. In: Dictionary of Gnosis and Western Esotericism, 2 Bän-
de. Edited by Wouter J. Hanegraaff in Collaboration with Antoine Faivre,
Roelof van den Broek, Jean-Pierre Brach. Leiden u. Boston 2005, hier 2,
1112-1114 * John Patrick Deveney, Art. Hermetic Brotherhood of Luxor. In:
ebd. 1, 486f. * Stephen Edred Flowers, Fire and Ice. Magical Teachings of
Germany´s Greatest Occult Order. Minnesota 1990 * Hans-Jürgen Glowka,
Deutsche Okkultgruppen 1875-1937. München 1932 * Adolf Hemberger,
Documenta et Ritualia Fraternitas Saturni, 18 Bde. im Selbstverlag. Gießen
1970 (Quellensammlung, schwer aufzutreiben), insbesondere Bd. 1+2: Der
mystisch-magische Orden Fraternitas Saturni. Teil 1 & 2 (Hemberger, 1929-
1991, hat viele Fraternitas Saturni-Rituale publiziert, wie Israel Regardie
diejenigen des Golden Dawn) * Barbara Hoffmann, Radikalpietismus um
1700. Frankfurt a. M. u. New York 1996.

12. DER KU KLUX KLAN

Der Klan der Kapuzenträger

Der Geheimbundname „Ku Klux Klan" hat im Laufe der
Jahre ganz verschiedenes bezeichnet. Das Wort selbst ist von
„Clan" und dem griechischen Wort kyklos „Kreis" abgeleitet. Der
Bund wurde am 24. Dez. 1865 in Pulaski, Tennessee, gegründet
und sollte die Werte der Südstaaten nach dem verlorenen Bür-

gerkrieg bewahren helfen. Zugleich war er eine Art Verein der Unzufriedenen. Bald entstand eine hierarchische Struktur, mit einem „Grand Wizard" an der Spitze. Aktionen gegen schwarze Amerikaner standen dabei keineswegs im Mittelpunkt, machten den KKK aber bald berüchtigt und mündeten in eine regelrechte Terrorherrschaft. Ihre Aktionen führten die einzelnen Gruppen dabei eigenständig ohne zentrale Planung durch. Auch missliebige Politiker wurden getötet. Präsident Ulysses S. Grant ließ ihn ab 1871 (Civil Rights Act von 1871, auch Ku Klux Klan Act genannt) ausheben. 1882 – als der „First Klan" schon lange nicht mehr existierte – wurde der Klan Act interessanterweise vom Obersten Gerichtshof der USA für nicht verfassungsgemäß erklärt. 1915 wurde der KKK neu begründet; der Schwerpunkt war jetzt eher antisemitisch. Doch versuchte man auch, schwarze Amerikaner am Wählen zu hindern und v.a. daran, Waffen zu tragen. Im Unterschied zum ersten Klan operierte der Bund jetzt nicht nur in den Südstaaten. Inspiriert zu der Neugründung hatte der Film „The Birth of a Nation" (1915), welcher den „Ersten Klan" glorifizierte. Tatsächlich schuf erst dieser Film die „Ikonographie" des KKK mit weißen Kapuzenmänteln und brennenden Kreuzen. Der spätere KKK ahmte einfach diesen Film nach, nicht seine eigene Tradition. Der militanteste Flügel, die „Black Legion", trug Schwarz, nicht Weiß. Berüchtigt ist ein Zitat Woodrow Wilsons aus diesem Film: „The white men were roused by a mere instinct of self-preservation... until at last there had sprung into existence a great Ku Klux Klan, a veritable empire of the South, to protect the Southern Country". In den 1920ern war der politische Einfluss des Bundes immens, wobei sich der Klan als eine Art „moral majority" gefühlt haben muss (man setzte z.B. auch Bordelle in Brand).

Heute verbinden sich mit dem Namen Ku Klux Klan Ideen wie „white supremacy" (weiße Vorherrschaft), Rassismus, Anti-Semitismus, Homophobie und militanter Antikommunismus. Einen solchen extrem schlechten Ruf hatte der Ku Klux Klan jedoch nicht immer. In den 1920er Jahren hatte der KKK 4-5 Millionen Mitglieder. Wegen Nazi-Beziehungen einiger seiner

Anführer ging die Anhängerschaft in den 1930ern und 1940ern massiv zurück, doch besteht der KKK in reduzierter, entradikalisierter Form durchaus auch heute noch und hat in 150 Gruppen etwa 8000 Mitglieder. Nach wie vor ist (2007) ein ehemaliges Klan-Mitglied Senator der USA, Robert Byrd (West Virginia), der sich von diesem aber deutlich losgesagt hat.

Wie viele Geheimbünde, hatte der KKK chiffrierte Sprachformeln, mit deren Hilfe Interna für andere unverständlich mitgeteilt werden konnten. AYAK („Are you an Klansman?") war lange eine Prüffrage, deren vorgeschriebene Antwort lautete AKIA („A Klansman am I"). So konnte man sich identifizieren. Klecktoken war eine Mitgliedsgebühr, Klonvocation ein geheimes Klantreffen, Kloran das verwendete Ritualbuch, ein Kleagle betrieb das Anwerben neuer Mitglieder, und ein Kludd war ein Prediger des Klans.

Literatur:
Philip Dray, At the Hands of Persons Unknown. The Lynching of Black America. New York 2002 * Stanley F. Horn, Invisible Empire. The Story of the Ku Klux Klan, 1866–1871. Montclair, NJ 1939 * Leonard J. Moore, Citizen Klansmen. The Ku Klux Klan in Indiana, 1921–1928. Chapel Hill 1991 * Michael und Judy Ann Newton, The Ku Klux Klan. An Encyclopedia. New York u. London 1991 * Elaine Frantz Parsons, Midnight Rangers. Costume and Performance in the Reconstruction-Era Ku Klux Klan. In: The Journal of American History 92, 3 (2005), 811–836 * Chester L. Quarles, The Ku Klux Klan and Related American Racialist and Antisemitic Organizations. A History and Analysis. Jefferson, NC u. London 1999.

13. Thule, Vril und die rechtsradikalen und sonstigen Geheimgesellschaften im Vorfeld des Nationalsozialismus

Die Thule-Gesellschaft

In der vielschichtigen Ursachenforschung, die nach dem Ende des Dritten Reiches einsetzte, hat auch die Erforschung der deutschen okkulten „Szene" einen Beitrag geleistet. Freilich ist die Rolle von Geheimbünden dabei vielfach übertrieben worden. Wir stellen ganz kurz einen realen, dann etwas ausführlicher einen fiktiven Geheimbund dieser Jahre vor, und schließlich noch einen unpolitischen okkulten Geheimbund, der das geistige Profil der 1920er Jahre in eine andere Richtung beleuchtet.

Die Thule-Gesellschaft war in der Endphase des 1. Weltkrieges in München entstanden. Ihren Namen verdankt sie natürlich der mythischen Nord-Insel Thule der antiken Überlieferung, dem nördlichsten der als erreichbar geltenden Länder. Sie wurde zu einem Hort kurioser rechtsradikaler Ideen in okkulter Färbung. Geistiger Vater und prägende Gestalt der Thule-Gesellschaft war Rudolf von Sebottendorf. Geboren 1875 als Adam Alfred Glauer, arbeitet er schon als junger Mann als Monteur im Orient, und kommt in der Türkei in Kontakt mit Sufi-Lehren. Dort wird er angeblich adoptiert und nennt sich fortan Freiherr Rudolf von Sebottendorff. 1917 taucht er in „völkischen" Kreisen in Deutschland auf, verfügt über eigenes Kapital und ist bald am Widerstand gegen die Münchener Räterepublik beteiligt. Seine Ordensgründung zieht Menschen aller Schichten an, durchaus auch viele Akademiker und wohlhabende Geschäftsleute. Nach außen stellt man sich als „Studiengruppe für germanisches Altertum" dar. Intern aber werden rassistische, antisemitische Gedanken gepflegt, daneben Runenmystik und Ähnliches. Inspirierend wirkt die „Ariosophie" („arische Weisheit") des Guido von List (1848-1919) mit ihren deutschtümelnden Geschichtsspekulationen. Mitglied der neuen Gesellschaft werden u.a. Alfred Rosenberg, Julius Streicher (später Herausgeber der Zeitung „Der Stürmer"), Hans Frank (später Generalgouverneur von Polen) und Rudolf Heß (Hitler dagegen war fast sicher nie Mitglied). Emblem wird eine Swastika im Strahlenkranz hinter einem blanken Schwert. Über die Deutsche Arbeiter Partei (DAP) wirkte die Thule-Gesellschaft auch in die Politik hinein. Sebottendorf hatte sich wegen missglückter Geldgeschäfte zurückgezogen und arbeitete als Astrologe. Mit der straffen Durchorganisation der NSDAP hatte die Thule-Gesellschaft dann ihre Bedeutung verloren. Hitler selbst verachtete die okkulten Hobbys Himmlers und Rosenbergs: Man darf den Einfluss solcher Gesellschaften auf ihn keineswegs überschätzen.

Am 8. 5. 1945, dem Tag der deutschen Kapitulation, begeht von Sebottendorf am Bosporus Selbstmord. Tags darauf wird seine Leiche gefunden.

Literatur:
Detlev Rose, Die Thule-Gesellschaft. Legende – Mythos – Wirklichkeit. Tübingen 2000 * Friedrich Paul Heller, Anton Maegerle, Die Sprache des Hasses – Rechtsextremismus und völkische Esoterik. Stuttgart 2001 * Nicholas Goodrick-Clarke, Die okkulten Wurzeln des Nationalsozialismus. 2. Aufl. Graz 2000 * Hans-Jürgen Glowka, Die deutschen Okkultgruppen 1875-1937. München 1981 * Hermann Gilbhard, Die Thule-Gesellschaft. Vom okkulten Mummenschanz zum Hakenkreuz. München 1994 * Franz Wegener, Heinrich Himmler. Deutscher Spiritismus, französischer Okkultismus und der Reichsführer SS. Gladbeck 2004 * Rudolf von Sebottendorf, Bevor Hitler kam. Urkundliches aus der Frühzeit der nationalsozialistischen Bewegung. München 1933.

Die Vril-Gesellschaft

Mit der Vril-Gesellschaft betreten wir sehr viel unsichereren Boden. Zahlreiche pseudohistorische und verschwörungstheoretische Bücher haben die Vril-Gesellschaft zu einem geheimen Wegbereiter des Nationalsozialismus stilisiert, aber es ist nicht einmal erwiesen, dass eine Gesellschaft dieses Namens vor 1933 tatsächlich existiert hat. Der Begriff „Vril" stammt aus dem Roman „The Coming Race" von Edward Bulwer-Lytton (1803-1873), zuerst anonym erschienen Edinburgh 1871. Der Leipziger Tauchnitz-Verlag ließ 1873 eine (englischsprachige) Ausgabe in Deutschland folgen, welche die Autorschaft enthüllte (1874 erschien die erste deutsche Übersetzung). „The Coming Race" ist Bulwer-Lyttons letztes und prophetisch gemeintes Buch, das jedoch auch ein (in okkulten Kreisen oft übersehenes) starkes satirisches Element enthält. Der Erzähler stößt bei Forschungen weit unter der Oberfläche der Erde auf eine Rasse von „Übermenschen", die Vril-Ya, welche über eine geheimnisvolle Naturkraft namens Vril (wohl angelehnt an lateinisch virilis „mannhaft, kraftvoll") verfügt, mit deren Hilfe sie alle Formen von Materie einschließlich organischen Lebens beherrschen kann. Durch Naturkatastrophen vor Urzeiten in das Innere der Erde getrieben, entwickelten die Vril-Ya eine egalitäre, Eugenik praktizierende Gesellschaft, die derjenigen der Menschen technisch weit überlegen ist. Erst durch den Erzähler des Romans erfahren sie von der Existenz der Bewohner auf der Erdoberfläche. Der Roman mündet in die Warnung, diese „Übermenschen" könnten jederzeit beschließen, sich die Herrschaft über die schwache, durch Kriege zerrüttete Menschheit anzueignen. Das Thema des „Übermenschen", des über den Menschen hinausführenden evolutionären „nächsten Schritts" war mit dem Siegeszug des Darwinismus virulent geworden, und wurde auch sofort vielfach zum Gegenstand utopischer u.ä. Literatur (vgl. etwa die Erzählung „Le Horla" von Guy des Maupassant, 1887). Bulwer-Lytton verbindet es mit einer Warnung vor den Folgen von Sozialdarwinismus, Sozialutopien und Frauenbewegung.

Wie so oft im Okkultismus wanderte das rein fiktionale Konzept der Vril-Kraft und Vril-Ya in der Rezeptionsgeschichte dieses Romans in die Spekulationswelt der theosophisch u.ä. interessierten Zirkel. Die Kraft „Vril" der literarischen Spekulation verband sich mit philosophischen Ideen über eine „Lebenskraft", einen „élan vital", eine „life force" (H. Bergson, J. B. Shaw u.a.), die einen eigenen evolutionären Impuls besitzen solle. Dieses

Ideengemisch konnte sich leicht mit den okkulten Spekulationen über geheimnisvolle „Kräfte" verbinden, die letztlich Erbe der antiken, besonders neuplatonischen Kraftlehre sind (auch im Neuplatonismus ist der Kosmos erfüllt von „Kräften", die alles mit allem verbinden).

In Großbritannien wurde „Vril" zum geflügelten Begriff für geheime Kräfte (kurios: Rindfleischextrakt „Bovril", ab 1886 auf dem Markt), wobei man nicht ganz so rasch vergaß, dass Bulwer-Lytton ein Romanautor war. Bulwer-Lytton hatte sich, wie aus seinen Briefen zu belegen ist, in seinen letzten Jahren tatsächlich zunehmend einen naturwissenschaftlich geprägten Positivismus zugewandt, der das Leben als physikalisch-chemischen Prozess sah und das Konzept der Lebenskraft nur zu literarischen Zwecken benutzte. Helena Blavatsky und andere okkultische Autorinnen und Autoren freilich benutzen den Begriff Vril sofort als eines der Synonyme für jene geheimen Naturkräfte, die nur durch Magie nutzbar gemacht werden könnten. 1904 existierte in London ein Club, der diese Fragen erkundete, und vage Nachrichten sprechen von einem ähnlichen Zirkel im Berlin der 1920er Jahre. Von einer deutschen Vrilgesellschaft (noch nicht unter diesem Namen) im engeren Sinn spricht dann m.W. zuerst der nach Amerika emigrierte deutsche Raketenpionier Willy Ley (1906-1969) in seinem Artikel „Pseudoscience in Naziland" (In: Astounding Science Fiction 39/3, Mai 1947, 90-98). Der Erfolg des Nationalsozialismus in Deutschland wird hier mit der großen Verbreitung obskurantistischer Ideen im Deutschland der Jahre nach dem 1. Weltkrieg erklärt. Eine der okkultistischen Gruppen hätte behauptet, Bulwer-Lytton hätte sein okkultes Wissen nur chiffriert in Romanform publizieren wollen, und Vril sei eine reale Kraft. Der Zweck der Geheimgesellschaft sei nun die Erforschung dieser Kraft gewesen, welche auch die Briten zum Aufbau ihres kolonialen Empires als Staatsgeheimnis gehütet hätten. Ley verbindet seine Nachrichten mit allerlei kuriosen Details, z.B. dass sich das Geheimnis des Vril durch die Meditation eines entzweigeschnittenen Apfels entschlüsseln lasse. Was hinter diesen Behauptungen steht, ist schwer zu eruieren. 1930 erschienen drei kleine Schriften mit vage nationalpatriotischem Hintergrund, die eine Realität des Vril behaupteten (Reichsarbeitsgemeinschaft „Das kommende Deutschland" (Hrg.), Weltdynamismus. Streifzüge durch technisches Neuland anhand biologischer Symbole. Otto Wilhelm Barth Verlag, Berlin1930; Johannes Täufer, „Vril". Die kosmische Urkraft. Wiedergeburt von Atlantis. Hrg. im Auftrag der Reicharbeitsgemeinschaft „Das kommende Deutschland". Astrologischer Verlag Wilhelm Becker, Berlin-Steglitz 1930, und schließlich: Otto Wilhelm Barth (Hrg.), Zeitschrift für Weltdynamismus. In: Archiv für Alchemistische Forschung (Alchemistische Blätter, Band 2). Band 2, Heft 2, Otto Wilhelm Barth Verlag, Berlin, 1930). Der Autorname „Johannes Täufer" ist dabei wohl ein Pseudonym von O. W. Barth selbst, der ein bekannter Verleger okkulter Literatur war. Auf die Zirkel hinter solchen (gedanklich eher kümmerlichen) Schriften mögen die Nachrichten bei Ley zurückgehen. Nach Ley und sehr viel ausführlicher hat dann vor allem das ungemein erfolgreiche Buch von Louis Pauwels und Jacques Bergier (den beiden bekanntesten okkultistischen Autoren im Frankreich der 1960er Jahre), „Le matin des magiciens. Introduction au realisme fantastique" (Paris 1960, dt.: Aufbruch ins dritte Jahrtausend. Von der Zukunft der fantastischen Vernunft. München 1962) die Legende um die Vril-Gesellschaft ausgebaut. Hier wird sie in eine anwachsende Mythologie der „okkulten Wurzeln des Nationalsozialismus" eingebaut. Nicht nur Heinrich Himmler (von dem das immer bekannt war), sondern auch viele andere Mitglieder der NS-Führungsriege hätten sich bemüht, Kontakte zu Geheimgesellschaften herzustellen und Allianzen mit übernatürlichen Wesen einzugehen, und im Zentrum all dieser Bemühungen hätte die erfolgreich geheim gehaltene Vril-Gesellschaft gestanden.

In den 1950er bis 1990er Jahren wurden diese Legenden dann noch ergänzt durch die Behauptung, die Vril-Gesellschaft sei für die Erfindung von UFOs („Reichsflugscheiben") und die Entdeckung „freier Energie" verantwortlich. Angeblich trugen manche der UFOs in der Sichtungswelle von 1947 nationalsozialistische Embleme. Da nichts existiert, was auch nur entfernt die Dignität eines Beweises für diese Behauptung hat, muss sie wohl als Versuch gesehen werden, eine imaginierte Umkehrung des realen Ausgangs des Zweiten Weltkrieges zu konstruieren: In dieser Imagination dient die Vril-Gesellschaft dazu, wenigstens einer deutschen Geheimgesellschaft jene Macht zuzuschreiben, die Deutschland gerne besessen hätte und nie besessen hat. Das Thema ist heute in seriösen, gut dokumentierten Arbeiten erforscht (grundlegend Nicholas Goodrick-Clarke, aber mittlerweile durch viele weitere Studien zu ergänzen), mit denen sich die meisten Spekulationen über Geheimbünde hinter den Nationalsozialisten erledigt haben. Eine weitere Vertiefung der Sache dürfte hier nicht erforderlich sein.

Literatur:
Alan Baker, Invisible Eagle: The History of Nazi Occultism. London 2000 *
Nicolas Goodrick-Clark, Black Sun. Aryan Cults, Esoteric Nazism and the
Politics of Identity. New York 2002 * Spekulatives zum Thema stammt von
Autoren wie „Jan van Helsing" (Jan Udo Holey), Norbert Jürgen Ratthofer,
Ralf Ettl, Heiner Gehring u.a.

Die Adonistische Gesellschaft.

Anhangsweise nennen wir noch eine ebenfalls im deutschen Sprachraum entstandene „geheime Religion", die zwar keinen nationalistischen oder rechtsradikalen Hintergrund hat, aber sehr deutlich andere Aspekte der Jahre zwischen den Kriegen beleuchtet, und darum in manchen Kreisen Interesse gefunden hat, nämlich den „Adonismus". Ihr Erfinder (sit venia verbo) Franz Sättler (1882-etwa 1942), aus kleinbürgerlichen k. u. k.-Verhältnissen stammend, hatte in jungen Jahren angefangen, klassische Philologie zu studieren, sich aber rasch der Orientalistik zugewandt. Nach eigenen Angaben hat er mit einer Arbeit über den arabischen Dialekt von Hadramaut promoviert, doch sind die Angaben widersprüchlich, an welcher Universität das gewesen sein soll. Ein Exemplar der Arbeit ist jedenfalls in keiner Bibliothek vorhanden. Dass er Kenntnisse der orientalischen Sprachen hatte, ist unbezweifelbar; so existiert ein kleines Deutsch-persisches Konversationswörterbuch, das er 1914 herausgegeben hat und das sogar mehrfach nachgedruckt wurde. Ebenfalls in frühen Jahren versuchte sich Sättler – der Karl May für einen der größten Geister der Gegenwart und Überwinder Nietzsches hielt – als Zauberer und Magier. Ohne Frage ist er viel herumgekommen – über seine Orientreisen in den Jahren vor dem 1. Weltkrieg hat er diverse fantasievolle Reiseberichte geschrieben. Dann wandte er sich ganz dem Okkultismus zu. Sättler gab Bücher über praktische Magie heraus („Zauberbibel", 7 Hefte Berlin-Weißensee 1925), vor allem über Wahrsagetechniken (Traumdeutung, Handlesekunst, Astrologie etc.) und schrieb außerdem okkulte Romane. Daneben verkaufte er Talismane, Mittel gegen den bösen Blick, „Tibetanisches Salz" zur Auffindung verborgener Schätze, „Dalai-Lama-Pulver" zum Blick in die Zukunft, und allerlei Arten Liebeszauber und Aphrodisiaka. Wir betreten hier eine Welt halbgebildeter Magie, die sich für keine Charlatanerie zu schade war und doch problemlos Anhänger fand.

Bekannt wurde Sättler unter dem Pseudonym „Dr. Musallam", das er nach eigenen Angaben bei einer Einweihungszeremonie im geheimnisvollen Land Nuristan erhalten haben will. Das alles klingt ein wenig nach Jahrmarktszauberei – eine Assoziation, die wir auch sonst nicht so recht fernhalten können. Andernorts erinnert „Dr. Musallam" seine Leser an eine Geschichte aus der Zeit der Feldzüge Alexanders d. Gr., die bei dem jüdischen Historiker Josephus überliefert wird: Der Bogenschütze Musallam (Mosallamos) hatte mit seinem Bogen einen Raben vom Baum geschossen, welchen die mit Alexanders Armee mitziehenden Priester als prophetisch bedeutsam gewertet hatten. Auf ihre Angriffe hätte sich Musallam damit verteidigt, dass ein Vogel, der nicht einmal sein eigenes Geschick voraussehen könnte (er hätte ja wegfliegen können), schwerlich einer ganzen Armee den Weg weisen könne (Josephus, Contra Apionem 1, 201-205 aus Hekataios). Wie immer Sättler auf sein Pseudonym gekommen sein mag, unter diesem Namen publizierte er eine erhebliche

Zahl an Büchern, offenbar alle in winzigen Auflagen (Ausgaben der Originale tauchen nur selten im Antiquariatsbuchhandel auf).

Eben dieser „Dr. Musallam" betätigte sich nun auch als Religionsstifter. 1925 gründet er (nach eigenen Angaben) die „Adonistische Gesellschaft", die angeblich wenig später in Deutschland 7000, in Österreich 4000, in der Schweiz 3000 Mitglieder hatte. Das ist fast sicher erheblich übertrieben. In Wahrheit kann die Adonistische Gesellschaft immer nur ein Bund kleiner Zirkel okkult Interessierter gewesen sein. Bald stand die Gruppe in den Zeitungen: nicht wegen ihrer magischen Experimente, sondern wegen angeblicher sexueller Orgien. Mehr als einige Jahre kann sie nicht bestanden haben. Als die Nationalsozialisten am 7.12.1936 die „Freimaurerlogen, anderen Logen und logenähnlichen Organisationen" verboten, wurde die Adonistische Gesellschaft zuerst merkwürdigerweise explizit ausgenommen, doch folgte ihr Verbot rasch nach. Die Mitglieder erhielten v.a. Lehrbriefe und andere „okkulte Materialien", die sie alle teuer bezahlen musste. Auch musste sich jedes Mitglied per Unterschrift verpflichten, binnen einer Jahresfrist zwei weitere Mitglieder anzuwerben. Sättler beschreibt ausführlich die Unterrichtskurse, die man als sein Schüler absolvieren könnte, um dann als Adept geprüft zu werden.

„Dr. Musallam" war ohne Frage ein Betrüger. Das schließt authentische und sogar tiefgehende okkulte Interessen nicht aus (von Madame Blavatsky ist vielleicht ähnliches zu sagen, aber die Gründerin der Theosophie bewegte sich weit über dem Milieu des österreichischen „Magiers"). Sättler war Anfang der 1920er Jahre zu 4 1/2 Jahren Zuchthaus verurteilt worden; leider wissen wir nicht, wegen welchen Vergehens. 1932 versuchte die Polizei seiner wegen zahlreicher Betrugsdelikte habhaft zu werden, aber er konnte sich rechtzeitig ins Ausland absetzen. In Griechenland wurde er wenig später gestellt, aber nicht ausgeliefert. Sein weiterer Lebensweg ist unklar. 1942 soll er gestorben sein. Nach dem 2. Weltkrieg wurden die okkulten Bücher des „Dr. Musallam" von Prof. Adolf Hemberger (1929-1991) wiederentdeckt, dem Inhaber

des Lehrstuhls für Wissenschaftstheorie und Forschungsmetho-
dologie der Universität Gießen und selbst eine der kuriosesten
Gestalten der deutschen Okkultismusgeschichte. (Er sah sich
selbst als praktizierenden Magier und Wiedererwecker diverser
magischer Systeme.) Hemberger behauptete, Musallam sei im KZ
Mauthausen zu Tode gekommen, aber in den Akten dieses Lagers
taucht er nicht auf. Gregor A. Gregorius, der Großmeister des
größten deutschen magischen Ordens, der „Fraternitas Saturni",
behauptete, er sei in einem Wiener Zuchthaus gestorben. Auch
dafür gibt es keine direkten Belege. Im Zuge der Faszination
durch alles, was irgendwie nach Sexualmagie klingt, wuchs in
den letzten Jahren auch das Interesse an Musallam und seiner
„Adonistischen Gesellschaft". Über sein genaues Verhältnis zu
anderen „Magiern" dieser Jahre (Wilhelm Quintscher, der 1922
den „Orden mentalistischer Bauherren" gründete, oder Franz
Bardon) streiten sich Okkultisten gerne noch heute: Das ist ein
typisches „Insiderthema" der deutschen Okkultszene.

Der „Adonismus" Sättlers will eine altorientalische Urreligion
sein – „Adon" heißt in verschiedenen semitischen Sprachen
„Herr" und liegt auch dem Götternamen „Adonis" zugrunde.
Dabei mischt Sättler nach bekannten Vorbildern (insbesondere
aus dem theosophischen Umfeld) Elemente antiker Religionen
zusammen, und baut aus ihnen eine eigene Fantasiereligion.
Diese wird als wahre Urreligion ausgegeben, die allen bestehen-
den Religionen weit überlegen sei. Vor allem Christentum und
Judentum sind dabei seine Gegner. Sättler beruft sich gerne auf
angebliche altphönizische und andere Quellen, z.B. den „Sifr
Ilunîm" (Buch der Götter), der auf den phönizischen Autor
„Sakkûnjatan" zurückgeführt wird. Sättler erfindet hier unter
Verwendung biblisch-hebräischer Elemente eine ganze Reihe
von Buchtiteln. Der Name seines Gewährsmanns ist etwas va-
riiert der eines phönizischen Autors, von dem der Kirchenvater
Eusebius eine Reihe von Fragmenten mitteilt und der angeblich
noch vor dem Trojanischen Krieg gelebt haben soll (griech.
Sanchuniathon, phöniz. SKNYTN „Sakon hat gegeben"). Sättler
behauptet dagegen, folgende 7 Titel des Autors benutzt zu haben:

„1. Das Sifr Ilunîm – die Theogonie: Sie erzählt, wie aus dem Chaos das erste Götterpaar Bêlus und Biltîs hervorgegangen sind, wie dieses zuerst den Molchos und dann das Zwillingspaar Adonis und Dido gezeugt hat, wie Adonis die sichtbare Welt geschaffen, wie der Mólchos ihn gestürzt und die Weltherrschaft an sich gerissen hat. 2. Das Sifr Beri'ân – Buch der beiden Schöpfungen: Es erläutert ausführlich die Erschaffung der unsichtbaren Welt durch Bêlus und die der sichtbaren durch Adonis. Es bildet das Gegenstück zu dem kabbalistischen Buch Jezirah. 3. Das Sifr Dibrîm – Buch der Begebenheiten: Es enthält eine Chronik des Zeitraums 5000-1000 v.u.Z., also vom Untergang des goldenen Zeitalters bis zu Sakkûnjatan, und umfasst die gesamte Geschichte der Menschheit. 4. Das Sifr Tehillût – Buch der Hymnen: Zweifellos hat es ebenso für die biblischen Psalmen wie für die orphischen Hymnen als Vorlage gedient. Im Anhang enthält es das Buch der Verwünschungen gegen den Mólchos und seine Anhänger. 5. Das Sifr Waswasât – Buch der Zauberformeln: eine Sammlung von Beschwörungen, um Geister erscheinen zu lassen, Kranke zu heilen, als Aufschriften für Amulette und Talismane und dergleichen. 6. Das Sifr Naba'ût – Buch der Weissagungen: Dieses stellt eigentlich die Fortsetzung des Sifr Dibrîm dar. In Form von Prophezeiungen enthüllt es den weiteren Verlauf der Menschheitsgeschichte von Sakkûnjatans Zeit bis zur Wiederkehr des goldenen Zeitalters um 2000 n.u.Z. 7. Das Sifr Schirîm – Buch der Lieder, ein Zyklus von Liebesliedern, die König Salomon und seine Lieblingsgattin Sulamit, Prinzessin von Tyrus und Tochter des Königs Achî-Rum, gemeinsam verfasst haben. Das Hohe Lied der Bibel gibt diese Dichtungen völlig entstellt wieder. Die Sprache, in der diese Schriften abgefasst sind, ist das zu Sakkûnjatans Zeit gesprochene Alt-Phönizisch." (aus: „Adonistische Bibliothek". Berlin 1926). Angeblich sei diese Textsammlung ins Chaldäische (Aramäische) übersetzt worden, aus dem Musallam sie seinerseits übersetzt habe. Von einer wirklichen Kenntnis der Religionsgeschichte kann aber kaum eine Rede sein: Sättlers Darstellungen antiker magischer und religiöser Lehren wimmeln von den kuriosesten Missverständnissen. Die von Sättler zitierten „Sakkûnjatan"-Überlieferungen haben mit den wirklichen Fragmenten dieses Autors fast nichts gemeinsam. Wie in den meisten gnostischen Systemen ist Jahwe, der alttestamentliche Gott, Inbegriff des Bösen. Sättler nennt ihn durchgehend Molchos. Sättlers „totaler" Mythos ist gut mit dem Helena Blavatskys vergleichbar, nur vermochte die Russin mit ihrem aristokratischen Charme immerhin zahlreiche auch gebildete Menschen zu faszinieren, während der kleine Gauner Sättler nur wenigen Halbgebildeten zu imponieren vermochte.

Literatur:
Dr. Franz Sättler Musallam, Der Adept. Die zwölf Stufen des magischen Einweihungsweges. Sinzheim 2004 (mit einer ausführlichen biographischen Einführung von Hans Thomas Hakl und einer vollständigen Bibliographie) * Dr. Musallams Okkultistische Monatsschrift Jg. 2 Heft 4 (1928), 49 (zum Pseudonym) * Über die Biographie Sättlers ist grundlegend: Helmut Möller, Licht aus dem Osten – Franz Sättlers wundersame Reise nach Nuristân. In: Albert Götz von Olenhusen (Hrg.), Wege und Abwege. Beiträge zur europäischen Geistesgeschichte der Neuzeit. Festschrift für Ellic Howe zum 20. Sept. 1990. Freiburg i. Br. 1990, 199-230 * Zum wirklichen Sanchuniathon und seinen Fragmenten vgl.: Albert I. Baumgarten, The Phoenician History of Philo of Byblos: A Commentary. Leiden 1981.

14. MAFIA, TRIADEN, YAKUZA: NATIONALES PATHOS UND DIE TENDENZ ZUR KRIMINALISIERUNG

Die Mafia

„Mafia" ist heute zu einem Synonym für organisierte Kriminalität geworden, meint aber von Hause aus einen Geheimbund, der seine Wurzeln im Sizilien des 19. Jhdts. hatte. Allgemeiner kann man immerhin von „mafiosen Organisationen" sprechen. Außerdem werden weitgehend auch Mafia und Cosa Nostra synonym verwendet, was ebenfalls eine Vereinfachung ist.

Erst in den 1990ern konnten durch die später von der Mafia ermordeten Richter Giovanni Falcone und Paolo Borsellino viele innere Strukturen bis hin zu führenden Bossen der weltweit operierenden „Familien" der Cosa Nostra aufgedeckt werden. Eine Schlüsselrolle spielten die Aussagen des Ex-Mafiamitglieds Tommaso Buscetta. 1982 führte Italien ein Anti-Mafia-Gesetz ein, dessen Kronzeugenregelung viele Details and Tageslicht gebracht hat; zum ersten Mal wurde die bloße Mitgliedschaft zum Straftatbestand. Die Mafiamorde offenbar während eines Aufnahmerituals im August 2007 in Duisburg haben wieder einmal gezeigt, dass kriminelle Geheimbünde selbstverständlich auch in Deutschland existieren.

Das Wort „Mafia" (auch Maffia) selbst wurde ganz unterschiedlich gedeutet: aus dem Arabischen (daher das Wort „mafie", welches im sizilianischen Dialekt des Italienischen schutzbietende Höhlen in der Gegend zwischen Trapani und Marsala bezeichnet), aus dem Sizilianischen („mafiusu", „marfusu", was arrogant, eingebildet, aber auch selbstsicher, mutig, schön heißen kann) oder auch aus anderen italienischen Dialekten (z.B. toskanisch „malfusso" „Krimineller"). Andere denken an ein Akronym: M.A.F.I.A. „Morte Alla Francia, Italia Anela" „Den Tod Frankreichs ersehnt sich Italien" oder „Morte Ai Francesi, Invasori, Assassini" „Tod den Franzosen, Invasoren, Mördern!" (Schlachtruf und Auftakt der Sizilianischen Vesper, zur Vesperstunde des Ostermontags, am 31. März 1282), oder M.A.F.I.A. – „Mazzini Autorizza Furti Incenti Avvelenamenti" = „Mazzini befiehlt Raub, Brandstiftung und Giftmorde" (Akrostichon aus der Parole des Geheimbundes um Mazzini). Keine dieser Deutungen ist beweisbar. 1585 ist das Wort Spitzname einer Hexe. 1863 wurde eine Komödie „I mafiusi di la Vicaria" („Die Mafiosi des Gefängnisses von Vicaria") im sizilianischen Dialekt uraufgeführt, die im Gefängnis von Palermo spielt. Sie wurde rasch ins Schrift-Italienische, Mailändische und Neapolitanische übersetzt und machte den Begriff bekannt, der bald auch in der Polizeisprache auftaucht. 1868 steht Mafia zuerst in einem Wörterbuch, als Synonym für Camorra, und wandert rasch in alle europäischen Sprachen.

Kennzeichen der Mafia ist ihre Organisation in Form strikt hierarchischer Verbände, so genannter Familien (leibliche Verwandtschaft ist dabei weniger wichtig), die einem festen Verhaltenscodex folgen. Nichteinhaltung dieses Codex wird durch disziplinarische Maßnahmen bis hin zum Tod geahndet. Die Familien sind zuweilen mit anderen Familien vernetzt („affiliati"). Frauen sind niemals Teil einer Mafiahierarchie. Die Macht mafioser Organisationen ist in Italien ungebrochen: Zwischen 2004 und 2005 starben bei Bandenkriegen der neapolitanischen Camorra fast 200 Menschen. Inwiefern Mafia und Camorra und ähnliche Gruppen heute noch je ein Oberhaupt haben, wie es bei der traditionellen Mafia der Fall war, ist nicht sicher bekannt. In den USA spricht man eher von der Cosa Nostra, obwohl nie wirklich geklärt wurde, inwiefern diese mit der sizilianischen Mafia direkt zusammenhing oder eine eigene Organisation ist. Einfluss nehmen konnte die Mafia immer wieder auf rechte und sonst konservative politische Gruppen, was sie auch energisch versucht hat. Tatsächlich ist die zumindest angestrebte Vernetzung mit der Politelite ein Kennzeichen der Mafia (unter dem Namen „partito") und strukturell ähnlicher Organisationen. „Linke" Parteien und Gewerkschaften stehen traditionell deutlicher im Konflikt mit der Mafia. Andererseits verdrängte der Faschismus Mussolinis sie für einige Jahre, vielleicht gerade wegen struktureller Ähnlichkeiten. Doch konnte in den 1980er Jahren die Legende widerlegt werden, der Faschismus hätte die Mafia völlig auslöschen können oder wollen: Eher hatte sich ein labiles Gleichgewicht eingestellt.

Mafia und Staat sind in gewisser Hinsicht immer Konkurrenzunternehmen, „Parallelsysteme organisierter Macht" (Hobsbawm). Persönliche Vorteilsverschaffung macht die Mafia für breite Kreise attraktiv, während ihre in vieler Hinsicht altertümlich-paternalistische Geheimbundstruktur ihr einen festen Rückhalt in manchen Kreisen schafft. Die Anhäufung wirtschaftlicher Macht erhält zugleich dieses letztlich wertekonservative Bezugssystem, d.h. die Mafia stabilisiert bestimmte Werte durch die kriminelle Ausnutzung von Prostitution, Drogenhandel, Schutzgelderpressung, Subventionsbetrug, illegales Glücksspiel, Erpressung usw. Mit ihren Gegnern ist die Mafia nie zimperlich umgegangen: Politiker wie Giuseppe Impastato (gest. 1978) und Richter und Staatsanwälte in Mafiaprozessen wie Giovanni Falcone (gest. 1992) oder Paolo Borsellino (ebenfalls gest. 1992) waren Opfer von Mafiamorden. Der General der Carabinieri Carlo Alberto Dalla Chiesa wurde 1982 von der Mafia ermordet. Ein berühmter Gegner der Mafia war auch Leoluca Orlando (1985-2000 Bürgermeister von Palermo). Die katholische Kirche hat die Mafia unter anderem durch die Reden des Salvatore Pappalardo, emeritierter Erzbischof von Palermo, heftig angegriffen, v.a. das die Mafia unterstützende Schweigen der Bevölkerung. Für das Jahr 2006 rechnete die italienische Polizei mit etwa 20 000 Mitgliedern der Mafia und einem erwirtschafteten Gewinn von vielleicht 100 Mrd. Euro, dem doppelten Betrag, den der Autogigant Fiat ausweisen konnte. Erstaunlich ist die Beharrungskraft, mit der die Mafia alle gesellschaftlichen Veränderungen der letzten Jahrzehnte überlebt hat. Das kann nicht nur an ihrer kriminellen Energie liegen, sondern muss etwas mit ihrer spezifischen Geheimbundstruktur zu tun haben, die offenbar eine eigentümliche Form von „Beheimatung" erlaubt. Mafiosi selbst sehen sich als „uomini d´onore", Männer von Ehre. Das ist nicht zynisch gemeint. Während die verwandte Camorra ein städtisches Phänomen ist, gehörte die Mafia ursprünglich aufs Land. Solche Grenzen haben sich heute natürlich verwischt.

„Mafiose" Gesellschaften sind heute aus vielen Ländern bekannt, z.B. die kolumbianischen Drogenkartelle ab den 1970er Jahren, die den lateinamerikanischen und amerikanischen Kokainmarkt fast vollständig unter sich aufgeteilt hatten (Cali-Kartell und Medellín-Kartell, letzteres durch seinen berüchtigten Boss Pablo Escobar bekannt, der es zu sagenhaftem Reichtum und einem Sitz im kolumbianischen Kongress brachte, ehe er 1993 von der Polizei auf der Flucht erschossen wurde). In Italien wurde erst durch das Anti-Mafia-Gesetz von 1982 die Zugehörigkeit zur Mafia selbst strafbar.

Literatur:
John Dickie, Cosa Nostra. Die Geschichte der Mafia. Frankfurt a. M. 2006 * Henner Hess, Mafia. Ursprung, Macht und Mythos. Freiburg i. Br. 1993 * Ciro Krauthausen, Moderne Gewalten. Organisierte Kriminalität in Kolumbien und Italien. Frankfurt a.M. 1997 * Salvatore Lupo, Die Geschichte der Mafia. Düsseldorf 2002 * Eric Hobsbawn, Sozialrebellen. Archaische Sozialbewegungen im 19. und 20. Jhdt.. Neuwied 1962 bzw. Gießen 1979 * Andreas Ulrich, Das Engelsgesicht. Die Geschichte eines Mafia-Killers aus Deutschland. Stuttgart 2005 * Carlo DeVito, The Encyclopedia of International Organized Crime. New York 2005 * Carl Sifakis, The Mafia Encyclopedia. 3. Aufl. Detroit 2005 * Helmut Reinalter, Der Geheimbund der Carbonari. In: Tirol-Österreich-Italien. Festschrift für Josef Riedmann zum 65. Geburtstag. Innsbruck 2005, 571ff.

Die chinesischen Triaden

Eine Angst vor asiatischen, insbesondere chinesischen Formen organisierter Kriminalität ist bereits in den 1920er Jahren ein fester Topos v.a. der englischen und amerikanischen Unterhaltungsliteratur gewesen. Seit 1913 („The Insidious Dr. Fu Manchu" bzw. „The Mystery of Dr. Fu Manchu") erschienen in rascher Folge die Dr. Fu Manchu-Romane des Sax Rohmer (1883-1959, Pseudonym von Arthur Henry Sarsfield Ward). Der Asiate Fu Manchu ist hier ein hochgebildeter, machtversessener Verbrecher, der mittels geheimer Gifte, Verschwörungen, hypnotischer Kräfte, technischer u.a. Mittel die Weltherrschaft anstrebt, was freilich immer durch die eifrigen Beamten von Scotland Yard, allen voran den ewigen Gegenspieler Nayland Smith, verhindert wird. Bis 1959 waren 13 Romane erschienen. Sie eigneten sich gut für Verfilmungen. Bereits 1921-1932 war ein erster Zyklus von Fu Manchu-Filmen entstanden. 1960-1965 übernahm dann Christopher Lee die Rolle des asiatischen Erzverbrechers. Allerdings ist Fu Manchu in den Romanen Rohmers nicht eindeutig als Chinese gekennzeichnet – sehr wohl jedoch die meisten seiner Anhänger. Neben solchen fantasievollen

Gestaltungen drangen aber auch bereits früh solide Informationen über tatsächliche Formen organisierter, bandenartiger Kriminalität in den westlichen Blickwinkel. Die berühmtesten sind die chinesischen Triaden. Sie sind mit der Mafia nur entfernt zu vergleichen. Gemeinsam ist immerhin das Bedürfnis nach Initiationen und geheimen, verbindenden Ritualen, welches auch kriminelle Geheimgesellschaften verspüren. Im Falle der Triaden sind die Rituale im Laufe der Jahre geschrumpft und werden seit langem mit kultischen Papieraccessoires durchgeführt, die im Falle einer polizeilichen Razzia in Sekundenschnelle im Feuer verschwinden können. Ihre Wurzeln reichen in die Zeit des Widerstandes gegen die verhasste Mandschu-Dynastie zurück, die seit 1611 über China herrschte. Der traditionelle Schlachtruf der Triaden (heute übertragen gedeutet) stammt aus dieser Zeit: „fan q'ing fuk ming" „die Q'ing überwinden – die Ming wieder an die Macht bringen" (Booth 10).

Die in den 1990ern weltweit größte Triade war die 14K-Triade. Sie wurde nach dem chinesischen Bürgerkrieg wohl von (ehemaligen) Anhängern der Nationalisten gegründet, die vor kommunistischen Chinesen flüchteten. Ihren Namen verdankt sie Angriffen konkurrierender Banden im Jahr 1997, in deren Verlauf 14 Personen getötet wurden. Ihre Gewinne aus Bauunternehmensbetrug, Prostitution, Schmuggel u.a. soll sie mit „drive-by shooting", Autobombenanschlägen und Attentaten abgesichert haben. Man sagte ihr auch nach, dass sie in großem Umfang den Geheimdienst Taiwans finanziere.

Die fünf Väter

Wie viele geheime Gesellschaften besitzen die Triaden – trotz all ihrer Unterschiedlichkeiten – eine gemeinsame Ursprungslegende, welche die verschiedenen Gruppen auch international verbindet. Es ist dies die Geschichte von den fünf Vätern. Die Mönche des legendären Shaolin-Klosters hatten einst dem Kaiser in seinem Krieg gegen die Mongolen mit ihren strategischen Kenntnissen und ihren Kampfkünsten beigestanden. Doch nun fürchtete der Kaiser die geschickten Mönche, ließ ihr Kloster überraschend einkesseln und von seinen Soldaten in Brand setzen. 110 Mönche starben. 18 Mönche suchten im Tempel Buddhas Schutz. Dort wurden sie durch einen Vorhang verborgen und entkamen dem Feuer. Als die kaiserlichen Truppen das Kloster verließen, konnten sie fliehen, aber 13 starben an Hunger und Erschöpfung. Nur fünf Mönche überlebten das Massaker also und flohen ans Meer. Dort verloren sie vor Schwäche das Bewusstsein. Im Traum geboten ihnen die Geister des Ortes, den Sand zu essen. Als sie erwachten, konnten sie sich am Sand sättigen. Plötzlich sahen sie im Meer ein dreifüßiges Weihrauchgefäß. Auf ihm stand der spätere Mottovers der Triaden geschrieben: „fan q'ing fuk ming" (s.o.). Die Erzählung wird nun sehr kompliziert und kann hier nicht resümiert werden. Die Mönche führen einen gewaltigen Aufstand gegen die Mandschu-Kaiser herbei – der vollständig fehlschlägt.

100 000 Menschen werden getötet. Da begreifen sie, dass der Weg des Sieges nicht über einen Aufstand, sondern über viele „kleine Kriege" (wir würden sagen: über eine Guerilla-Taktik) führt. Man vereinbart geheime Zeichen, an dem die verschiedenen Gruppen sich erkennen können sollen. So entstehen die Triaden. Die Überlieferung ist noch sehr viel komplizierter und wird von manchen Triaden bis in die Gegenwart fortgesetzt. Uns kommt es hier v.a. auf die Funktion einer solchen Ursprungslegende an. Es ist eine Rettungsgeschichte, die zu einer politischen Erwählungsgeschichte wird. Sie gibt den Triaden das Selbstbewusstsein, Fortsetzung eines edlen, seit Jahrhunderten laufenden Geschehens zu sein.

Literatur:
Martin Booth, The Dragon Syndicates. The Global Phenomenon of the Triads. New York 2000 (das Standardwerk, von unübertroffener Materialfülle) * Gustave Schlegel, The Thian Ti Hwui, the Hung League or Heaven-Earth League. Leyden 1866 (erste ausführliche Darstellung, die aus Interviews mit Mitgliedern chinesischer Geheimgesellschaften in vielen verschiedenen Ländern schöpft und bis heute Wert hat) * W. P. Morgan, Triad Societies in Hong Kong. Hong Kong 1960 (das forschungsgeschichtlich wohl wichtigste

Werk, welches auf die energischen Bemühungen der Polizei von Hong Kong v.a. im Jahr 1956 zurückgeht und die damals bekannt gewordenen Fakten und Interna publik macht) * David Black, Triad Takeover. London 1991 * Wilfried Blythe, The Impact of Chinese Secret Societies in Malaya. Oxford 1969 * Chieh-ju Ch'en, Chiang Kai-shek's Secret Past. Boulder, Colorado 1993 (über die Verwicklungen zwischen der Kuomintag-Partei und den Triaden) * Jean Chesneaux (Hrg.), Popular Movements and Secret Societies in China 1840-1950. Stanford 1972 * Jean Chesneaux, Secret Societies in China in the 19th and 20th Centuries. London 1971 * L. F. Comber, Chinese Secret Societies in Malaya. London 1959 * Mark Craig, Chinese Organized Crime. Brisbane 1996 (The 1996 Winston Churchill Memorial Fellowship) * James Dubro, Dragons of Crime – Inside the Asian Underworld. Toronto 1991 * Sean O'Callaghan, The Triads. London 1978 * W. A. Pickering, Chinese Secret Societies and Their Origin. Straits Settlements 1878 * William Stanton, The Triad Society. Hong Kong 1900 * Chester C. Tan, The Boxer Catastrophe. New York 1983 * J. S. M. Ward u. W. G. Stirling, The Hung Society. London 1925 * Berndt Georg Thamm, Drachen bedrohen die Welt. Chinesische organisierte Kriminalität (Triaden). Hilden 1996 (aus der Sicht der deutschen Polizei) * Barend J. ter Haar, The Ritual and Mythology of the Chinese Triads. London 1998.

Die japanische Yakuza

Ähnlich den chinesischen Triaden hat die japanische Yakuza eine jahrhundertelange Vorgeschichte. Sie versteht sich als integraler Bestandteil der traditionellen und zu bewahrenden Sozialordnung. Im altjapanischen Feudalsystem (etwa seit dem 16. Jhdt.) boten Yakuza-Mitglieder lokalen Bevölkerungen Unterstützung gegen marodierende Räuberbanden. Im Gegensatz zu den Samurai bestand sie ursprünglich aus Menschen niedriger Herkunft. Sie ist herkömmlich in rivalisierenden „kumi" (Banden, Familien) eingeteilt und wird manchmal als die „japanische Mafia" bezeichnet. Die Kombination Ya-Ku-Za ist eine Dialektaussprache der japanischen Zahlen 8-9-3, welche bei dem japanischen Kartenspiel Hanafuda (das dem Black Jack ähnelt) als wertlos gilt. Die Yakuza kokettieren mit diesem Namen also mit ihrem mangelnden gesellschaftlichen Ansehen, während Ansehen und Ehre in Wahrheit zentrale Werte sind (vgl. die „ehrenwerte Gesellschaft" Italiens, die Mafia). Wie die meisten stabilen kriminellen Vereinigungen sind sie strikt hierarchisch organisiert. Auslandsbeziehungen unterhält sie seit langem nach

Südkorea und Thailand, in gewissem Umfang auch in die USA (Hawai, Kalifornien) und nach Australien.

Ähnlich wie bei der Mafia ist die innere Struktur nach einer Familienmetaphorik organisiert. Absolute Autorität besitzt der Oyabun (japan. „Vater"), dem gegenüber die Mitglieder sich zu striktem Gehorsam verpflichten. Er heißt mit einer bekannten Metapher auch „Einer, der über den Wolken lebt." Ihm stehen die Kobun gegenüber, die „Söhne" (das Wort ist Einzahl und Mehrzahl, die im japanischen nur im Satzzusammenhang unterschieden werden). Eine der frühen Gruppen, aus denen die Yakuza entstanden sind, die „Tekiya" (17. Jhdt.), besaßen drei eherne Gesetze: „Rühre nicht die Frau eines anderen Mitglieds an. Enthülle niemals die Geheimnisse an die Polizei. Gehorche ohne Vorbehalt innerhalb der Beziehung zwischen Oyabun und Kobun" (Kaplan/Durbro 10f.). Eine wichtige Rolle spielen elaborierte Aufnahmerituale, bei denen in traditioneller Bekleidung der Kobun dem Oyabun Loyalität bis in den Tod schwört. Ähnlich wie in anderen traditionsorientierten kriminellen Vereinigungen werden bei der Kommunikation überlieferte Chiffren verwendet, die sich zu einem eigenen Berufsjargon zusammenfügen (vgl. die deutsche, stark durch das Jiddische geprägte „Gaunersprache"). Der Umgang miteinander ist ritualisiert und verwendet Höflichkeitsformeln und Begrüßungsrituale. Auch hierin ahmen die Yakuza in gewisser Hinsicht ihre Gegner, die Samurai, nach. Nach dem Tokugawa-Frieden 1604 waren eine halbe Million Samurai-Soldaten arbeitslos geworden und wurden vielfach zu Polizei-Zwecken eingesetzt. Sie bilden den herkömmlichen Gegenpart zu den Yakuza, die sich aus glücklosen Kleinbauern u.ä. rekrutierten. Zwischen beiden Gruppen herrschte höfliche gegenseitige Verachtung. Die kriminellen Aktivitäten der Yakuza umfassen viele Bereiche, früher Prostitution, Glückspiel, Schutzgelderpressung u.a., heute daneben illegale Geldgeschäfte und Geldwäsche in gigantischem Umfang. Die meisten Yakuza sind äußerlich Geschäftsleute, die oft in den Bereichen Kreditvergabe und Arbeitskräftevermittlung arbeiten. Mit Europa verbindet sie u.a. ein florierender Amphetamin-Handel.

Kennzeichen der Yakuza-Angehörigen sind seit Jahrhunderten großflächige Tätowierungen, welche sowohl die genaue Gruppenzugehörigkeit als auch den Rang innerhalb der Gruppe bezeichnen und auf archaische Schmerzinitiationen zurückverweisen. Auch symbolträchtige martialische und mythologische Motive sind beliebt. Lange Zeit trugen nur Yakuza-Mitglieder in Japan diese Tätowierungen. Seit den gesetzlichen Maßnahmen gegen die Yakuza in den 1990ern ist die Mode zurückgegangen. Nicht tätowiert werden Kopf, Hände, Füße sowie der Genitalbereich. In jüngster Zeit sind andere Statussymbole wichtiger geworden, z.B. bestimmte Automarken (mattweiß lackierte oder schwarze Mercedes-Modelle). Noch aus der Feudalzeit stammt der Brauch, eine Verfehlung (einen nicht erfolgreich erfüllten Auftrag) durch das rituelle Abtrennen eines Fingergliedes (zuerst des ersten Gliedes des kleinen Fingers der linken Hand) zu sühnen. Yakuza trugen dann oft Fingerprothesen, um in der Öffentlichkeit nicht sofort als solche identifizierbar zu sein. Schusswaffengebrauch war lange verpönt, aber mit der internationalen Nivellierung des organisierten Verbrechens hat sich dies geändert. Die Yakuza war bis in die jüngste Gegenwart nicht eigentlich verboten: Noch 1990 waren 86552 Personen offiziell als Yakuza registriert. Dieser labile Frieden endete in den 1990er mit einer Reihe von Skandalen, in die ranghohe japanische Politiker verstrickt waren. Auch heute noch sind die Möglichkeiten der japanischen Polizei zum Vorgehen gegen organisierte Kriminalität erstaunlich eingeschränkt. Drei große Yakuza-Clans sind auch öffentlich bekannt: die Sumiyoshi-rengo, die Yanagawa-kai, beide in Tokio, sowie die kleinere Yamaguchi-gumi (Gebiet um Kobe und Osaka). Zusammen haben sie wohl einige 10000 Mitglieder.

Literatur:
Ian Buruma, Japan hinter dem Lächeln. Götter, Gangster, Geishas. Frankfurt a. M. u. a.1985 * Wolfgang Herber, Japan nach Sonnenuntergang. Unter Gangstern, Illegalen und Tagelöhnern. Berlin 2002 * Peter B. E. Hill, The Japanese Mafia. Yakuza, Mafia and the State, Oxford 2003 * David E. Kaplan und Alec Durbro, Yakuza. Japan's Criminal Underworld. Berkeley, Los

Angeles 2003 (zuerst in kürzerer Form Tokyo u. a. 1986: das grundlegende
Werk; enthält auch ein Glossar japanischer Begriffe) * Gabriele Kawamura,
Yakuza. Gesellschaftliche Bedingungen organisierter Kriminalität in Japan.
Pfaffenweiler 1994 * Vgl. auch: Mark Schilling: The Yakuza Movie Book. A
Guide to Japanese Gangster Films. Berkeley, CA 2003.

Dr. Mabuse und die „Herrschaft des Verbrechens"

Wieder wollen wir den Blick auf Tatsächliches mit dem auf
Literarisches verbinden. Die Idee einer unverhohlen verbrecherischen Geheimgesellschaft, eventuell unter der Leitung eines
verbrecherischen Genies, eines „Napoleons des Verbrechens"
(wie Sherlock Holmes seinen Gegenspieler Dr. Moriarty nennt),
ist zu einem gängigen Klischee der populären Medien geworden,
und nicht erst in den letzten Jahren. Im deutschen Sprachraum
werden wir z.B. an die Gestalt des Dr. Mabuse und seiner
Organisation denken. Sie entstammt einem Romanzyklus des
luxemburgischen Schriftstellers Norbert Jacques (1880-1954),
dessen erster Roman „Dr. Mabuse, der Spieler" (1921) war. Wie
bei jedem Leitmotiv einer Gesellschaft lässt sich ein solches
Motiv – wenn es breit genug gestreut ist – als Beitrag zum Psychogramm einer Gesellschaft deuten, in unserem Fall vielleicht
als eine Art abgesunkene Apokalyptik, die sich an dem delektiert,
was sie insgeheim fürchtet. Mabuse besitzt die Fähigkeit zu kaum
zu entlarvender Manipulation seiner Mitmenschen und funkti-
onalisiert andere zu seinem geheimen Ziel: eine anarchistische
„Herrschaft des Verbrechens" aufzurichten, in der die moralische
Verrottetheit der Moderne ihre Maske verliert. Erst dann sei es
möglich, eine völlig neue, starke utopische Idealgesellschaft zu
errichten, eventuell in einem anderen Land, z.B. in Brasilien.
Ein Roman „Mabuses Kolonie", der diesen Gedanken entfaltet,
blieb unvollendet. Fritz Lang hat den Stoff bereits 1922 noch
ohne Ton verfilmt, dabei allerdings den Charakter Mabuses sim-
plifiziert. 1933 schuf er nach einem Drehbuch von Jacques eine
Fortsetzung, „Das Testament des Dr. Mabuse", in dem stärker
die perfekte verbrecherische Organisation in den Mittelpunkt
tritt, welche die Pläne des mittlerweile wahnsinnigen Mabuse

ausführt. Auch dieser Film enthält Szenen von hypnotischer Kraft: Der Anstaltsarzt Dr. Baum verfällt dem Genie Mabuses und setzt sein Werk nach dessen Tod fort. Man mag in der partiell terroristischen „Herrschaft des Verbrechens" allerlei politische Allegorien finden (die Nationalsozialisten verboten beide Filme sofort und versuchten die vorhandenen Rollen zu vernichten), aber ohne Frage wird in erster Linie eine Furchtfantasie von zugleich verborgener Faszinationskraft formuliert. In den späteren Mabusefilmen der Jahre 1960-1964 fehlt das sozialkritische und apokalyptisch-utopische Element der frühen Filme völlig. Das Thema der verbrecherischen Geheimgesellschaft hat Metamorphosen durchlebt, die als Funktion einer gesamtgesellschaftlichen Imagination des Bösen beschrieben werden können.

15. Politische Geheimbünde und Verschwörungstheorien nach dem 2. Weltkrieg: von den Bilderbergern bis zu P2

Die Geschichte von Propaganda Due

Propaganda Due war ursprünglich eine irreguläre Freimaurerloge, die in Italien 1877-1981 arbeitete. Ihr letzter Anführer war der Finanzier Licio Gelli (geb. 1919). Bis in die 1960er spielte sie keine besondere Rolle (zeitweise hatte sie nur 14 Mitglieder), dann übernahm Gelli die Führung. Es entspinnt sich eine der unglaublichsten Kriminalgeschichten der Neuzeit: düstere Bestätigung für alle Verschwörungsfanatiker, dass die Fäden der Politik von geheimen Hintermännern gesponnen werden. P2 ist wahrscheinlich an der Ermordung des Journalisten Mino Pecorelli, des Bankers Roberto Calvi 1982 und des Premierministers Aldo Moro 1978 beteiligt, die Loge ist wesentlich verantwortlich für den Zusammenbruch der mit dem Vatikan zusammenhängenden Banco Ambrosiano 1982, sie ist in die

Bestechungsaffäre Tangentopoli verstrickt, und in eine Vielzahl weiterer Delikte. Dabei ist ihr Einfluss enorm. Später sprechen Beobachter von einer „Schattenregierung". Als die gesamte Affäre nach dem Zusammenbruch der Banco Ambrosiano aufflog (mit einem Verlust in Höhe von 1, 4 Milliarden US-Dollar), wurden in Gellis Haus Pläne zur Veränderung der italienischen Verfassung, zur wirksamen Unterdrückung der Gewerkschaften, und zur Gleichschaltung der Medien entdeckt. Die Agenda von P2 wollte Italien in eine paternalistische antikommunistische Staatsform verwandeln.

Der eigentliche Skandal aber ist die Mitgliederliste von P2, die 1981 bei einer Razzia in Gellis Haus in Arezzo sichergestellt wird. Über 900 Namen werden publiziert, weitere 1000 veröffentlicht die Polizei (vermutlich) nicht. Die Liste macht das schier unglaubliche Ausmaß erkennbar, in der eine einzige Loge innerhalb weniger Jahre einen Staat innerhalb eines Staates aufbauen konnte. Parlamentarier, Großindustrielle, mehrere Minister (auch nichtitalienische), der spätere Ministerpräsident Silvio Berlusconi sind Mitglieder, daneben 19 Richter und 58 Universitätsprofessoren. P2 ist auch in Argentinien, Uruguay und Mexiko tätig; mehrere argentinische Minister sind Mitglied. Italienischen Staatsbeamten ist die Mitgliedschaft in Geheimgesellschaften verboten, was offenbar niemand bekümmert hat. Als das Maß an Macht deutlich wird, das P2 über Jahre verborgen ausgeübt hat, muss Ministerpräsident Arnaldo Forlani zurücktreten. Alle zentralen Führungskräfte der italienischen Geheimdienste verlieren ihren Posten. Der Grande Oriente d'Italia, die reguläre freimaurerische Großloge, hatte schon lange die Zusammenarbeit mit P2 abgelehnt, war sich aber der verborgenen Entwicklungen auch nicht bewusst, die sich in der Loge abspielten.

Eine Kommission des italienischen Parlaments untersucht die Loge mit dem Ergebnis, dass es sich um eine verbrecherische Organisation handelt. Auch die italienische Legislative beschäftigt sich mit Möglichkeiten, die Machtentfaltung von Geheimgesellschaften künftig wirksam zu unterbinden. Es gelingt nur selten, den Einzelanteil von Mitgliedern an bestimmten Vorgängen zu beweisen; eine Anklage wegen Verschwörung gegen den Staat muss 1994 fallengelassen werden. Gelli wird 1992 zu 18 Jahren und 6 Monaten Gefängnis verurteilt, nur wegen betrügerischer Machenschaften im Zusammenhang mit der Banco Ambrosiano. Seine weitere Geschichte (er entzog sich der Strafe zuerst) muss hier nicht erzählt werden: Sie war Gegenstand jeder Zeitung der Welt.

Literatur:
Tobias Jones, The Dark Heart of Italy. New York 2003 * Philip Wilan, The Last Supper. The Mafia, the Masons and the Killing of Roberto Calvi. London 2007.

Bilderberger und Trilaterale Kommission

Während die Verflechtungen von P2 lange unbekannt blieben und die Loge quasi zufällig in das Rampenlicht der Weltöffentlichkeit geriet, sind die „Bilderberger" und die „Trilaterale Kommission" gut bekannte Organisationen mit strikter Geheimhaltung, in denen sich zahlreiche der mächtigsten Personen der Welt „privat" treffen. Sie sind bevorzugte Objekte von Verschwörungsängsten und -fantasien geworden und nur in diesem Sinn erwähnen wir sie hier. Die „Bilderberger-Konferenz" ist ein informelles Treffen von Führungspersönlichkeiten aus Politik, Militär, Wirtschaft, Medien und Hochschulen. Die Gruppe traf sich zuerst 1954 im Hotel Bilderberg in Oosterbeek in den Niederlanden, daher der Name. Initiator war Prinz Bernhard der Niederlande, der auch 22 Jahre den Vorsitz innehatte. Die Treffen finden seit langem einmal jährlich statt (zu Beginn etwas öfter). Mitglieder und Tagesordnungspunkte werden der Presse mitgeteilt, aber alle Beiträge und Gespräche unterliegen strikter Geheimhaltung. In den schriftlichen Protokollen (die nur Mitglieder erhalten) wird auch nicht festgehalten, wer spricht, sondern nur was gesagt wurde und aus welcher Nation der Sprecher stammt. Für gewöhnlich nehmen 115-130 Personen auf Einladung hin teil. Die Themen betreffen Wirtschaft, Politik

und internationale Kontakte. Das letzte Treffen war vom 31.5.-
3.6.2007 in Istanbul. Deutsche geladene Gäste waren Josef Joffe,
Matthias Nass, Otto Schily, Jürgen Schrempp, Klaus Zumwinkel.
Insbesondere in der amerikanischen Verschwörungsliteratur
figuriert die Bilderberger-Konferenz als eine Art Weltregierung.
Wir müssen das nicht diskutieren, sollten aber nach dem Grund
solcher Verschwörungsfantasien fragen. Welches (und sei es
imaginative) Bedürfnis stillen sie?

Ähnlich steht es mit der „Trilateralen Kommission". Sie wurde
1973 auf Betreiben von David Rockefeller gegründet und sollte
Führungspersönlichkeiten aus den drei großen Wirtschaftsblö-
cken Nordamerika, Europa und Japan zusammenbringen. Wie
bei der Bilderberger-Konferenz sind die Mitglieder bekannt, aber
alle Unterredungen vertraulich. Die Trilaterale Kommission hat
keine Mitglieder, die aktuell Regierungsmitglieder sind. Beide
Gruppen, die von Hause aus als „private", informelle Treffen
verstanden wurden, sind in den letzten Jahren gewachsen. Die
Trilaterale Kommission hat augenblicklich etwa 300 Mitglieder,
die in einem komplizierten Vorschlags- und Wahlverfahren
bestimmt werden. Für weitere Information über die Arbeit beider
Gruppen bieten die entsprechenden Wikipedia-Artikel gute
Linksammlungen, auf die pauschal zu verweisen hier genügen
mag. Eine umfassende Sichtung der Verschwörungstheorien, die
sich mit solchen Organisationen verbinden, wäre ein lohnender
Beitrag, etwa zum Thema Globalisierungsangst. Gerade in den
USA ist die Furcht vor einer im geheimen vorbereiteten „Weltregierung" groß. Sie trifft sich im amerikanischen Christentum
mit der Erwartung des Antichrist (2. Thess. 2): Eine einheitliche
Weltregierung kann nach diesem Szenario vor der Parusie Christi
nur widergöttlichen Ursprungs sein. Dieses Misstrauen wirkt
nach, selbst wo der christliche Bezugsrahmen verlassen wird.

Literatur:
Brad u. Sherry Steiger, Conspiracies and Secret Societies. The Complete
Dossier. Canton, Michigan 2006 (ausführlich zu den relevanten Verschwö-
rungstheorien).

16. Jesuiten und Opus Dei: die Angst vor dem „Papismus"

Jesuitenangst

Als in dem kleinen Staat Rhode Island die erste Verfassung der Weltgeschichte formuliert wurde, die weitestgehende Religionsfreiheit garantierte, waren die „Papisten" (Katholiken) davon ausgeschlossen. Als John F. Kennedy als erster Katholik für das Amt des US-Präsidenten kandidierte, wurden vielfach Ängste laut, seine Bindung an die katholische Kirche könnte ihn von geheimen Weisungen des Papstes abhängig machen. Damit wird eine tiefverwurzelte Angst im protestantischen Teil der amerikanischen Nation sichtbar: diejenige vor dem Einfluss katholischer Einrichtungen. Als weltweit weitaus größte und straff durchorganisierte religiöse Institution hat die Römisch-Katholische Kirche bei ihren Gegnern, oder auch nur Nicht-Anhängern, immer wieder Ängste ausgelöst, und manche dieser Ängste haben sich auf Teilorganisationen gerichtet, denen geheime Machenschaften und verborgene Agendas unterstellt wurden oder werden.

Das Thema Katholizismus-Angst hat sich im 18. und 19. Jhdt. meist in der Form einer Polemik gegen die Jesuiten geäußert. Seit ihrer Gründung im 16. Jhdt. (päpstliche Bestätigung durch Paul III. 1540) hatte sich die "Gesellschaft Jesu" zum zentralen Träger höherer Bildung im Katholizismus gemausert. Das immense Bildungspotential des Ordens, verbunden mit seinem programmatischen, durch Schwur verankerten Papstgehorsam, seinem tatkräftigen Engagement und seiner straffen, quasi soldatischen Ordnung hat ihn zum bevorzugten Gegenstand von Unterwanderungsängsten gemacht, die sich in der zweiten Hälfte des 18. Jhdts. dramatisch zuspitzten und das politische Feld erreichten. 1759 wurde der Orden aus Portugal und seinen Kolonien, 1764 aus Frankreich und 1766/67 aus Spanien und Neapel ausgewiesen, ebenso im Lauf der Jahre auch aus anderen Ländern. Hauptgegner waren die Bourbonenhöfe. Man unterstellte den Jesuiten alle Arten der Manipulation und Einflussnahme. 1773 wurde der Orden förmlich von Papst Klemes XIV. aufgehoben, fand aber noch für einige Jahre Zuflucht in Preußen und Russland. Erst 1814 wurde der Jesuitenorden neu begründet, in Deutschland ließ ihn erst Wilhelm II. wieder zu. Gegenstand massiver Unterwanderungsängste war der Orden indes gerade auch in Russland, wo er aber erst 1820 völlig verboten wurde, zwei Jahre vor den Freimaurern. Noch für die russische Begründerin der Theosophie Helena P. Blavatsky (1831-1891) waren die Jesuiten die Erzbösewichte der Geschichte. In heutiger Gesellschaft wiederholen sich die Strukturen der Jesuitenangst partiell in den Klischees, innerhalb derer Opus Dei wahrgenommen wird.

Literatur:

Paul Graf von Hoensbroech, Der Jesuitenorden: eine Enzyklopädie. 2 Bände. Leipzig 1926/27 * Klaus Schatz, Art. Jesuiten, Societas Jesu. In: Religion in Geschichte und Gegenwart 4. Aufl. 4 (2001), 458-462 * Walther Müller-Bergström, Art. Jesuiten. In: Handwörterbuch des deutschen Aberglaubens 4 (1932=1987), 662-666 (Legenden und Sagen über Jesuiten) * Geoffrey Cubitt, The Jesuit Myth. Conspiracy Theory and Politics in Nineteenth-Century France. Oxford 1993 * www.jesuiten.org * Peter Claus Hartmann, Die Jesuiten. München 2001.

Friedrich Schiller „Der Geisterseher" (1787-1789)

Die Ängste der protestantischen Gesellschaft vor angeblicher katholischer Unterwanderung und jesuitischen Weltherrschaftsplänen haben im 18. und 19. Jhdt. auch Texte der Weltliteratur beeinflusst. Wir stellen ein Beispiel etwas ausführlicher vor: Friedrich von Schillers Romanfragment „Der Geisterseher. Aus den Papieren des Grafen von O**", in der Zeitschrift „Thalia" in Fortsetzungen 1787-1789 (Heft 4-8) erschienen, und von Schiller ohne große Zufriedenheit mit dem fertigen Produkt verfasst. Am 17.3.1788 schreibt Schiller an Christian Gottfried Körner: „Der Geisterseher, den ich eben jetzt fortsetze, wird schlecht – schlecht, ich kann nicht helfen." Anderorts nennt er ihn wegen seiner Nähe zum Kolportageroman eine „Schmiererei". Von Einfluss auf das Buch ist der Verdacht gewesen, der Jesuitenorden betreibe in Württemberg die Konversion des Prinzen Friedrich Eugen zum Katholizismus und wolle damit die protestantische Erbfolge in Württemberg in seine Hände bekommen. Aber zur Handlung: Der schwärmerische protestantische Prinz von ** hält sich in Venedig auf und lernt dort den Grafen von O** kennen, der zum Chronisten der folgenden unheimlichen Ereignisse wird. Beide werden von einem maskierten Mann, den sie für einen Armenier halten, verfolgt, der ihnen auf dem Marktplatz die dunklen Worte zuspricht: „Wünschen Sie sich Glück, Prinz, um neun Uhr ist er gestorben." Einige Tage später erhält der Prinz die Nachricht, dass um diese Uhrzeit sein Vetter gestorben ist, der als zweiter zwischen ihm und der Thronnachfolge stand.

Es entwickelt sich alsbald ein komplexes Intrigenspiel, dessen Fäden der immer wieder überraschend auftauchende Armenier zu ziehen scheint. Geisterbeschwörungen, Mord und Totschlag, allerlei rätselhafte Vorkommnisse, Liebe und Betrug, das ganze Repertoire des Kolportageromans wird aufgeboten, um den Prinzen immer tiefer in ein Netzwerk zu verstricken, dem er nicht entkommen kann. Was ist nun die eigentliche gefährliche Geheimgesellschaft in dem Roman? Die Illuminaten werden erwähnt, spielen aber keine entscheidende Rolle. In Venedig ist es der „Bucentauro", eine zügellose, verschwiegene, machtbesessene Gruppe, die den Prinzen umgarnt. Von ihnen heißt es, dass sie „unter dem äußerlichen Schein einer edeln vernünftigen Geistesfreiheit die zügelloseste Lizenz der Meinungen wie der Sitten" praktizierten. Die Kabalen dieser halb-geheimen Gesellschaft mit ihren Einweihungsgraden und ihrer Arkandisziplin nehmen einen erheblichen Platz in dem Romanfragment ein. Die eigentliche „gefährliche Gesellschaft" im Hintergrund der ganzen Handlung aber ist natürlich die katholische Kirche. Die Konversion zum Katholizismus ist schließlich das eigentliche Ziel aller geheimen und beängstigenden Machenschaften im Umfeld des Prinzen. Diese Konversion wird als Sittenverfall qualifiziert: Erst wird der Prinz leichtlebig, verschwenderisch mit geliehenem Geld, dann immer stärker versessen auf die Idee, doch die Krone seines Fürstentums zu gewinnen, und sei es durch einen Mord, und nachdem dies alles geschehen ist, tritt er zur Römisch-Katholischen Kirche über. Damit ist der „Geisterseher" nicht zuletzt eine literarische Bearbeitung der typischen „Papismusfurcht" des Protestantismus, die vor allem in den USA im 19. und 20. Jhdt. noch merkwürdige Blüten getrieben hat. Zu Schillers Zeit war ein solcher Typ von Unterwanderungsangst für viele Leserinnen und Leser in hohem Maße plausibel. Schillers komplexe Beziehungen zu den Illuminaten als einem realen Geheimbund sind vor einiger Zeit Gegenstand einer vielbeachteten germanistischen Studie geworden: Hans-Jürgen Schings' „Die Brüder des Marquis Posa" (Tübingen 1996). Schings konnte in dieser materialreichen Arbeit vormals unbekannte Quellen (u.a. aus russischen Archiven) benutzen. Schiller selbst war weder Freimaurer noch Illuminat, obwohl in den 1920er Jahren im Kreis um Erich und Mathilde Ludendorff sogar behauptet wurde, er sei von illuminatischen Agenten ermordet worden, was Goethe trotz seiner Mitwisserschaft nicht habe verhindern können. Diese späten Fantasien müssen hier nicht diskutiert werden.

Natürlich hat das Fragment zu Fortsetzungen gereizt, zumal es zu Schillers Überraschung außerordentlich erfolgreich war. Schon zu Lebzeiten des Autors 1796 erschien diejenige von Ernst Friedrich Follenius (gekürzter Nachdruck Berlin 1922). Heute wohl bekannter ist diejenige von Hanns Heinz Ewers (1922), die ihrem Autor heftige Schmähreden und Polemik einbrachte, schon als sie noch gar nicht erschienen war, sondern als nur bekannt geworden war, dass Ewers sich an einer Schiller-Fortsetzung versuchen wollte. Viele hielten das für größenwahnsinnig. Das Ergebnis ist in der Tat reißerisch und grell, aber doch spannender und interessanter als der Text von Follenius. Ewers ergänzt den Roman um eine überaus interessante Idee. Der geheimnisvolle Armenier, von ihm mit Cagliostro identifiziert und zu einer großen Magiergestalt ausgebaut, zieht wie ein Puppenspieler im verborgenen Hintergrund die Fäden und kann die Menschen nach seinem Willen dirigieren. Aber was er letztlich zu erreichen beabsichtigt, ist das genaue Gegenteil. Er will die Menschen gerade dazu zwingen, aus Objekten zu Subjekten ihres Schicksals zu werden, die vorgegebenen Fäden des Schicksals zu zerreißen und dieses in eigene Hand zu nehmen. Ewers bringt dies insbesondere anhand einer Puppenspielermetaphorik mehrfach zum Ausdruck. Was der Armenier – der im Laufe des Romans noch viele weitere Namen erhält, weil er in immer neuen Masken auftritt – eigentlich sucht, sind Menschen, die sich nicht als Puppen gebrauchen lassen, die selbst zu Machern und Tätern des Schicksals werden. Der Griff nach der politischen Macht ist dafür nur ein äußeres Indiz. Was bei Schiller eine religiöse, im Hintergrund aber politische Intrige ist, wird bei Ewers zu einer misslungenen Initiation. Der Prinz (Ewers nennt ihn Alexander) wird wohl dazu gebracht, nach dem Thron zu streben, aber er scheitert doch und zieht sich zurück, er bleibt Objekt des Schicksals, ohne zum Subjekt heranzureifen. Das ist eine interessante Weiterentwicklung von Schillers Fragment. Für den kulturgeschichtlich Interessierten bietet der Roman gerade auch in Ewers Fassung allerhand Okkultismus des 17. und 18. Jhdts., vom Comte de Gabalis bis zu Franz Anton Mesmer, dem Erfinder des Mesmerismus. Graf Cagliostro war bekanntlich auch das Vorbild für Goethes Lustspiel in fünf Akten „Der Gross-Cophta" von 1792, in dem Goethe versucht hatte, „dem Ungeheuren eine heitere Seite abzugewinnen", und in dem ein angeblicher Wundertäter sich als Schwindler und Intrigant erweist. Es gilt gemeinhin als eines seiner schlechtesten Theaterstücke. Beide Texte zeigen auf unterschiedliche Weise, wie das Thema Geheimbünde die Menschen der Weimarer Ära faszinierte.

Literatur:
Friedrich von Schiller, Der Geisterseher: aus den Papieren des Grafen von O***. 1. Teil hrg. von Friedrich von Schiller. 2. Teil hrg. von Hanns Heinz Ewers. München 1922 * Friedrich von Schiller, Der Geisterseher: Sämtliche Erzählungen. Kehl 1993 * Ders., Der Geisterseher. Vollendet von Ernst Friedrich Follenius. Leipzig o. J. (etwa 1922) * Hans-Jürgen Schings, Die Brüder des Marquis Posa. Schiller und der Geheimbund der Illuminaten. Tübingen 1996 * Anon. Art. Schiller, Der Geisterseher. In: Kindlers Neues

Literatur Lexikon 14 (1991), 926f. (dort die Briefzitate) * Klaus Deinet, Friedrich Schiller, Der Geisterseher: Interpretation. München 1991.

Opus Dei

Weder die Societas Jesu noch Opus Dei sind im strengen Sinn Geheimgesellschaften, aber ihre Undurchschaubarkeit (besonders für Nichtkatholiken), ihre „Diskretion", ihre Arbeit im Hintergrund hat sie in der Geschichte vielfach zur Projektionsfläche für viele Ängste werden lassen. Viele Nichtkatholiken begegnen Opus Dei zuerst in Dan Browns Roman „Angels and Demons" (2000; dt. „Illuminati"). Die New Yorker Zentrale von Opus Dei hat ihren unrühmlichen Platz in diesem Roman mit Humor zur Eigenwerbung benutzt. Aber auch über Romanhandlungen hinaus, deren fiktionaler Charakter jedem Lesenden bewusst ist, ist Opus Dei vielfach in die Schusslinie öffentlicher Verdächtigungen geraten. Auch innerkirchliche Kritik am Opus Dei begann früh. Bereits 1963 klagte Hans Urs von Balthasar über exzessive Machtballung. Kritikpunkte anderer Kritiker waren das absolute Auserwählungsbewusstsein, aggressive und manipulative Methoden der Mitgliederwerbung, Einflussnahme auf Wirtschaft und Politik, mangelnde Transparenz, die als anachronistisch empfundene strenge Geschlechtertrennung und schließlich Aspekte der Frömmigkeit, die auf Außenstehende skurril wirken. Immer wieder genannt wird das dornenbesetzte Bußband am Oberschenkel („Cilicium"), das aber doch ein traditionelles Bußmittel ist. Der moderne Mensch fühlt sich verunsichert durch die Hochschätzung des Schmerzes: „Gesegnet sei der Schmerz. Geliebt sei der Schmerz. Geheiligt sei der Schmerz.... Verherrlicht sei der Schmerz!" („Der Weg" Nr. 208). Gewissenserforschung ist grundlegend. Sie betrachtet den eigenen Körper sehr skeptisch: „Dein größter Feind bist du selbst. Behandle deinen Körper sorglich; aber schone ihn nicht mehr, als es einem verräterischen Feind zusteht." („Der Weg" Nr. 225f.) Das befremdet im hedonistschen Kontext der Moderne, die gewohnt ist, Religion nach ihrem Wohlfühlwert zu beurteilen, hat aber eine lange, nicht nur katholische Tradition hinter sich. Und natürlich ist ein wesentlicher Vorwurf die Geheimhaltung, mit der Opus Dei seine Interna umgibt.

Opus Dei ist seit 1982 die einzige Personalprälatur der Katholischen Kirche, also ausschließlich dem Papst unterstellt. Begründet wurde die Gemeinschaft 1928 von dem spanischen Priester José María Escrivá de Balaguer y Albas (1902-1975). Seine Anhänger nennen ihn respektvoll Vater. 1943 erhält Opus Dei eine erste Approbation, die 1950 endgültig wird. Einen weiblichen Zweig gibt es bereits seit 1930. Ziel ist die Heiligung der Arbeit und die Verchristlichung der Gesellschaft. Die Hierarchie ist streng: „Ein Leiter. – Du brauchst ihn. – Um dich hinzugeben, um dich zu verschenken ... im Gehorsam." („Der Weg" Nr. 62). Seit 1952 ist Opus Dei auch in Deutschland tätig. 2001 zählt die Vereinigung nach eigenen Angaben 84 206 Mitglieder, darunter 1763 im Opus Dei inkardinierte Weltpriester. In Deutschland hat es etwa 600 Mitglieder. Johannes Paul II. spricht den Gründer 1992 selig und 2002 heilig. Sein Andachtsbuch „Der Weg" mit 999 Maximen für den Alltag erreicht Millionen von Katholiken auch außerhalb von Opus Dei. Die kritischen Anfragen bleiben, aber Opus Dei ist erfahrungsgemäß durchaus imstande, ihnen entgegenzutreten.

Literatur:
Manfred Eder, Art. Opus Dei. In: Religion in Geschichte und Gegenwart 4. Aufl. 6 (2003), 599f. * Michael Lehner, Eine Jugend im Opus Dei. Ein Erfahrungsbericht. Berlin 2002 (kritischer, aber um Fairness bemühter Aussteigerbericht) * Josemaría Escrivá de Balaguer, Der Weg. Köln 12. Aufl. 2002 * Peter Hertel, Schleichende Übernahme. Josemaría Escrivá, sein Opus Dei und die Macht im Vatikan. Oberursel 2003 * John L. Allen, Opus Dei. Mythos und Realität. Gütersloh 2006.

17. Religiöse und Weltanschauliche Gemeinschaften als Geheimbünde und Gegenstand gesellschaftlicher Projektionen: Skopzi, Daniten, Scientology u.a.

Die Skopzi und andere Geheimgesellschaften des zaristischen Russland

Es ist im Westen wenig bekannt, dass das vorkommunistische Russland ein Land zahlreicher religiöser Gruppen und geheimer Gesellschaften gewesen ist. Die Russisch-Orthodoxe Kirche konnte die heftige religiöse Imagination des russischen Volkes nur begrenzt reglementieren. Die schiere Weite des Landes ermöglichte die freie Entfaltung von Gruppen, die sich der kirchlichen Zentralgewalt entziehen wollten. So entstehen um 1650 die „Chlysten" (Geißler), deren Gründer, ein Bauer namens Danila Phillippow, als „Gott Zebaoth" bezeichnet wird. Auch sonst spielt die Inkarnation Jesu, der Gottesmutter etc. in lebenden Menschen eine Rolle. Asketische Lazerationsriten (Selbstgeißelung) verbunden mit orgiastischen Gottesdiensten, langen Tänzen und strenger Askese dienen einer Auslöschung des irdisch-sündigen Bewusstseins zugunsten einer Offenheit für den göttlichen Willen. Rasputin, der „heilige Teufel", stand ihnen nahe. 1914 gab es noch etwa 40 000 Chlysten. Andere Gruppen ziehen als Wanderer (Stranniki) über Land und predigen ein asketisches Christentum. Mehrfach hören wir bis ins 20. Jhdt. hinein von Extremismen, öffentlicher Selbstverbrennung, ja Menschen, die sich selbst lebendig begraben lassen.

Die berüchtigte, aus westlicher Sicht skurrilste der russischen geheimen religiösen Bewegungen aber sind die Skopzen oder Skopzi. Trotz schwerer Verfolgung und Kriminalisierung durch Staat, Oberschicht und Kirche verbreiteten sie sich im frühen 19. Jhdt. rasend schnell. Russisch „Skopzy" heißt „Verschnittene,

Kastraten", weil sie Mt. 19, 12 und Lk. 23, 29 wörtlich nahmen. Die Kastration („Feuertaufe") war Ausdruck eines radikalen Sieges über das Niedrige, Sinnliche und Sündige. Seltener führten auch Frauen eine Entfernung der Geschlechtsteile durch. In beiden Fällen wurden glühende Messer verwendet. Die ekstatischen Gottesdienste mit langen Tänzen sollten den reinen („weißen") Urzustand vor dem Sündenfall wiederherstellen. Die Entstehung des Bösen wurde auf den ersten Geschlechtsverkehr zwischen Adam und Eva zurückgeführt. Die Skopzen selbst nannten sich „Weiße Tauben". Entstanden in den 1760er Jahren, hatten sie sich von den Chlysten getrennt. Ihr Gründer Kondratij Selivanov (gest. 1832) galt seinen Anhängern als Christus und Zar Peter III.

Trotz Verfolgung konnten sie sich über ganz Russland und Sibirien ausbreiten und auch Rumänien erreichen. Ende des 19. Jhdts. lässt ihr Einfluss nach, doch sind letzte Skopzi noch um 1970 im Gebiet Tambov, im Kaukasus und auf der Halbinsel Krim bezeugt. Wie viele andere europäische Staaten fürchtete Russland die Geheimgesellschaften und religiösen Untergrundbewegungen. Am 6. August 1822 ließ Zar Alexander I. die Freimaurerei verbieten. Ende des 19. Jhdts. lebt sie in bescheidenem Umfang wieder auf. Auf diesem Boden entfaltete sich zudem eine vielschichtige esoterische Szene, die durch Madame Blavatsky (1831-1891) auch international bekannt wurde. Wir erwähnen die Skopzi hier, um zumindest ein originär russisches Beispiel einer verborgen arbeitenden Bewegung zur Sprache zu bringen.

Literatur:
K. Grass, Die russischen Sekten. 2 Bände. Leipzig 1907-1914. Nachdruck Leipzig 1966 * Laura Engelstein, Castration and the Heavenly Kingdom. 1999 * Bernhard Stern, Geschichte der öffentlichen Sittlichkeit in Russland, Bd. 1. Berlin 1907, 109-256 (tabulose Darstellung mit vielem andernorts nicht zugänglichem Material in einem der bemerkenswertesten Werke zur russischen Volkskunde).

Die mormonischen Daniten

Jede Religionsgemeinschaft hat – wie sollte es anders sein – auch Skelette im Wandschrank, Episoden ihrer Geschichte, auf die heutige Anhängerinnen und Anhänger mit Scham zurückblicken, die eventuell auch geleugnet oder „schöngeredet" werden. Im Fall der „Kirche Jesu Christi der Heiligen der letzten Tage" ist ein solches, eher gerne verschwiegenes Kapitel der Geheimbund der Daniten. In ihren frühen Jahren litten die Mormonen unter vielfachen Verfolgungen, wurden schikaniert und vertrieben, ihres Landes beraubt und gelegentlich ermordet. Der Gedanke an Rache, zumindest an militante Gegenmaßnahmen, musste sich aus einer Position der Unterlegenheit heraus einstellen oder zumindst als Möglichkeit in den Raum treten. So entstand im Juni 1838 in Far West in Caldwell County, Missouri, die geheime Bruderschaft der Daniten. Schon 1834 hatte Joseph Smith entschieden, dass eine Bewaffnung der Siedler erforderlich sein würde. Die entstehende Miliz nennt er „Armies of Israel", aber volkstümlich heißen sie auch Daniten. Dieser Name wird bald auch auf andere paramilitärische Gruppen übertragen: die Polizei in Nauvoo, die persönliche Leibwache, die er sich einige Zeit hält, und später vor allem auf Brigham Youngs „Destroying Angels" oder „Avenging Angels". Geheimhaltung war den Mormonen vertraut. Auch Teile des Tempelrituals sind ja (bis heute) strikt geheim, wenn auch über ehemalige Mormonen inhaltlich bekannt.

1838 entsteht unter der Führung von Sampson Avard eine eigene Gruppe, die sich mit dem Problem der Abtrünnigen (d.h. der Ex-Mormonen) beschäftigte und sich berufen fühlte, die Reinheit der neuen Kirche in besonderer Weise herzustellen. Sie werden bald als „Sons of Dan" bekannt. Der Name wird vielleicht gewählt, weil der biblische Simson („Sampson") Danit war. Auch eine Reihe anderer biblischer Anspielungen sind möglich. Man begann, Kritikern der Kirche Warnbriefe mit impliziter Morddrohung zu schreiben. Viele Ex-Mormonen verließen die Gemeinschaft, aber nicht alle. Bald dienten die

Daniten allgemein als Polizei und auch als Drohgebärde gegenüber Nicht-Mormonen. Wenig später wurden in nächtlichen Streifzügen Nichtmormonen vertrieben (mehrheitlich waren natürlich die Mormonen selbst Opfer solcher Vorgänge, wenn sie in der Minderheit waren). Die Daniten wurden zur gefürchteten Terrorbande, zumal niemand wusste, wann sie zuschlagen würden. (Wir befinden uns zu dieser Zeit noch immer in Missouri; die weitere große Westwanderung der Mormonen findet erst später statt.) Die Stimmung zwischen Mormonen und Nicht-Mormonen ist gereizt; bald laufen böse Gerüchte um. Joseph Smith hatte später immer betont, mit der ganzen Angelegenheit nichts zu tun gehabt zu haben. Unklar ist, wie viele Daniten es gegeben hat, 300 oder 900? Später jedenfalls werden sie zum Inbegriff einer im geheimen agierenden mormonischen Mörderbande, und als solche gehen sie in die Literatur ein. Zumindest wurde ihr Einfluss in der Außenwahrnehmung übertrieben. Sampson Avard stellte sich später gegen Smith und lastete ihm alle Verantwortung für die Umtriebe der Daniten an. Die Wahrheit könnte in der Mitte liegen. Nach 1838 scheinen die Daniten als Organisation nur noch in der Folklore zu existieren. Weltberühmt und berüchtigt wurden sie durch ihr düsteres Porträt in Arthur Conan Doyles Roman „A Study in Scarlet" (1887), dem ersten Sherlock Holmes-Roman. Hier sind sie rachsüchtige, nachtragende Fanatiker. Dieser Roman hat dem Ansehen der Mormonen nachhaltig geschadet, demonstriert aber auch das verbreitete Bild der neuen Religion. Doyle übertreibt das „Daniten-Phänomen" in jedem Fall. Und in Salt Lake City – wo die betreffenden Teile des Romans ja spielen – hatte es sie ohnehin nie gegeben.

Literatur:
Alexander L. Baugh, A Call to Arms: The 1838 Mormon Defense of Northern Missouri. In: BYU Studies 2000 * Michael D. Quinn, The Mormon Hierarchy: Origins of Power, Salt Lake City 1997 * David J. Whittaker, Art. Danites. In: Daniel H. Ludlow (Hrg.), Encyclopedia of Mormonism 1. New York u.a. 1992, 356f.

Die Scientology Kirche e.V.

Scientology war die im deutschen Sprachraum umstrittenste neue religiöse Bewegung der letzten Jahre. Da ihr fast regelmäßig eine „geheime Agenda" unterstellt wird, sie in der Tat Angebote mit strikt vertraulichem Charakter besitzt und zudem eine Reihe spezifische Probleme aufwirft, behandeln wir sie hier etwas ausführlicher und versuchen vor allem eine Reihe möglichst objektiver Fakten zu benennen. Selbstbezeichnung in Deutschland ist Scientology Kirche e.V. Der Begriff "Scientology" (im Deutschen von Scientologen gerne auch mit fem. Artikel verwendet) stammt jedoch nicht erst von dem Gründer der Religion L. Ron Hubbard, der ihn seit 1952 und in privaten Aufzeichnungen schon früher benutzt, sondern ist seit 1907 in wechselnden Bedeutungen belegt. Die Ähnlichkeit mit einem dt. Buchtitel der 1930er Jahre (Anastasius Nordenholz, Scientologie. Wissenschaft von der Beschaffenheit und der Tauglichkeit des Wissens, München 1934 bzw. mit dem Untertitel: System des Wissens und der Wissenschaft, München 1937) ist wohl nur zufällig, obwohl es einige inhaltliche Ähnlichkeiten gibt (Hubbard konnte Deutsch nicht lesen). Im Folgenden wird die Selbstbezeichnung Scientology Kirche (engl. Church of Scientology) bzw. allgemein Scientology verwendet. Dieser Begriff (lat. scientia + griech. logia) wird von Hubbard als „knowing how to know" erklärt und allgemeiner definiert als „The study and handling of the spirit in relationship to itself, universes and other life" (What is Scientology?, Ausgabe 1998, 4. 635). Aus einer kritischen Außenperspektive wird die Scientology Kirche im deutschen Sprachraum auch als Scientology-Organisation, Scientology-Bewegung, Scientology-Konzern u.ä. bezeichnet. Dahinter steht das Bestreben, den als „ehrwürdig" empfundenen Begriff Kirche und überhaupt die Religionshaftigkeit der Scientology Kirche abzusprechen und eine inhaltliche Kritikwürdigkeit der Scientology Kirche bereits begrifflich zu präjudizieren. Da „Kirche" („church") eine auch sonst durchaus über den christlichen Kontext hinaus verwendete Bezeichnung religiöser Gemeinschaften ist, dürfte es religionswissenschaftlich nicht legitim sein, anstelle der eingeführten Selbstbezeichnung grundsätzlich einen Substitutterminus zu verwenden, der von Mitgliedern der Scientology Kirche als unangemessen betrachtet wird, zumal der religionswissenschaftliche Sprachgebrauch auch sonst Religionsgemeinschaften ihre Selbstbezeichnung als Referenzbegriff nicht verweigert. Scientology hat niemals behauptet, in irgendeiner Weise eine christliche Kirche zu sein, sondern beansprucht den Status einer eigenen, neuen Religion.

Die Scientology Kirche ist nicht nur von dem Amerikaner L. Ron Hubbard begründet, sondern auch in Lehre und Praxis in großer Ausschließlichkeit durch ihre Stifterpersönlichkeit geprägt worden. Ihre heutigen Leitungsgremien legen größten Wert darauf, Hubbards „Technologien" rein und „unverfälscht" zu bewahren, mit der Konsequenz, dass interne Veränderungen immer nur als Entfaltung der durch Hubbard gesetzten Impulse wahrgenommen werden. Hubbard gilt dabei nicht als „Offenbarer", sondern eher als Erforscher der Terra incognita des menschlichen Geistes und als Entdecker und Kartograph eines spirituellen Befreiungsweges, auf dem andere Menschen folgen können. Scientologen sind ihrem Gründer (intern gerne „Ron" genannt) oft in einer Mischung aus Verehrung und Zärtlichkeit zugetan; Standing ovations und Händeklatschen „für Ron" haben die Dignität religiöser Rituale erhalten. Jede Scientology Kirche enthält ein eingerichtetes Büro für L. Ron Hubbard als Zeichen seiner andauernden Präsenz. Eine rituelle Verehrung im engeren Sinn existiert jedoch nicht.

Zur Person des Gründers L. Ron Hubbard

Lafayette Ron Hubbard wurde am 13. März 1911 in Tilden Nebraska als Sohn eines Offiziers der US-Navy geboren. Hubbard verbringt seine Kindheit u.a. in der ländlichen Umgebung von Helena, Montana, macht aber schon als Jugendlicher Reisen nach China, Japan und mehrfach auf die Pazifikinsel Guam, wo sein Vater ab 1927 stationiert ist. 1930-1932 studiert er Ingenieurwissenschaften an der George Washington University

(Washington, D. C.), macht aber keinen Abschluss, sondern betätigt sich als (durchaus erfolgreicher) Unterhaltungsschrift-steller in zahlreichen Genres, v.a. Science Fiction und Fantasy, aber auch Kriminalroman und Western. Erzählungen wie „The Dangerous Dimension" (1938), „Ole Doc Methuselah" (1947-59), „To the Stars" (1950) und „The Masters of Sleep" (1950) antizipieren manche Ideen des späteren Scientology-Systems. 1941 tritt er als Lieutenant (Junior Grade, später Senior Grade, sein höchster Rang) in die Navy ein, wo er u.a. U-Boote im pazi-fischen Raum befehligt. Gegen Kriegsende verbringt er mehrere Monate als Rekonvaleszent in Krankenhäusern (u.a. Oak Knoll Naval Hospital), ist aber auch bald wieder als Schriftsteller tätig. Ende 1945/Anfang 1946 lebt er in Pasadena, Kalifornien, im Umfeld des Aleister Crowley-Anhängers und Nuklearphysikers John („Jack") Whiteside Parsons (1914-1952), mit dem er auch magische Experimente durchführt. Doch sind weder die Inhalte noch die Sozialgestalt von Scientology als „magische" oder neo-pagane Bewegung verständlich zu machen; von einem größeren Einfluss Crowleys auf Hubbard kann nicht gesprochen werden. Etwa 1949 erfolgen erste Niederschriften seiner therapeutischen Grundgedanken, die er zuerst Dianetik nennt („Dianetics „ < gr. dia+nous „durch den Geist"). Nicht zuletzt aufgrund der Förde-rung durch John W. Campbell (1910-1971), den einflussreichsten Science Fiction-Herausgeber dieser Jahre, erreichen Hubbards erste Publikationen zur Dianetik ein breites Publikum („Diane-tics: The Evolution of a Science", in: Astounding Science Fiction, Mai 1950). Am 9. Mai 1950 erscheint „Dianetics: The Modern Science of Mental Health" beim Verlag Hermitage House, New York. Das Buch stellt ein neues therapeutisch-seelsorgerliches Konzept vor (Dianetics) und wird sofort und für Monate zum Bestseller; sein wissenschaftlicher Wert wird freilich bald von Ärzteorganisationen in Frage gestellt (auch Erich Fromm wid-mete ihm sofort nach Erscheinen eine kritische Rezension), ohne dass es zu ausführlichen Untersuchungen kommt.

Der Begriff „therapeutisch" trifft den Ansatz in der Tat nicht völlig. Rasch entstehen hunderte von Dianetik-Gruppen in den USA (bald auch in Großbritannien), während Hubbard seine Ideen in den kommenden Jahren durch mehrere Tausend Vorträge verbreitet und seine psychagogischen „Technologien" verfeinert. Am 27. April 1950 gründet er die Hubbard Dianetic Research Foundation in Elizabeth, NJ, der bald mehrere ähnliche Einrichtungen folgen (1952 Hubbard College in Wichita, Kansas, später in Phoenix, Arizona). Ab etwa 1951 rechnet er mit „früheren Leben" des „Thetans" (der unsterblichen Personmitte). Etwa 1952 entwickelt Hubbard Dianetics weiter zu der von ihm als Religion verstandenen Scientology, die bald auch religiöse Organisationsformen annimmt. Die Religionswerdung von Scientology ist ein längerer, gut dokumentierter Prozess, der aus der sich verändernden Natur von Hubbards Auffassungen resultiert, und den er auch intern seinen Anhängern gegenüber verteidigen musste („Why Doctor of Divinity?", Professional Auditor´s Bulletin 32 vom 7. Aug. 1954, auch in: The Technical Bulletins of Dianetics and Scientology, Bd. 2, 1954-1956, Ausgabe Los Angeles u.a. 1986, 72-75). Der Vorwurf, es handle sich nur um eine äußere Adaption, etwa zum Zwecke der Steuerersparnis, wird durch Hubbards Ringen um die Frage und den dezidiert religiösen Charakter des sich entwickelnden Systems Scientology widerlegt. Zu seinen Anhängern gehören zeitweise zahlreiche Autoren aus dem Umfeld der Science Fiction – so neben Campbell v.a. A. E. van Vogt, James Bush, Katherine MacLean, William S. Burroughs. Selbst Aldous Huxley und Fritz Perls (der Gründer der Gestalttherapie) lassen sich von Hubbard auditieren (wie das dianetische Verfahren heißt). All jene distanzieren sich später von Hubbard, vor allem Blish und Burroughs werden scharfe Kritiker, ähnlich Arthur Jean Cox und Lester del Rey, die nie Anhänger waren. 1959 kauft Hubbard vom Maharaja von Jaipur dessen Schloss Saint Hill Manor in East Grinstead, Sussex, England, wo er bis 1966 lebt und eine scientologische Ausbildungsstätte aufbaut, die noch heute besteht. Ab 1964/1965 sind bestimmte scientologische Kursmaterialien vertraulich, besonders die ab 1966 sukzessive erstellten OT- (später New OT-) Stufen (OT „Operating Thetan", Einweihungsgrade über „clear";

dazu s. sofort): OT I und II, 1966; OT III, 1967; OT IV, V und VI 1968; OT VII, 1970; New OT V, 1978; New OT IV, 1980; New OT VI und VII, 1980; New OT I, 1985; New OT VIII, 1988. Am 19. Febr. 1966 werden unter dem Namen Narconon Zentren zur Drogenrehabilitation gegründet. Am 1. Sept. 1966 tritt Hubbard von allen offiziellen Führungsämtern in Scientology zurück, um sich ganz der inneren Entfaltung und Weiterentwicklung seines Systems zu widmen. Äußere Widerstände mehren sich: 1965 verurteilt der staatliche „Anderson-Report" im Bundesstaat Victoria, Australien Scientology als moralisch böse (jedoch 1983 Anerkennung als Religionsgemeinschaft durch den High Court of Australia), 1966 wird Hubbard aus Rhodesien ausgewiesen, 1968 wird er in Großbritannien zur unerwünschten Person erklärt und kann nicht zurückkehren. In diesen Jahren wird seine Sprache gegenüber Gegnern martialischer, seine Rhetorik massiver, doch gewinnt er später wieder eine größere Gelassenheit zurück.

1966 erklärt Hubbard den Südafrikaner John McMasters zum 1. „Clear", dem zahlreiche weitere folgen. Hubbard selbst ist „Clear" Nr. 54. 1968 zählt Scientology 276 „clears", 1977 sind es 6146, heute mehrere zehntausend. Am 20. Sept. 1967 erscheint „Ron's Journal 1967" mit der Ankündigung der OT III Materialien („Wall of Fire"), die in der entstehenden internen Mythologie eine zentrale Rolle spielen. Die Jahre 1967-1975 verbringt Hubbard zum Großteil auf mehreren Schiffen, mit denen er das Mittelmeer, den Nordatlantik und die Karibik bereist und u.a. Beweise für seine Reinkarnationstheorien („frühere Leben") sucht (dazu seine autobiographisch wichtige Schrift „A Test of Whole Track Recall", 1968, später erweitert als „A Mission into Time", 1972). Scientology ist nun eine junge Religion mit hierarchischer Struktur und dezidierter Geheimhaltung fortgeschrittener Inhalte.

Hubbard gründet am 12. Aug. 1967 die „Sea-Org" (See-Organisation) als internen Führungskader mit ordensähnlicher Struktur und nimmt den Titel Commodore an. 1975 erwirbt die Church of Scientology mehrere Gebäude in Clearwater, Florida, die zu einem Hauptquartier ausgebaut werden. Hubbard lebt in

Dunedin, Florida und ab 1976 in La Quinta, Kalifornien. Im Zuge der Aktion „Snow White" (ab 1973) gelingt es Scientologen unter der Führung von Mary Sue Hubbard (Hubbards 3. Ehefrau), sich in verschiedene amerikanische Bundesbehörden einzuschmuggeln und große Mengen vertraulichen Aktenmaterials zu entwenden. Das Projekt fliegt 1977 auf; Mary Sue Hubbard u.a. hochrangige Scientologen werden 1979 zu Haftstrafen verurteilt. Hubbard selbst kann eine Beteiligung nicht nachgewiesen werden.

In seinen letzten Jahren (etwa ab Mitte der 70er Jahre) lebt Hubbard zunehmend ohne öffentliche Auftritte, ab 1982 in der Nähe von San Luis Obispo, Kalifornien (schon 1972 hatte er mehrere Monate inkognito in New York verbracht). Nur wenige Anhänger und Familienmitglieder halten den Kontakt zwischen ihm und seiner Bewegung, u.a. die oft jugendlichen „Messenger", aus denen später viele Führungspersönlichkeiten der Bewegung hervorgegangen sind. In dieser Zeit entstehen diverse scientologische Lehrfilme sowie die Materialien für die höheren Einweihungsgrade (New OT-Grade), die nur allmählich zugänglich gemacht werden und als scientologische spirituelle Arkandisziplin gelten. Durch ausgetretene ehemalige Mitglieder sind ihre Inhalte bis New OT VIII in mehreren Gerichtsprozessen in Umrissen bekannt geworden. Über die Einweihungsgrade New OT IX-XV ist nichts Näheres bekannt. 1981 publiziert Hubbard das Buch „The Way to Happiness", eine interreligiöse „Common sense"-Ethik. 16. 5. 1982 wird das Religious Technology Centre (RTC) gegründet, dem alle Copyright-Rechte Hubbards übertragen werden und das die spirituelle Führungsrolle in Scientology im Sinne einer äußeren Kontrollinstanz innehat (Chairman seit 1986: David Miscavige, geb. 30. 4. 1960 in Philadelphia). Im gleichen Jahr kehrt Hubbard auf den Science Fiction-Markt zurück: Er publiziert den utopischen Roman „Battlefield Earth", dem 1985-1987 die 10 Bände „Mission Earth" folgen (ab Bd. 2 posthum), ein groß angelegter Science Fiction-Zyklus mit satirischem Charakter. Wie im gesamten literarischen Werk Hubbards lassen sich vielfach untergründige Beziehungen zu den Denkinhalten von Scientology aufzeigen (u.a. in der Opposition gegen die amerikanische Psychiatrie), ohne dass diese Bücher direkt für die Bewegung werben würden. Alle Romane haben Auflagen in Bestsellerhöhe. Hubbard stirbt am 24. Jan. 1986 in Creston, Kalifornien an den Folgen eines Schlaganfalls. Sein Körper wird eingeäschert, die Asche über dem Pazifik verstreut. 1991 wird in Los Angeles, Kalifornien eine Dauerausstellung zur Biographie Hubbards eingerichtet.

Scientology als System und Praxis

Ein erstes Ziel für Scientologen ist die Erreichung des Zustandes „Clear", der alle negativen Erfahrungen („Engramme") vollständig bewältigt habe und über ein vollkommenes Gedächtnis, eine gesteigerte Intelligenz und geläuterte Emotionen verfüge sowie keine psychosomatischen Störungen mehr aufweisen solle. Hubbards Gedankenwelt kombiniert religiöse und magische Elemente im Rahmen eines dezidiert „modernen", technokratisch-pragmatischen Umganges mit seelischen Befindlichkeiten. Der Gottesbegriff hat nur periphere Funktion. In „The Problems of Work" bezeichnet Hubbard Scientology als „the first entirely Western effort to understand life". Doch liegen auch Affinitäten zum Buddhismus auf der Hand, ohne dass Scientology in direkter Abhängigkeit von diesem zu verstehen wäre. Scientology verdient Analyse, vor allem als neuzeitliche Bewegung, die sich im Gegensatz zu den meisten „Sekten" und Neuen Religiösen Bewegungen vollständig außerhalb der Matrix einer der traditionellen Religionen bewegt. In religionswissenschaftlicher Analyse stellt Scientology den neuzeitlichen Typ einer dualistischen, dezidiert gnostischen („Befreiung" als Erkenntnisgeschehen) Mysterienreligion mit strikter Arkandisziplin dar. Äußerlich oft als Lebenshilfeangebot („applied religious philosophy") auftretend, zielt die innere Struktur von Scientology auf völlige Hingabe des Mitgliedes an die Ziele der Bewegung („a clear planet"). Sie setzt sich damit freilich auch regelmäßig dem Totalitarismusverdacht aus. Alle Lebensbereiche

(Arbeit, Studium, Verwaltung, Kommunikation, emotionales Leben) werden für Scientologen durch von Hubbard formulierte „Technologien" beherrschbar gemacht; Scientology hat damit einen immens pragmatischen Grundzug.

Der Religionscharakter ist öfters bestritten worden (Enquete-Kommission des Deutschen Bundestages „Sogenannte Sekten und Psychogruppen", 1998), was aber zumindest auch auf einer aus dem Christentum extrapolierten Engführung des Religionsbegriffs beruht. In „Hymn of Asia" (1974, geschrieben 1955/56) stellt sich Hubbard als Maitreya (der „künftige Buddha" des buddhistischen Geschichtsbildes) dar, wie er überhaupt dem Buddhismus eine Sonderstellung unter den Religionen zubilligt. Die scientologische Praxis ist durch ein komplexes Kursangebot und das so genannte „Auditing" bestimmt. Dieses wird als eine spirituelle Beratungstechnik verstanden, in der nach festen Regeln und unter Zuhilfenahme eines elektrischen Hautwiderstandsmessers („e-meter") der Auditor dem Klienten helfen will, besondere seelische „Problemzonen" zu entdecken. Das Missverständnis als einer etwa medizinischen Heiltechnik wird explizit ausgeschlossen, obwohl Scientologen mit einer befreienden und entlastenden Wirkung des Auditing bis ins Körperliche hinein rechnen.

Bezahlt wird jeweils nur, was tatsächlich in Anspruch genommen wird. Die Preise sind gestaffelt und nach bundesdeutschen Maßstäben z.T. sehr hoch. Allerdings ist es möglich, das gesamte eigene Auditing bis zum Zustand Clear auch parallel mit einer eigenen Ausbildung zum Auditor bzw. zur Auditorin zu absolvieren. In diesem Fall sind die entstehenden Gebühren geringer. Die von Aussteigern öfters berichtete große finanzielle Belastung bis zur extremen Verschuldung kam offenbar v.a. dann zustande, wenn Menschen das gesamte scientologische Programm sehr schnell absolvieren wollten. Die deutsche Scientology Kirche hat hier mittlerweile gelernt, in ihrer (nach deutschen Maßstäben sehr offensiven) Werbung für ihre Angebote stärker die finanziellen Möglichkeiten ihrer Mitglieder zu berücksichtigen. Auch auf das erwähnte aufwendigere, aber deutlich preiswertere

„co-auditing" wird hingewiesen. In den USA beruhte ein Teil des Erfolges der Bewegung in den 1950er und 1960er Jahren dagegen gerade darauf, dass sie im Vergleich mit psychotherapeutischen Verfahren deutlich preiswerter war, aber ähnliche Wirkungen zu versprechen schien. Allerdings ist Scientology keine Form der psychologischen Therapie, sondern hat eine davon durchaus unterschiedene Zielsetzung. Gegenüber der klassischen Psychiatrie herrscht unter Scientologen eine erhebliche Skepsis, die sich zum Teil in verschwörungstheoretischen Interpretamenten artikuliert.

Die gesamte scientologische Praxis ist deutlich auf ein anthropologisches System bezogen, das den Menschen in einer Wechselwirkung zwischen einer unsterblichen Personmitte (Thetan, nach dem griech. Buchstaben Theta) und dem Körper sieht, der sich im MEST-Universum befindet („Matter, Energy, Space, Time"). Die Entstehung der Universen ergibt sich aus dem „Spiel" der Thetanen, die sich vor Urzeiten in ihr eigenes Spiel verloren haben. Dieses Spiel ist aber gerade MEST, die materielle Welt. Nun müssen sie ihre Freiheit gegenüber MEST wiederentdecken (vgl. den poetischen, in Anlehnung an Genesis 1 formulierten Text „The Factors" von 1953, der die scientologische Kosmogonie darstellt). „Spiel" ist dabei eine Leitmetapher Hubbards. Die komplexe und in zahlreichen Schriften entfaltete Metaphysik Hubbards ist bisher nicht Gegenstand nennenswerter Forschung gewesen. Hubbard rechnet auch mit mehrfachen Kontakten zwischen der Erde und außerirdischen Zivilisationen. Jedoch spielen diese stärker mythologischen Elemente nur eine sehr geringe Rolle in der Symbolwelt praktizierender Scientologen.

Dianetik war von Hubbard nicht als Religion definiert worden, sondern als Wissenschaft („The modern Science of Mental Health" war der Untertitel von „Buch 1."). Doch traten 1950-54 immer stärker religiöse Fragen der spirituellen Natur des Menschen in den Mittelpunkt der Bewegung. Am 18. Febr. 1954 wird die erste Church of Scientology in Los Angeles gegründet (Es folgen rasch weitere Churches: u.a. 1955 Washington, DC; 1957 Johannesburg, South Africa; 1959 Paris; 1968 Kopenhagen etc.).

Da gerade aus diesen frühen Jahren von Scientology Vorträge, Dokumente, Briefe u.a. in sehr großer Zahl vorliegen (auch Aufzeichnungen von ehemaligen Weggefährten Hubbards, die sich später von ihm getrennt haben, z.B. die Briefe des John W. Campbell) – mittlerweile oft auch in soliden Editionen – kann die Entwicklung der Bewegung zu einer Gemeinschaft mit dezidiert religiösem Charakter gut nachgezeichnet werden. Ein Schlüsseltext ist „Why Doctor of Divinity?" vom 7. Aug. 1954. Im Gegensatz zu dem Verdacht einer zweckrationalen Anpassung an leichtere Vermarktungsstrategien zeigt sich dabei, dass der zunehmend religiöse Anspruch von Scientology aus der inneren Entwicklung der Bewegung zu erklären ist, deren Praxis ein immer stärkeres Befreiungspathos annimmt.

Die Scientology Kirche Deutschland gibt seit Langem eine Mitgliederzahl von etwa 30 000 an. Angesichts der öffentlichen Stigmatisierung ihrer Kirche haben viele Scientologen verständlicherweise große Hemmungen, sich öffentlich als solche zu bekennen. Beobachter schätzen die Zahl aktiver Scientologen in Deutschland auf 5-6000 (weltweit schwanken die Angaben zwischen 1/2 Million und 8 Millionen). Speziell in Deutschland war Scientology mehrfach Gegenstand heftiger öffentlicher Angriffe. In den 1980er und 1990er Jahren wurde die Debatte hauptsächlich durch einzelne energische Gegner aufrechterhalten. Die Vorwürfe reichten von manipulativen Psychotechniken über finanzielle Ausbeutung bis zur Unterwanderung von Wirtschaftsunternehmen. Im Juni 1997 beschloss die Ständige Konferenz der Innenminister und -senatoren der Länder (IMK) erstmals, die Scientology-Organisation (wie sie hier durchgehend genannt wird) durch den Verfassungsschutz beobachten zu lassen, weil es Anhaltspunkte für Bestrebungen gegen die freiheitlich-demokratische Grundordnung der Bundesrepublik gäbe. Seitdem sind zahlreiche Berichte verfasst worden, ohne dass Material zutage getreten wäre, das etwa in einen Prozess oder ein Verbotsverfahren eingemündet wäre.

Für die Religionswissenschaft stellt Scientology eine erhebliche Herausforderung dar, die diese bisher erst partiell aufgenommen hat. Nachdem die Sekundärliteratur jahrzehntelang ausschließlich durch kirchlich-apologetische Sektenliteratur und journalistische Beiträge mit Enthüllungspathos geprägt war, hat sich zunehmend die Erkenntnis durchgesetzt, dass auf eine Erforschung mit religionswissenschaftlichen Standards nicht länger verzichtet werden kann. Allerdings bleiben auch im religionswissenschaftlichen Kontext ältere christlich-theologisch geprägte Arbeiten als Materialsammlung und Problemanzeige wertvoll, sofern ihre erkenntnisleitenden Interessen beachtet werden. Im Widerspruch zu gängigen Devianztheorien hat Gerald Willms in einer grundlegenden Studie gezeigt, dass Scientology deutlich im Wertgefüge der amerikanischen Mittelstandsgesellschaft verortet werden kann, ja geradezu deren Potenzierung darstellt. Weiterführend lässt sich plausibel machen, dass der gesellschaftliche Streit um Scientology zumindest auch ein Projektionsphänomen ist. Die Gesellschaft meint an Scientology gerade jene Eigenschaften wahrzunehmen, die sie selbst zwar faktisch lebt, die aber mit Ambivalenzgefühlen bzw. mit Scham und Schuld besetzt sind: Technologische, zweckrationale Durchdringung aller Lebensbereiche, Orientierung an messbaren Statistiken, auch in Bereichen des seelischen und kulturellen Lebens, Professionalität und Kreativität, expansive Werbung, Wachstum als klares Ziel, zugleich eine heftige Polemik gegen Kritiker. V.a. wird Scientology von Deutschen als dezidiert „amerikanisch" wahrgenommen. Die Diskussion über Scientology potenziert die ambivalente Wahrnehmung der USA (auch des amerikanischen Christentums) durch viele Deutsche.

Unabhängig von der Frage, inwiefern eine solche Wahrnehmung Scientology tatsächlich gerecht wird, ist das gesellschaftliche Konstrukt „Scientology" (d.h. nicht die reale Religionsgemeinschaft, sondern die Summe der gesellschaftlichen Bilder von ihr) eine Projektionsfläche für genau jene Eigenschaften, welche die Gesellschaft an sich selbst als problematisch erlebt. In der Sprache der analytischen Psychologie gesprochen, ist das Konstrukt Scientology (wieder nicht etwa die reale Gemeinschaft der Scientologen) der „Schatten" der modernen zweckrationalen Gesellschaft.

Literatur:
Marco Frenschkowski, L. Ron Hubbard and Scientology. An Annotated Bibliographical Survey of Primary and Selected Secondary Literature. In: Marburg Journal of Religion 4 (1999), No. 1 (Einzelnachweise zu allen Schriften Hubbards) * Dorthe Refslund Christensen, Scientology: en ny religion. Kopenhagen 1997 * Dies., Scientology: Fra Terapi til Religion. Kopenhagen 1999 * Dies., Art. Scientology, in: Wouter J. Hanegraaff (Hrg.), Dictionary of Gnosis & Western Esotericism, Bd. 2, Leiden 2005, 1046-1050 * Ursula Caberta, Schwarzbuch Scientology. Gütersloh 2007 * Gerald Willms, Scientology. Kulturbeobachtungen jenseits der Devianz. Bielefeld 2005 * J. Gordon Melton, The Church of Scientology. Turin 2000 * John Atack, A Piece of Blue Sky. New York 1990 * Selbstdarstellungen im Internet: www.scientology.de * www.scientology.org * www.lronhubbard.org * Scientologykritische Seiten (von unterschiedlichem Wert, durchgehend polemisch): www.xenu.net * www.altreligionscientology.org * http://home.snafu.de/tilman * Kritische Materialsammlungen: www.religio.de * www.ekd.de/ezw * Diskussion: USENET Newsgroup alt.religion.scientology.

18. SCHLUSSBETRACHTUNG

Wir haben unseren raschen Durchgang durch die Welt der geheimen Gesellschaften mit einer Typologie begonnen und wollen mit einigen Bemerkungen zu ihrer gesellschaftlichen Wahrnehmung insbesondere unter dem Gesichtspunkt der Verschwörungstheorien enden. Wir haben darauf verzichtet, Verschwörungsängste und Geheimgesellschaften des 20. und 21. Jhs. umfassend darzustellen, doch sollen ein paar grundsätzliche Beobachtungen bzw. Thesen unsere exemplarische Umschau beschließen.

Die fiktiven höheren Orden der Esoterik und die angstbesetzen fiktiven Geheimgesellschaften der Fantastik sind zwei Seiten derselben Sache. Beide machen die chaotische Weltgeschichte mit ihren Irrungen und Wirrungen sinnvoll, beide strukturieren die Vergangenheit und Gegenwart. Beide antworten auf die Frage: Wer hat die Fäden des Schicksals in der Hand? Beide sind von einem tiefen Misstrauen gegen das Vorfindliche und Sichtbare gekennzeichnet. So wie Skepsis und Okkultismus durch ein Misstrauen gegen die akzeptierte Konstruktion von Wirklichkeit gekennzeichnet und verbunden sind und in ihrem Psychoprofil immer wieder ineinander übergehen, so verhält es sich auch mit der Furcht vor bösen Geheimgesellschaften und der Faszination durch gute. Beide gehören untrennbar zusammen. Das europäische und später auch amerikanische Bürgertum hat Projektionsflächen gebraucht, um die Kontingenz der Geschichte zu bewältigen. In den Ideologien und historistischen Modellen des 19. Jhs. waren dies meist übergeschichtliche „Faktoren", deren Wirken man sich in Analogie zu den Naturgesetzen vorstellte. So im Fall der Klassengegensätze als Triebkräfte der Geschichte im Marxismus. Viele Menschen werden von solchen Modellen aber nicht überzeugt: Sie sehen lieber Personen im Hintergrund und als Macher der Geschichte, und wenn es offenbar nicht diejenigen sind, die in den Geschichtsbüchern stehen und diese vielmehr auch nur als Marionetten handeln, dann kommen wir rasch zum Nährboden der Überzeugung, dass andere Menschen, andere Gruppen im verborgenen Hinter- und Untergrund der Geschichte am Werk seien. Manchmal bringen sie die Menschheit voran, wie die Theosophen das von ihrer Grand White Lodge glauben. Manchmal verwalten sie arkanes Wissen und verborgene Kräfte der Vergangenheit, so bei fast allen esoterischen Gruppen. Dann wird fast immer die Idee von der verborgenen Göttlichkeit des Menschen transportiert: „Der Mensch ist nur ein ängstlicher Gott", sagt Maurice Maeterlinck. So etwas klingt immer verheißungsvoll, wenn es auch aus christlicher Sicht nur eine deplazierte Allmachtsfantasie ist, mit der sich der Mensch selbst von seinen wahren Problemen abzulenken versucht. Der Golden Dawn, dem Ende des 19. Jhdts. die Dichterelite Englands angehörte und der geheimbundähnliche Strukturen besaß, hat z.B. solche Gedanken durchaus kultiviert.

Oder aber die Geschichte wird als so chaotisch, so undurchschaubar, so tückisch und bösartig erlebt, dass es böse Bünde und Orden sein müssen, die da im Untergrund am Werk sind.

Alles, was Kultur und Humanität aufgebaut haben, wird dann als labil und gefährdet erlebt, gefährdet durch geheime Gruppen und ihre Verschwörungen. Die äußerste Schwundstufe solcher Ängste ist dann z.B. Dr. Mabuses „Herrschaft des Verbrechens". Insbesondere die Illuminaten verschwinden bis heute nicht aus dem Repertoire der (ernst gemeinten) Verschwörungsliteratur. So heißt es noch 2003 in einer rechtsradikalen Publikation: „Die(se) Illuminati, deren schmutzige Handlanger, der CIA in den USA und der Mossad in Israel, sind die Puppenspieler und die kontrollieren in Deutschland unsere Politiker, die Medien, die Gerichte, die Gewerkschaften, die Verbände, die Lobbyisten, also die hörigen, mit Gewalt gefügig gemachten Marionetten des teuflischen Systems der Vergewaltigung." (zitiert nach: Bericht des Verfassungsschutzes Hessen 2003, 97). Wir sehen jedenfalls, wie Verschwörungsfantasien aus dem 18. und 19. Jhdt. bis in die Gegenwart weiterwirken.

Merkwürdigerweise sind es Ende des 20., Anfang des 21. Jhdts. meist religiöse Gruppen, auf die sich derartige Ängste und Verschwörungsfantasien richten. Angesichts des allgemein geringen Bildungsstandes über alles Religiöse wird dieses selbst unheimlich, und der Boulevardjournalismus stürzt sich auf jede Gruppe, über die man Gruselgeschichten gut verkaufen kann, zumal wenn die betroffenen Gruppen sich nicht wehren können, weil sie keine eigene Medienpräsenz haben. Es steht zu befürchten, dass sich diese Mechanismen auch in näherer Zukunft nicht ändern werden. Sie sind der Schatten, in dem die realen Gruppen und Bünde leben, in deren Praxis Vertraulichkeit, ein geschützter Raum und Geheimhaltung wichtig sind.

Literatur zum Thema Verschwörungstheorien:

Helmut Reinalter (Hrg.), Typologien des Verschwörungsdenkens. Innsbruck 2004 * Kate Tuckett, Verschwörungstheorien von A-Z. Königswinter 2001 * Robert A. Wilson u. Miriam J. Hill, Das Lexikon der Verschwörungstheorien (geistreich, zuweilen witzig, nicht immer solide recherchiert). Frankfurt a. M. 2000 3. Aufl. München 2005 * Charlotte Greig, Intrigen & Komplotte. Die berühmtesten Verschwörungstheorien. Münster 2006 * Thomas Grüter, Freimaurer, Illuminaten und andere Verschwörer. Wie Verschwörungstheorien funktionieren. Frankfurt a. M. 2006 * Wolfgang Wippermann, Agenten des Bösen. Verschwörungstheorien von Luther bis heute. Berlin 2007 * Jürgen Roth u. Kay Sokolowsky, Was steckt dahinter? Die 99 wichtigsten Verschwörungstheorien. Köln 1998 * Tobias Jaecker, Antisemitische Verschwörungstheorien nach dem 11. September. Neue Varianten eines alten Deutungsmusters. Münster 2. Aufl. 2005 * Mathias Bröckers u. Gerhard Seyfried, Verschwörungen, Verschwörungstheorien und die Geheimnisse des 11. 9. Frankfurt a. M. 2003 * Hans M. Enzensberger, Michael Naumann, Tilman Spengler u. Karl M. Michel (Hrg.), Verschwörungstheorien. Kursbuch 124. Hamburg 2002 * Johannes Rogalla von Bieberstein, Die These von der Verschwörung 1776-1945. Philosophen, Freimaurer, Juden, Liberale und Sozialisten als Verschwörer gegen die Sozialordnung. Flensburg 1992 * Ute Caumanns u. Mathias Niendorf, Verschwörungstheorien: Anthropologische Konstanten – historische Varianten. Osnabrück 2001 * Robert Detobel u. Uwe Laugwitz, Verschwörungstheorien. 2004 * Marc Lutter, Sie kontrollieren alles! Verschwörungstheorien als Phänomen der Postmoderne und ihre Verbreitung über das Internet. München 2001.

ANHANG: QUELLENTEXTE

1. Fama Fraternitatis
2. Confessio Fraternitatis
3. James Anderson, „Die alten Pflichten" (aus: „The New Book of Constitutions") (Auszug)

1. Fama Fraternitatis

Die folgende Textwiedergabe des ersten und grundlegenden Rosenkreuzer-Textes beruht auf: „Fama Fraternitatis, Oder Brüderschafft / des Hochlöblichen Ordens des R. C. An die Häupter / Stände und Gelehrten Europae", in dem Band: „Allgemeine und General Reformation der gantzen weiten Welt. Beneben der Fama Fraternitatis, Deß Löblichen Ordens des Rosenkreutzes / an alle Gelehrte und Häupter Europae geschrieben: Auch einer kurtzen Responsion, von dem Herrn Haselmeyer gestellet / welcher deßwegen von den Jesuitern ist gefänglich eingezogen / und auff eine Galleren geschmiedet" (Kassel: Wilhelm Wessel 1614, dort S. 91-128). Ein moderner Nachdruck mit einigen Anmerkungen ist z.B. auch: Johann Valentin Andreae, Fama Fraternitatis (1614). Confessio Fraternitatis (1615). Chymische Hochzeit: Christiani Rosencreitz. Anno 1459 (1616). Eingeleitet und hrg. von Richard van Dülmen. Stutgart 1973 3. Aufl. 1981. Eine ausführlich kommentierte wissenschaftliche Ausgabe des Textes (und der anderen frühen Rosenkreuzertexte) ist angekündigt und soll 2008 erscheinen. Anmerkungen in eckigen Klammern [] stammen vom Autor dieses Buches und dienen der Erläuterung. Ein kleiner Hinweis für Leserinnen und Leser, die keine Erfahrung im Lesen von Texten dieser Zeit haben: Wenn man sich den Text selbst laut vorliest, wird die vielleicht etwas fremde Sprache der Zeit leicht verständlich.

„WIHR DIE BRÜDER der Fraternitet des R. C. [des Rosenkreuzes] Entbieten allen und jeden, so diese unsere Famam Christlicher meinung lesen, unsern Gruß, Liebe und Gebet.

Nachdem der allein weyse und gnädige Gott in den letzten
Tagen sein Gnad und Güte so reichlich über das Menschliche
Geschlecht außgossen, daß / sich die Erkantnuß, beydes seines
Sohns und der Natur, je mehr und mehr erweitert, und wihr
uns billich einer glücklichen zeit rühmen mögen, daher dann
nicht allein das halbe theil der unbekandten und verborgenen
Welt erfunden, viel wunderliche und zuvor nie geschehne Werck
und Geschöpff der Natur uns zuführen, und dann hocherleuchte Ingenia auffstehen lassen, die zum theil die verunreinigte
unvollkommene Kunst wieder zu recht brächten, damit doch
endlich der Mensch seinen Adel und Herrlichkeit verstünde,
welcher gestalt er Microcosmus, und wie weit sich sein Kunst
in der Natur erstrecket.

Ob wol nun auch hiermit der unbesonnenen Welt wenig
gedienet und des Lästerns, Lachens und Gespöts immermehr ist,
auch bey den Gelehrten der Stoltz und Ehrgeitz so hoch, daß sie
nicht mögen zusammen tretten und auß allem, so Gott in unserm
seculo reichlich mitgetheilet in librum naturae, oder regulam aller
/ Künsten söndern möchten, sondern je ein theil dem andern zu
wieder thut, bleibt man bey der alten Leyren und muß Bapst,
Aristoteles, Galenus [die philosophischen und medizinischen
Autoritäten], ja was nur einem Codice gleich siehet, wieder das
helle offenbahre Liecht gelten, die ohn zweiffel selbsten, so sie
lebten, mit grossen Frewden sich corrigirten: hie aber ist man so
grossen Worten zu schwach und ob wol in Theologia, Physica
und Mathematica, die Warheit entgegen gesetzt, lesset doch der
alte Feind seine list und grollen mit hauffen sehen, da er durch
Schwärmer, unfried und Landleuffer, solchen schönen Lauff
hindert und verhaßt machet. Zu solchem intent einer general
Reformation hat sich auch hoch und lange zeit bemühet der
weyland Andächtige, Geistliche und Hocherleuchte Vatter Fr. C.
R., ein Teutscher unserer Fraternitet Häupt und Anfänger, dieser,
nachdem er auß Armut (seiner gleichwol Adelichen Eltern) im
fünfften Jahr seines Alters, in ein Kloster versteckt / worden und
also beyde Spraachen, Griechische und Lateinische ziemblich
erlernet, wird er einem Bruder P.[ater] a.l., so eine Reyse zum

Heyligen Grab fürgenommen (auff sein embsig flehen und
bitten), noch in blühender Jugend zugegeben: Ob wol aber dieser
Bruder in Cypern gestorben und also Jerusalem nicht gesehen,
kehret doch unser Fr. C. R. nicht umb, sondern schiffet vollend
hinüber und zohe auff Damascum zu, willens von dannen Jerusalem zu besuchen, als er aber wegen Leibesbeschwerlichkeit
altdar verharren und wegen des Artzneyens (dessen er nicht
ohnbericht war) der Türcken [Türken] Gunst erhielte, würde
man ohngefehr der Weysen zu Damasco in Arabia zu rede, was
Wunders dieselben trieben und wie ihnen die gantze Natur
entdeckt were, hierdurch wurde das hohe und edle ingenium
Fr. C. R. C. erweckt, daß ihme Jerusalem nicht mehr so hoch als
Damasco im sinn lage, kondte auch seine Begierde nicht mehr
meistern, son-/ dern verdingst sich den Meistern Arabern, ine
umb gewisses Geld nach Damascon zu lieffern, nuhr 16. Jahr war
er alt, als er dahin kahme, gleichwohl eines starcken teutschen
Gewächs, da empfingen ihn die Weysen, als er selber bezeugst,
nicht wie einen Frembden, sondern gleichsamb auff denen sie
lange gewartet hetten, nenten ihne auch mit Nahmen, zeigten
ihme auch andere Heimbligkeiten auß seinem Kloster an, dessen
er sich nicht genugsamb verwundern können. Allda lehrnet er
die Arabische Spraach besser, wie er dann gleich in folgendem
Jahr das Buch und librum M.[undi: Das Buch der Welt] in gut
Latein gebracht und mit sich genommen: Diß ist der Ort, da er
seine Physic und Mathematic geholet, deren sich billich die Welt
hette zu erfrewen, wann die Liebe grösser und des mißgunstes
weniger were: Nach drey Jahren kehret er wieder umb mit guter
Erleuchnuß, schiffet auß dem sinn Arabico in Aegypten, da er
nicht lange geblieben, al-/lein daß er numehr besser Ächtung
auff die Gewächß und Creaturn acht gebe, überschiffete das
gantz Mare mediterraneum [Mittelmeer], auff daß er kähme gen
Fez, dahin ihnen die Araber gewiesen und ist das billich eine
schand, daß so weit entlegene Weysen nicht allein eynig und
allen Zanckschrifften zu wieder, sondern auch in Vertrawung
und eröffnung ihrer Heimlichkeiten so geneigt und willig sein.

Alle Jahr schicken die Araber und Africaner zusammen, befragen einander auß den Künsten, ob nicht vielleicht etwas bessere erfunden oder die Erfahrung ihre rationes geschwächt hette, da kommet järlich etwas herfür, dadurch Mathematica, Physica und Magia (dann hierinn sind die Fessaner [Bewohner von Fez in Nordafrika] am besten) gebessert werden, wie es dann Teutschland numehr weder an Gelehrten, Magis, Cabalistis, Medicis und Philosophicis nicht mangelt, da man es einander möchte zu lieb thun oder der gröste hauff nicht wolle, die Waid allein / abfretzen: Zu Fessanum (oder Fez) machet er kundschafft zu den (wie man sie zu nennen pflegt) Elementarischen Inwohnern, die ihme viel des ihrigen eröffneten, wie dann auch wir Teutschen viel des unserigens köndten zusammen bringen, da gleiche Eynigkeit unter uns, und da man mit gantzem ernst zu suchen begerete: Von diesen Fessanern bekendt er offt, daß ihr Magia nicht aller rein, auch die Cabala mit ihrer Religion befleckt were, nichstoweniger wuste er sie ihme treflich nutz zu machen und befand noch bessern grund seines Glaubens, als welcher just mit der gantzen Welt Harmonia concordiert, auch allen periodis seculorum [Zeitepochen] Wunderbarlichen imprimirt were und hierauß schlossen sich die schöne Vereynigung, daß gleich wie in jedem Kernen ist ein guter gantzer Baum oder Frucht, also die gantze grosse Welt in einem kleinen Menschen were, dessen Religion, Policey, Gesundheit, Glieder, Natur, Spraache, / Worte und Wercke, aller in gleichem tono und Melodey mit Gott, Himmel und Erden ginge, was darwieder das were irrung, verfälschung und vom Teuffel, welcher allein das erste mittel und die letzte Ursach der Weltlichen Dissonantz, Blindheit und Dumbensucht: Also möchte freylich einer alle und jede Menschen des Erdbodens examiniren, würde er befinden, daß das Gute und Gewisse immerdar mit ihme selbst eins, daß ander mit Tausenderley irriger meinung befleckt ist.

Nach zweyen Jahren verließ Fr. R. C. Fessam und fuhr mit vielen köstlichen Stücken in Hispaniam, verhoffend, weil er solche Reyse ihme selbsten so wol angelegt, da würden sich die Gelehrten Europae höchlich mit ihme erfrewen und numehr alle ihre Studia nach solchen gewissen Fundamenten reguliren: Besprachte sich derowegen mit den Gelehrten in Hispania, werinnen es unsern artibus fählete und wie ihnen zu helffen, worauß die ge- / wisse Indicia volgender seculorum zunehmen und werinnen sie müssen mit den vergangenen concordiren, wie der Ecclesiae [der Kirche] mangel und die gantz Philosophia moralis zu verbessern: Er zeigte ihnen newe Gewächs, newe Früchte, Thiere, die sich nicht nach der alten Philosophie richteten und gab ihnen newe axiomata für die Hand, so durchauß alles solvierten, aber es war ihnen alle lächerlich und weil es noch new, besorgten sie, ihr grosser Nahme würde geschmälert, so sie erst lehrnen und ihre vieljährige Irrung bekennen sollten, des ihren weren sie gewohnet und bette ihnen auch genug eingetragen: Ein anderer, deme mit Unruhe gedienet, möchte eben wohl reformiren.

Diß Liedlein wurde ihme von andern Nationen auch vorgesungen, welches ihnen destomehr bewegte, weil er sichs im wenigsten nicht versehen und nuhn bereit were, alle seine Künste miltiglich den Gelehrten mitzutheilen, da sie allein solcher / mühe, auß allen faculteten, scientien [Wissenschaften], Künsten und der gantzen Natur, gewisse ohnfehlbahre axiomata zuschreiben, sich unterwinden wollen, als welche er wüste, daß sie als einem globo [Kugel], gleich sich nach dem eynigen Centro richten würden und wie es bey den Arabern im brauch, allein den Weysen zu einer Regul dienen sollen, daß man also auch in Europae ein Societet hette, die alles genug von Goldt und Edelgestein habe, und es den Königen zu gebührenden propositis mittheilen, bey welchen die Regenten erzogen würden, die alles das jenige, so Gott dem Menschen zu wissen zugelassen, wüsten und in Notfällen möchten (als der Heyden Abgötter) theils gefragt werden, gewißlichen wihr müssen bekennen, daß die Welt schon damahls mit so grosser Commodion schwanger gangen und in der Geburt gearbeitet, auch sie so unverdrossene rühmliche Helden herfür gebracht, die mit aller Gewalt durch die Finsternuß und Barbarien hin-/ durchgebrochen und uns schwächere nur nachzudrucken gelassen und freylich der Spitz

Trigono igneo [astrologischer Begriff: „in dem feurigen Dreieck",
nämlich zwischen Widder, Löwe und Schütze] gewesen, dessen
Flammen numehr je heller leuchtet und gewißlichen der Welt
den letzten Brand antzünden wird. Ein solcher ist auch in seiner
Vocation gewesen, Theophrastus [gemeint ist der Naturphi-
losoph Paracelus], so gleichwohl in unsere Fraternitet nicht
getretten, aber doch den Librum M. fleissig gelesen und sein
scharffes ingenium dardurch angezündet: Aber diesen Mann hat
der Gelehrten und Naßweysen Ubertrang auch in dem besten
Lauff gehindert, daß er sein Bedenken von der Natur nimmer
friedlichen mit andern conferiren, und deßwegen in seinen
Schrifften mehr der Fürwitzigen gespottet, als daß er sich gantz
sehen lassen, doch ist gedachte Harmonia gründlich bey ihme zu
finden, die er ohn zweiffel den Gelehrten mitgetheilet hette, da er
sie grösserer Kunst, dann subtiles vexirens würdiger befunden,
wie er dann auch mit freyem unachtsamen Leben seine / zeit
verlehren und der Welt ihre thörichte Frewde gelassen.

Damit wir aber unsers geliebten Vatters Fr. C. R. nicht vergessen, ist selbiger nach vielen müheseligen Reysen und übel
angelegten trewen informationen, wiederumb in Teutschland
gezogen, welches er (umb schirestkünfftiger Änderung und
Wunderbarlichen gefehrlichen Kampffs) hertzlich lieb hatte,
allda, ob wol er mit seiner Kunst, besonders aber de transmu-
tatione metallorum [„von der Umwandlung der Metalle", also
die Alchemie] wol hette können prangen, ließ er ihme doch den
Himmel und dessen Bürger, den Menschen viel höher angelegen
sein, dann allen Pracht, bawete jedoch ihme ein fügliche und
saubere habitation, in welcher er seine Reysen und Philosophii
ruminirte und in ein gewiß Memorial brachte, in diesem Hause
sol er ein gute zeit mit der Mathematick zugebracht und vieler
schöner Instrumenten ex omnibus huius artis partibus [aus allen
Teilen dieser Kunst] zugerichtet haben, davon uns doch nichts als
/ ein wenig geblieben, wie nachfolgends zu vernehmen: Nach
fünff Jahren kahm ihme die erwünschte reformation abermal zu
sinn und weil er anderer Hülff und Beystand verzagte, darneben
aber seiner Person arbeitsam, hurtig und unverdrossen war,

nimpt er ihme für, mit wenigen adjuncten und Collaboranten [Helfern und Mitarbeitern] selbsten ein solches zu tentiren [versuchen], begehrt derohalben auß seinem ersten Kloster (als zu welchen er besondern affect truge) drey seiner Mitbrüder G. V. Fr. I. A. und Fr. I. O., als welche ohne das in Künsten etwas mehrers dann damahln gemein gesehen: diese drey verobligirte er [verpflichtete er] ihme auffs höchste, getrew, embsig und verschwiegen zu sein, auch alles das jenig, dahin er ihnen würde anleytung geben, mit höchstem fleiß auffs Pappier zu bringen, damit die posteritet, so durch besondere Offenbarung künfftig sollen zugelassen werden, nicht mit einer Silben oder Buchstaben betrogen würde. Also fieng an die Brüderschafft des R. C. / erstlich allein unter 4 Personen und durch diese Worte zugericht, die Magische Spraache und Schrifft mit einem weitleufftigen Vocabulario, weil wir uns deren noch heutiges Tages zu Gottes Ehr und Ruhms gebrauchen und grosse Weißheit darinnen finden: Sie machten auch den ersten Theil des Buchs M. es weil ihnen aber die Arbeit zu groß worden und der Krancken unglaublichen zulauff sie sehr hinderten, auch altbereit sein newes Gebäw Sancti Spiritus genennet, vollendet war, beschlossen sie noch andere mehr in ihr Gesell: und Brüderschafft zu ziehen: hierzu wurden erwehlet Fr. R. C. seines verstorbenen Vatters Bruder Sohn Fr. B., ein geschickter Mahler G. G. und P. D. ihre Schreiber, alle Teutschen biß an I. A., daß ihr also achte, alle lediges Standes und verlobter Jungfrawschafft waren, durch welche gesamblet würde ein Volumen, alles dessen so der Mensch ihme selbst wünschen, begehren oder hoffen / kan: Ob wihr wohl freywillig bekennen, daß sich die Welt innerhalb hundert Jahren treflich gebessert, seynd wihr doch vergewissigt, daß unsere axiomata [Lehrsätze] unbeweglichen werden bleiben, biß an den Jüngsten Tag, und nichts wird die Welt auch in ihrem höchsten und letzten Alter zu sehen bekommen, dann unsere Rotae nehmen ihren anfang von dem Tag, da Gott sprach: Fiat [Es werde], und enden sich, wann er sprechen wird, Pereat [Es sei beendet], doch schlägt Gottes Uhr alle minuten, da unsere kaum die gantze stunden: Wir glauben auch festiglich, da unsere geliebte Vätter und Brüder

weren in itziges unsers helles Liecht gerahten, sie hetten dem
Bapst, Machomet, Schrifftgelehrten, Künstlern und Sophisten,
besser in die Woll gegriffen und ihr hülffreichs gemüht nicht nuhr
mit seufftzen und wünschung der Consumation erwiesen. Als
nuhn diese acht Brüder derogestalt alles disponirt und gerichtet
hatten, daß numehr keine sondere arbeit vonnöhten und / auch
jedere ein vollkommen discurs der heimlichen und offenbahren
Philosophy hatte, wollen sie auch nicht lenger beyein[an]der
bleiben, sondern wie es gleichs anfangs verglichen, theileten sie
sich in alle Land, damit nicht allein ihre axiomata in geheimb
von den Gelehrten schärffer examiniret würden, sondern auch
sie selbst, da in einem oder andern Land einige observation ein
irrunge brächte, sie einander möchten berichten.

Ihre vergleichung war diese: 1. keiner solle sich keiner andern
Profession außthun [keinen anderen Beruf wählen], dann krancken zu curiren und diß alles umbsonst: 2. keiner sol genötigt
sein, von der Brüderschafft wegen ein gewiß Kleid zu tragen,
sondern sich der Landes art gebrauchen: 3. ein jeder Bruder
soll alle Jahr sich auff C. Tag bey S. Spiritus einstellen oder
seines aussenbleibens ursach schicken: 4. ein jeder Bruder sol
sich umb ein tügliche Person umbsehen, die ihm auf den fall
möchte succediren: 5. daß / Wort R. C. sol ihr Siegel, Losung
und Character sein: 6. die Brüderschafft sol ein hundert Jahr
verschwiegen bleiben. Auff die 6. Articul verlobten sie sich
gegen einander und zogen die 5. Brüder davon, allein die Brüder
B. und D. blieben bey dem Vatter Fr. C. ein Jahr lang, als diese
auch aufzogen, blieb bey ihm sein Vetter und I. O., daß er also
die Tag seines Lebens immer zween bey sich hatte: Und wiewol
die Kirch noch ohngeseubert war [die Reformation noch nicht
stattgefunden hatte], wissen wir doch, was sie von Ihro gehalten
und worauff sie mit verlangen warteten: Alle Jahr kamen sie mit
Frewden zusammen und thaten ihres Verrichtens ausführliche
relation, allda muß es freylich lieblich gewesen sein, alle Wunder
so Gott in der Welt hin und wieder außgestrewet, warhafftiglich
und ohne Gedicht anhören zu erzelen: Sol auch männiglich vor
gewiß halten, daß solche Personen, die von Gott und der gant-

zen Himmlischen Machina zusammen gerichtet und von den weysesten / Männern, so in etlichen seculis gelebt, aufgelesen worden, in höchster Eynigkeit, gröster Verschwiegenheit und möglichstet Gutthätigkeit unter sich selbsten und unter andern gelebt, in solchem ihrem löblichsten Wandel gieng ihr Leben dahin und wiewohl ihre Leiber aller Kranckheit und Schmertzen befreyet waren, köndten doch die Seelen den bestimpten puncten der Auflösung nicht überschreiten: Der erst auß dieser Fraternitet war I. O., starb in Engelland, wie ihm Fr. C. längst zuvor gesagt hatte, er war in der Cabala sehr fertig und besonders gelehrt, wie dann, sein Büchlein H. [Hermeticus?] genennt, solches bezeugst, in Engelland weiß man auch viel von ihme zu sagen, besonders weil er einem jungen Graffen von Nortfolgt [Norfolk] den Aussatz vertrieben: Sie hatten beschlossen, daß so viel immer möglich, ihre Begräbnussen verborgen blieben, wie uns dann heut zu Tage nicht bewust, wo ihrer etzliche geblieben, doch ist jedes stelle mit einem tauglichen / successore ersetzt worden, daß wollen wir aber Gott zu Ehren hiermit öffentlich bekennt haben, daß was wihr auch auß dem Buch M. heimliche erfahren (wiewohl wihr der gantzen Welt imaginem und contrafactur können für augen haben) ist uns doch weder unser Unglück und Sterbstündlein bewust, welches ihme der grosse Gott vorbehellt, und uns in steter bereitschafft wil haben, darvon aber weitläufftiger in unserer Confession, darinnen wihr auch 37. Ursachen anzeigen, warumb wihr an jetzo unser Brüderschafft eröffnen und solche hohe mysteria freywillig, ungezwungen und ohne alle Belohnung anbieten, auch mehr Goldt, als der König in Hispania auß beyden Indien bringet, versprechen, dann Europa gehet schwanger und wird ein starckes Kind gebären, das muß ein grosses Gvattern Geld haben.

Nach O. Todt feyret Fr. C. nicht, sondern berufft die andere, so bald er mochte, zusammen und wil uns schier be- / düncken, damahls möchte sein Grab erst gemacht worden sein: Ob wohl wir (die Jüngeren) bißher gar nicht wüsten, wann unser geliebter Vatter R. C. gestorben und mehr nicht hatten, als die blasse Nahmen der Anfänger und aller Successorn biß auff uns, wüsten wir uns auch wohl noch einer Heimlichkeit zu erinnern, so A. des D. Successor, der der letzte auß dem andern Reyen mit vielen auß uns gelebet, durch verborgene Reden von den 100. Jaren und uns den dritten Reyen vertrawet, sonstet müssen wir bekennen, daß nach A. Todt unser keiner das wenigste von R. C. und seinen ersten Mitbrüdern gewust, ausser deme, was in unser Philosophischer Bibliotheca von ihnen vorhanden gewesen, darunter unser Axiomatae das fürnembste, Rotae Mundi das künstlichste und Protus [Proteus, ein wandlungsfähiger griech. Meergott; in der Alchemie das Quecksilber] das nützlichste von uns gehalten worden, wissen also nicht gewiß, ob die des andern Reyen gleicher Weißheit mit den ersten gewesen, und zu allem zuge- / lassen worden: Es sol aber der großgünstige Leser nachmahln erinnert sein, daß was wir an itzo von seiner des Fr. C. Begräbnuß nicht allein erfahren, sondern auch hiermit öffentlich kundt thun, also von Gott versehen, erlaubt und injungiret worden, deme wir mit solchen Trewen nachkommen, daß wo man mit bescheidenheit und Christlicher Antwort, uns wiederumb wird begegenen, wihr nicht schewens haben wollen, unser Tauff und Zunahmen, unserer Zusammenkunfft und was immer an uns möchte begehret werden, in offnem Truck zueröffnen.

So ist nuhn die Warheit und gründliche relation, der erfindung des Hocherleuchten Manns Gottes Fr. C. R. C. diese: Nachdeme A. in Gallia Narbonensi seliglich verschieden, kahm an seine statt unser geliebter Bruder N. N. dieser, als er sich bey uns eingestellt und das solenne Fidel et silentii Juramentum praestiren sollen, berichtet er uns in ver- / trawen, es hette ihnen A. vertröstet, diese Fratenitet würde in kurtzem nicht so geheim, sondern dem gemeinen Vatterland Teutscher Nation behülflich, nohtwendig und rühmlich sein, dessen er sich in seinem Stand im wenigsten nicht zu beschämen: Folgends Jahr, als er schon sein Schulrecht gethan und seiner gelegenheit nach, mit so stattlichem Viatico oder Fortunatus Säckel zu verreysen willens, gedachte er (als der sonsten ein guter Bawmeister war), etwas an diesem Gebäw zu verändern und füglicher anzurichten, in solcher renovatur kahm er auch an die memorial tabellen, so von Messing gegossen, und eines ledern der Brüderschafft Nahmen sampt wenigem anderm innen hielte, diese wolt er in ein ander und füglicher Gewölb transferiren, dann wo Fr. C. (oder wann er gestorben, auch in was Landen er möchte begraben sein) wurde von den Alten verhalten und war uns unbewüst; An seiner Taffel nun steckte ein / grosser Nagel etwas stärcker, also daß, da er mit gewalt aufzogen wurde, er einen ziemblicken Stein von dem dünnen Gemäwr oder Incrustation über die verborgen Thür mit sich nehme und die Thür ohnverhofft entdeckte, dahero wihr mit Frewden und verlangen das übrige Gemäwr hinweg geworffen und die Thüre geseubert, daran stund gleich oben mit grossen Buchstaben geschrieben:

POST CXX. ANNOS PATEBO [also das Jahr 1604].

Sampt der alten Jahrzahl darunter, darüber wir Gott gedanckt und desselbigen Abends (weil wir uns erst in unserer Rota wollen ersehen) beruhen lassen, zum drittenmal referiren wihr uns auff die Confession, dann was wir hie offenbahren, geschicht den Würdigen zum behellf, den Unwürdigen sol es ob Gott wil, wenig frommen, dann gleich wie unsere Thüre sich nach so viel Jahren wunderbarlicher weyse eröffnet, also sol Europae / eine Thüre auffgehen (so das Gemäwre hinweg ist), die sich schon sehen lesset und von nicht wenigen mit begierd erwartet wird, des morgens öffneten wir die Thür und befand sich ein Gewölb von sieben seyten und ecken und jede seyten von fünff schuen, die höhe 8. schue, dieses Gewölb, ob es wohl von der Sonnen niemahle bescheinet wurde, leuchtet es doch helle von einer andem, so dieses der Sonnen abgelernet und stund zu öberst in dem Centro der Bühnen, in der mitten war an statt eines Grabsteins ein runter Altar überlegt, mit einem mässinen Blätlein, darauff diese Schrifft:

A. C. R. C. HOC UNIVERSI COMPENDIUM VIVUS MIHI SEPULCHRUM FECI.

[Der Architekt (?) Christian Rosencreutz: dieses Kompendium des Universums habe ich mir zu Lebzeiten als Grabmal geschaffen]

Umb den ersten Reiff oder Rand herumb stund:
JESUS MIHI OMNIA [Jesus ist mir alles] /
In der mitten sein 4. Figuren im circkel eingeschlossen, deren
Umbschrift sein:
1. NEQUAQUAM VACUUM,
2. LEGIS JUGUM,
3. LIBERTAS EVANGELII,
4. DEI GLORIA INTACTA.

Diß ist alles klahr und lauter, wie auch die siebende seyten und die zween siebende Triangel.

Also knieten wihr allezumahl nieder und danckten dem allein Weysen, allein Mächtigen, allein Ewigen Gott, der uns mehr gelehret, denn alle Menschliche Vernunft köndte erfinden, gelobet sey sein Nahme:

Dieses Gewölb theileten wir ab in drey theile, die Böhne oder Himmel, die Wand oder Seyten, den Boden oder Pflaster, von dem Himmel werdet ihr diß mahl von uns mehr nicht vernehmen, ohn daß er nach den sieben seyten in dem lichten Cen- / tro im Triangel getheilet (was aber hierinnen, sollen (ob Gott wil) viel ehe ewere (die ihr des Heyls erwarten) Augen selbst sehen), sein jede in 10. gevierdte spacia abgetheilet, jede mit seinen figuren und sententien, wie die allhier in unserm Büchlein Concentratum auffs fleissigste und trewlichste abgerissen, beygelegt, der Boden ist auch wiederumb im Triangel abgetheilet, aber weil hierinnen des undern Regenten Herrschafft und Gewalt beschrieben, lest sich solches nicht der fürwitzigen gottlosen Welt zum mißbrauch prostituiren, was sich aber mit dem Himlischen auditu verstehet, tritt der alten bösen Schlangen ohne schew und schaden auff den Kopff, darzu sich unser seculum gar wohl schicket. Eine jede der seyten hatte eine Thür zu einem Kasten, darinnen unterschiedliche sachen lagen, besonders alle unsere Bücher, so wihr sonsten auch hatten, sampt deme Vocabulario Theoph. P. ab: Ho. [Theophrastus Paracelsus ab Hohenheim] und denen so wihr / täglich ohne falsch mittheilen: Hierinn funden wihr auch sein Itinerarium und Vitam, darauß dieses meisten theils genommen: In einem andern Kasten waren Spiegel von mancherley

Thugend, also auch anderstwo Glöcklein, brennende Ampeln,
sonderlich etliche wunder künstliche Gesänge, in gemein alles
dahin gerichtet, daß auch nach viel 100. Jahren, da der gantze
Orden oder Brüderschafft solle zu grund gehen, selber durch
solch eynig Gewölb wiederumb zu restituiren were: Noch hatten
wir den Leichnam unsers so sorgfeltigen und klugen Vatters
nicht gesehen, rückten derowegen den Altar beseits, da ließ
sich eine starcke Mässingen Blatten auffheben und befand sich
ein schöner und ruhmwürdiger Leib, unversehrst und ohne alle
Verwesung, wie derselbe hierbey auffs ennlichste mit allem ornat
und angelegten Stücken, Conterfeth zusehen, in der Hand hielt
er ein Büchlein auff Bergament mit Goldt geschrieben, / so T.
genandt, welches numehr Nadel der Bibel unser höchster Schatz
und billich nicht leichtlich der Welt censur soll unterworffen
werden: Zu ende dieses Büchleins stehet folgendes Elogium:

GRANUM PECTORI JESU INSITUM,

C. Ros. c. ex nobili atque splendida Germaniae R. c. familia
oriundus, Vir sui seculi, divinis revelationibus. Subtilissimis
Imaginationsbus, indefessis laboritus, ad coelestia atque humana
mysteria, arcanave admissus, postque suam (quam Arabico et
Affricano itineribus) collegisset, plusque regiam aut impera-
toriam Gazam, suo seculo nondum convenientem, posteritati
eruendum custodivisset, et jam suarum artium, ut et nominis,
fidos ac coniunctissimos haeredes, instituisset, mundum minutum, Omnibus motibus magno / illi respondentem fabricasset,
hocque tandem praeteritarum praesentium, et futurarum rerum
compendio extracto, centenario major, non morbo (quem ipse
nunquam corpore expertus erat, nunque alias, infestare sinebat)
ullo Pellente, sed Spiritu Dei evocante illuminatam animam
(inter fratrum amplexus et ultima oscula) Creatori Deo redidisset,
Pater dilectissimus Fr. suavissimus, praeceptor fidelissimus,
amicus integerrimus, a suis ad 120. annos hic absconditus est.

[Das Samenkorn, das dem Herzen Jesu selbst eingepflanzt
wurde, nämlich Christian Rosenkreuz, wurde aus einer vornehmen und erleuchteten Familie deutscher Herkunft geboren.
In seinem Jahrhundert war er derjenige, der durch die göttliche

Offenbarung, durch erhabenste Vorstellungskraft, durch uner-
müdliche Arbeit den Zugang zu den himmlischen und menschlichen Mysterien und Geheimnissen gefunden hat. Er behütetet
seinen Schatz, welcher eines König wert gewesen wäre, den er
auf seinen Reisen in Arabien und Afrika zusammengebracht
hatte, den aber sein Jahrhundert noch nicht würdigen konnte,
also vor späteren Generationen, bis er wieder ans Tageslicht
gebracht werden könnte. Er setzte treue und ihm verpflichtete
Erben ein, die sich um seine Künste und seinen Namen sorgen
würden, und er erbaute eine „kleine Welt", die in allem der
„großen Welt" entsprechen würde, und schuf ein Kompendium
aller vergangenen, gegenwärtigen und zukünftigen Ereignisse.
Obwohl er von keinem dazu genötigt wurde, gab er vom Geist
Gottes gerufen seine erleuchtete Seele dem Schöpfer zurück,
während ihn seine Brüder zum Abschied umarmten und küßten.
Obwohl mehr als hundert Jahre alt, kannte sein Körper keine
Krankheit, auch hatte er keine je an anderen zugelassen. Er war
unser hochgeliebter Vater und sanftester Bruder, unser treuester
Meister und lauterer Freund. 120 Jahre lang ist er vor den Augen
der Welt durch die seinen verborgen worden.]

Zu unterst hatten sich unterschrieben: 1. Pr. A. Fr. ch. electione
fraternitatis caput, 2. Pr. G. V. M. P. G. 3. Pr. R. C. junior haeres
S. Spiritus. 4. Fr. F. B. M. P. A. pictor et archi. s. Pr. G. G. M. P. I.
Cabalista.

SECUNDI CIRCULI:

1. Pr. P. A. Successor fr. I. O. Mathematicus. 2. Fr. A. successor
Fr. P. / D. 3. Fr. R. successor patris c. R. e. cum Christo trium-
phantis.

Zu ende stehet:

EX DEO NASCIMUR, IN JESU MORIMUR, PER SPIRITUM
REVIVISCIMUS.

[Aus Gott werden wir geboren, in Jesus sterben wir, durch den
Heiligen Geist werden wir wieder lebendig gemacht.]

Sein also schon damahln Pr. O. und Pr. D. verschieden gewesen, wo ist nun ihr Begräbnuß zu finden? Uns zweiffelt aber
gar nicht, es werde der alt Bruder senior, als etwas besonders

zur Erden gelegt oder vielleicht auch verborgen worden sein: Wihr verhoffen auch, es sol diß unser Exempel andere erwecken, fleissiger ihre Nahmen, die wir darumben eröffnet, nachzufragen und dero Begräbnuß nach zu suchen, dann der mehrortheil wegen der Medicin noch unter uhralten Leuten bekandt und gerühmet werden, so möchte vielleicht unsere Gaza gemehret oder zum wenigsten besser erleutert werden: Den / minutum mundum belangend, funden wihr den in einem andern Altärlein verwahret, gewiß schöner, als ihn auch ein verständiger Mensch ihme selbst einbilden möchte, dene lassen wir ohn abgerissen, biß uns auff diese unsere trewhertzige Famam vertraulich geantwortet wird, also haben wihr die Platen wieder übergelegt, den Altar darauff gestellt, die Thüre wiederumb verschlossen, und mit unser aller Sigill versichert, darüber auß anleytung und befehlch unser Rotae, etliche Büchlein, darunter auch die M. [Memoria, Erinnerung] hoh (so an statt etlicher Haußsorge, von dem lieblichen M.P. gedichtet worden) evulgirt, auch endlich nach gewohnheit wieder voneinander gezogen, die natürliche Erben in possessione unserer Kleinodien gelassen: Erwarten also, was uns hierauf von Gelehrten oder Ungelehrten für ein Bescheid, Urtheil oder Judicium werde erfolgen: Wiewol wir nun wol wissen, daß es umb ein ziemliches, noch nicht an dem, da wie- / der unserm verlangen oder auch anderer Hoffnung mit allgemeiner reformation divini et humani solle genug geschehen, ist es doch nicht unbillich, daß, ehe die Sonne auffgehet, sie zuvor ein hell oder dunckel Liecht in den Himmel bringt und unter dessen etliche wenige, die sich werden angeben, zusammen tretten, unsere Fraternitet mit der zahl und ansehen des gewünschten und von Pr. C. fürgeschriebenen Philosophischen Canons, einen glücklichen anfang machen oder ja in unserer Schätz (die uns nimmermehr aufgehen können) mit uns in Demut und Liebe geniessen die mühsambkeit dieser Welt überzuckern und in den Wunderwercken Gottes nicht also blind umbgehen: Damit aber auch ein jeder Christ wisse, was Glaubens und Vertrawens wir Leut sehen, so bekennen wihr uns zur Erkantnuß Jesu Christi, wie dieselbige zu dieser letzten zeit,

233

besonders in Teutschland hell und klahr aufgangeng und noch
heut zu Tag (auß- / geschlossen aller Schwermer, Ketzern und
falschen Propheten) von gewissen und aufgezeichneten Ländern
erhalten, bestritten und propagiert wird, geniessen auch zweyer
Sacramenten [also im Gegensatz zur Katholischen Kirche], wie
die angesetzt mit allen Phrasibus und Ceremoniis der ersten
renovirten Kirchen: In der Policey [Staatsverfassung] erkennen
wihr das Römische Reich und Quartam Monarchiam [nach den
Prophetien des biblischen Buches Daniel] für unser und der
Christen Haupt: Wiewol wir nuhn wissen, was für Änderung
bevorstehen und dieselben andern Gottes Gelehrten hertzlichen
gerne mittheilen wollen, ist die unser Handschrift, welche wir in
Händen haben, wird uns auch kein Mensch, ohne der eynige Gott
Vogelfrey machen und den Unwürdigen zugebrauchen geben:
wir werden aber der bonae Causae verborgene Hülffe thun,
nachdeme uns Gott erlaubet oder wehret, dann unser Gott nicht
blind, wie der Heyden Fortuna, sondern der Kirchen Schmuck
und des Tempels Ehre, unser Philosophia ist / nichts newes,
sondern wie sie Adam nach seinem Fall erhalten und Moses und
Salomon geübet, also solle sie nicht viel Dubitiren oder andere
meinungen wiederlegen, sondern weil die Warheit eynig, kurtz
und ihr selbst immerdar gleich, besonders aber mit Jesu ex omni
Parte und allen membris überein kömpt, wie er des Vatters
Ebenbild, also sie sein Conterfeth [Abbild] ist. So sol es nicht
heissen: Hoc per Philosophiam Verum est, sed per Theologiam
falsum [das ist philosophisch gesehen wahr, theologisch gesehen
aber falsch], sondern worinnen es Plato, Aristoteles, Phytagoras
und andere getroffen, wo Enoch, Abraham, Moses, Salomo den
aufschlag geben, besonders wo das grosse Wunderbuch der
Biblia concordiret, das kommet zusammen und wird eine sphera
oder globus, dessen omnes partes gleiche weite vom Centro,
wie hiervon in Christlicher Collation weiter und außführlich:
Was aber sonderlich zu unser zeit das gottlob und verfluchte
Goldmachen belangt, so sehr über- / hand genommen, daß
zuforderst vielen verlauffetten henckermässigen Leckern, grosse
Büberey hierunter zu treiben und vieler fürwitz und Credulitet

[Leichtgläubigkeit] sich mißzubrauchen anleytung geben, als auch von bescheidenen Personen numehr dafür gehalten wird, als ob die mutatio metallorum der höchste apex und fastigium in der Philosophia were, darumben alles zuthun und derselbe Gott besonders lieb sein müsse, so nuhr grosse Goldmassen und klumpen machen köndte, dahin sie mit ohnbedachtem bitten oder Hertzleydischen saursehen den Allwissenden Hertzkündigern Gott verhoffen zu bereden: So bezeugen wir hiermit öffentlich, daß solches falsch und es mit den wahren Philosophis also beschaffen, daß ihnen Gold zu machen ein geringes und nur ein parergon [Nebenwerk] ist, derengleichen sie noch wol andere etlich tausend bessere Stücklein haben. Und sagen mit unserm lieben Vatter C. R. C. Pfuh aurum, nisi quantum aurum, dann welchem / die gantze Natur offen, der frewt sich nicht, daß er [Gold] machen kan oder wie Christus sagt, ihme die Teuffel gehorsame seyen, sondern daß er sicher den Himmel offen und die Engel Gottes auff und absteigen und sein Nahmen angeschrieben im Buch des Lebens: Wir bezeugen auch, daß unter den Chymischen Nahmen sein Bücher und Figuren aufkommen, in Contumeliam gloriae Dei, wie wir solche in seiner zeit benennen und den reinen Hertzen einen Catalogum mittheilen wollen: Und bitten alle Gelehrten in dergleichen Büchern gute sorge zu haben, dann der Feind sein Unkraut zu sähen, nicht unterlesset / biß es ihme ein stärckerer vertreibt: Also ersuchen wir nach Pr. C. R. C. meinung, wihr seine Brüder (zum andernmahl alle Gelehrten in Europa, so diese unsere Famam (in fünff Spraachen ausgesand) sampt der Lateinischen Confessio werden lesen, daß sie mit wolbedachtem Gemüht diß unser erbitten erwegen, ihre / Künste auffs genauest und schärffst examiniren, gegenwertige zeit mit allem fleiß besehen und dann ihre bedencken entweder Communicato Consilio oder singulatim uns Schrifftlich im Truck eröffnen, dann ob wol weder wir noch unsere Versamblung dieser zeit benennet, solle uns doch gewißlichen eines jeden (was Sprach das auch ist) Judicium zukommen: Es soll auch keinem, der seinen Nahmen wird angeben, fählen, daß er nicht mit unser einem entweder Mündlich, oder da er es je bedenckens

hette, Schrifftlich solle zu Sprach kommen: Diß sagen wihr aber
für gewiß, daß wer es ernstlich und hertzlich mit uns wird
meinen, der sol dessen an Gut, Leib und Seel geniessen, da aber
ein Hertz falsch oder nur nach Geld gerichtet, der wird uns zu
forderst nicht schaden bringen, sich aber in das höchste und
eusserste Verderben stürtzen: Es soll auch wohl unser Gebäw,
da es auch hundert tausendt Menschen hetten von nahem ge- /
sehen, der gottlosen Welt in Ewigkeit ohnberühret, ohnzerstöret,
unbesichtigt und wohl gar verborgen bleiben.

SUB UMBRA ALARUM TUARUM JEHOVA [„Unter dem
Schatten Deiner Flügel, Gott"; Zitat aus Ps. 17, 8; 91, 4]

2. Die Confessio Fraternitatis

Als Textausgabe liegt zugrunde: „Confessio Fraternitatis,
oder Bekanntnuß der löblichen Bruderschafft deß hochgeehrten
Rosen-Creutzes / an die Gelehrten Europae geschrieben". In:
„Fama Fraternitatis, Oder Entdeckung der Bruderschafft deß
löblichen Ordens deß Rosen-Creutzes (...)" (Frankfurt am Main:
Johann Bringern 1615, S. 54-82). Zu modernen Augaben vgl. oben
zur Fama Fraternitatis.

„Confessio Fraternitatis oder Bekanntnuß der löblichen Bruderschaft deß hochgeehrten Rosen Creutzes an die Gelehrten
Europae geschrieben. (1615)

Was uns von unser Fraternitet oder Bruderschafft auß der hiebevor außgefertigter Fama menniglich zu Ohren gekommen und
offenbar gemacht worden, das sol niemand für leichtfertig oder
erdichtet halten und achten, viel weniger aber als auß unserm
Gutdüncken hergeflossen und entstanden auffnehmen.

Der Herr der Jehovah ist es, welcher (nachdem die Welt
nunmehr fast den Feyerabend erreicht und nach vollendetem
/ Periodo oder Umblauff wieder zum Anfang eilet) den Lauff
der Natur umbwendet, und was hiebevor mit grosser Mühe
und unablessiger Arbeit gesucht worden, jetzt unter denen, die
es nicht achten oder wol nicht einmal dran gedencken, eröffnet,

andern aber, die es begehren freywillig anbeut und denen die es nicht begehren, gleichsam auffzwinget, auff daß den Frommen zwar alle deß menschlichen Lebens Müheseligkeit gelindert und deß unbestendigen Glücks Ungestümmigkeit auffgehoben, den Bösen aber ihre Boßheit und die darauff gehörige Straffen gemehret und geheuffet werden.

Ob wir nun wol keiner Ketzerey oder einiges bösen beginnens und vornemens wider das weltliche Regiment bey jemand verdächtig seyn können, die wir so wol deß Orients als deß Occidents (verstehe deß Mahomets und Bapstes) Lesterung wider unsern Herrn Jesum Christum verdammen, und dem Obersten Haupt deß / Römischen Reichs unser Gebet, Heimligkeiten [Geheimnisse] und große Goldtschätze gutwillig praesentiren und anbieten. Jedoch hat es uns für rathsam und gut angesehen, umb der Gelehrten willen noch etwas weiter hinzu zuthun und besser außzuführen / ob irgend in der Fama etwas zu tieff verborgen und zu dunckel gesetzt oder auß gewissen Ursachen gar außgelassen worden were, verhoffende hiemit die Gelehrten uns desto geneigter und unserm Vorhaben umb so viel desto mehr bequemer und williger zu machen.

Von Verenderung nun und Verbesserung der Philosophy haben wir (so viel jetzunder von nöthen), genugsam erkleret, daß nemlich dieselbe gantz kranck und mangelhafft sey, ja es ist gar kein Zweiffel bey uns, daß obwohl der mehrerteil fälschlich fürgibt, daß sie, ich weiß nicht wie, gesund und starck sey / sie dennoch fast in letzten zügen lige und auff der Hinfahrt seye.

Gleich wie aber gemeiniglich an eben / demselben Ort, da etwan ein newe, ungewöhnliche Kranckheit entstanden, die Natur auch ein Arzney für dieselbe entdecket, so erzeigen sich auch bey so mancherley Kranckheiten der Philosophy die rechte und unserem Vatterland genugsam fürtregliche Mittel, dadurch sie wiederumb gesund werde und gleichsam gantz new der Welt, so jetzt soll verneweret [erneuert] werden, fürkomme und erscheine.

Wir haben aber keine andere Philosophy, als welche ist Caput [Haupt] et Summa, das Fundament und Inhalt aller Faculteten,

Wissenschafften und Künste, welche, wenn wir auff unser Seculum [Jahrhundert] sehen wollen, viel von der Theology und Medicin, wenig aber von juristischer Weißheit begreiffet und zugleich Himmel und Erde fleissig durchsuchet oder kürtzlich davon zu reden [kurz gesagt], welche den einigen Menschen gnugsam erkundiget und abbildet, davon denn alle Gelehrten, die sich auff unser brüderlich anmahnen und beruffen, bey uns an- / geben und einstellen werden, mehr wunderbahre Geheimnuß bey uns finden werden, als sie bißher erfahren, erkundigen, glauben und außsprechen können.

Derhalben, damit wir unser meynung hiervon kürtzlich entdecken [aufzeigen], so müssen wir uns mit allem fleiß dahin bemühen, daß man sich nicht allein über unser Einladung und Anmahnung verwundere, sondern ein jeder auch wisse, daß wir zwar solche Arcana und Geheimnusse nicht geringe achten, und es aber doch nicht unrecht sey, daß die Kundtschafft und Wissenschaft derselben vielen gemein [zugänglich] gemacht werde. Denn es je wol zu gedencken und zu glauben, daß diß unser unverhofftes gutwilliges anbieten viel und mancherley Gedancken bey den Leuten erwecken werde, welchen die miranda sextae aetatis [Wunder der sechsten Zeit; nach Apk. 6, 12] noch nicht bekanndt worden oder welche wegen des Lauffs der Welt die künfftige Dinge den gegenwertigen gleich achten / und durch allerhand Ungelegenheit dieser ihrer Zeit verhindert werden, daß sie nicht anders in der Welt leben und wandeln, als die Blinden, welche auch mitten am hellen Tage nichts, ohn allein durchs fühlen und angreiffen zu discernieren [unterscheiden] und zu erkennen wissen.

Was nun das erste Stück [nämlich die Fama] belanget, von demselben halten wir also, daß die Meditationes, Erkundigungen und Erforschungen unsees geliebten christlichen Vatters über alle das jenige, so von Anfang der Welt her vom Menschlichen Verstandt entweder durch Göttliche Revelation und Offenbahrung oder durch der Engel und Geister Dienst oder durch Scharffsinnigkeit deß Verstandes oder durch langwirige Observation, Übung und Erfahrung erfunden, erdacht, herfürgebracht, verbessert und biß hieher propagiret oder fortgepflanztert worden, so fürtrefflich, herrlich und groß seyen, daß ob schon alle Bücher solten / umbkommen und durch deß Allmächtigen Gottes Verhengnus aller Schriften et totius rei literariae interitus [und aller Literatur Vernichtung] oder Untergang fürgehen solte, die Posteritet [Nachwelt] dennoch auß denselben allein ein newes Fundament legen und ein newes Schloß oder Feste der Warheit wieder auffbawen köndte, welches dann auch vielleicht nicht so schwer seyn möchte, als daß man erst soll anfangen, das alte so unformliche Gebäw zu destruiren und zu verlassen und bald den Vorhoff erweitern, bald den Tag in die Gemach bringen, die Thüren, Stegen und anders, wie unser Intention solches mitbringet, verendern.

Wem wolte nun aber dieses nicht annemlich seyn, da es nur männiglich kundt werden möchte und nicht viel mehr als ein besondere Zier für die bestimmpte künfftige Zeit behalten und gesparet würde?

Warumb wolten wir nicht in der ei- / nigen Warheit (welche die Menschen durch so viel Irrwege und krumme Strassen suchen) hertzlich gerne ruhen und bleiben, wenn es allein Gott gefallen hette, das sechste Candelabrium [Leuchter] uns anzuzünden? Were es nicht gut, daß man sich weder für Hunger noch Armut, weder für Kranckheit noch Alter zu besorgen und zu befahren [zu kümmern] hette? Wehre es nicht ein köstlich Ding, daß du köndtest alle Stunde also leben, als wenn du von Anfang der Welt bisher gelebt hettest, und noch ferner biß ans Ende derselben leben soltest? Wehre es nicht herrlich, daß du an einem Ort also wohnen köndtest, daß weder die Völcker so über dem Fluss Ganges in Indien wohnen, ihre Sachen für dir verbergen, noch die, so in Peru leben, ihre Rathschlege dir verhalten [vorenthalten] köndten? Wehre es nicht ein köstlich Ding, daß du also lesen kündtest in einem Buch, daß du zugleich alles, was in allen Büchern / , die jemals gewesen, noch seyn oder kommen und außgehen werden, zu finden gewesen, noch gefunden wird und jemals mag gefunden werden, lesen, verstehen und behalten möchtest? Wie lieblich wehre es, wenn du also singen köndtest, daß du an statt der Steinfelssen eitel Perlen und Edelgesteine an dich brechtest, an statt der Wilden Thiere die Geister zu dir locketest und an statt deß hellischen Plutonis die mächtige Fürsten der Welt commoviretest und bewegetest? O ihr Menschen, Gottes Rath ist viel anders, welcher beschlossen die Zahl unser Fraternitet jetziger Zeit zu vermehren und grösser zu machen, welches wir denn mit solcher Frewdigkeit auff uns genommen, mit der wir zu diesen grossen Schätzen ohne unsern Verdienst, ja ohne einige unsere Hoffnung und Gedancken hiebe-vor bevor auch kommen seyn und mit solcher Trewe gedenken ins Werck zu richten / gedencken, daß uns auch das mitleiden und erbarmen unser eigenen Kinder, die etliche unter uns in der Fraternitet haben, davon nicht abwenden soll, weil wir wissen, daß diese unverhoffte Güter weder ererbet noch von ungefehr erlanget werden mögen.

Ob nun jemand seyn möchte, der im andern Theil über unser Discretion klagen wolte, daß wir unsere Schätze so freygebig und ohn einigen Unterscheidt jedermann anbieten und nicht vielmehr nur der Frommen, Gelehrten, Weisen oder wol gar hoher Fürstlicher Personen, als deß gemeinen Mannes hierinn warnehmen, demselben seyn wir nicht zu wider, sintemal solches nicht ein schlechte und geringe Sache ist, aber wir sagen gleichwol so viel, daß unsere Arcana und Heimligkeiten keines weges gemein und bekanndt gemacht werden, obwohl die Fama in fünff Sprachen außgangen ist und jeder männiglich kundt gethan worden, / weil wir zum theil wol wissen, daß die grobe unverständige und stupida ingenia [törichte Naturen] sich deren nicht annehmen oder hoch darumb bekümmert worden, und wir auch die Würdigkeit deren, so in unsere Fraternitet sollen auffgenommen werden, nicht auß Menschlicher Sorgfeltigkeit sondern auß der Regel unserer Revelationen und Offenbahrun-gen schetzen und erkennen, derhalben ob schon die Unwürdigen tausent mahl schreyen und ruffen, sich auch tausent mahl uns offeriren und anbieten solten, hat doch Gott unseren Ohren geboten, daß sie keinen derselben hören sollen, ja es hat uns Gott auch mit seinen Wolken umbgeben, daß uns seinen Knechten kein Gewalt angethan und zugefüget werden kan, daher wir denn auch von niemand, er habe denn Adlers Augen, können gesehen und erkanndt werden.

Zwar die Fama hat in eines jeden Muttersprach müssen außgefertiget / werden, damit die jenigen nicht defraudiret [ausgeschlossen] und derselben Wissenschafft beraubet würden, welche (ob sie schon nicht gelehrt seyn) Gott dennoch nicht außgeschlossen hat von der Glückseligkeit dieser Bruderschafft, so in gewisse Gradus soll unterschieden und abgetheilet werden, wie diejenigen, die in der Stadt DAMEAR in Arabia wohnen, ein weit andere Policey Ordtnung [Staatsverfassung] haben als die andern Araber, weil eitel weise und verstendige Leute darinn herrschen, welchen es vom König zugelassen, besondere Gesetz daselbst zu machen, nach deren Exempel auch das Regiment (wie wir dessen ein von unserem Christlichen Vatter gestellten Beschreibung haben [also eine von Christian Rosncreutz selbst verfaßte Beschreibung des idealen Staatswesens]) in Europa von uns soll angestellet werden, wenn das jenige wird verrichtet und geschehen seyn, so vorher gehen soll und nun unsere Posaune mit hellem Schalle und grossem Geschrey offentlich erschallen wird, wenn nemlich das jenige, so itzunder von weni- / gen angedeutet und als zukünfftig in Figuren und Bildnussen heimlich fürgetragen werden, den gantzen Erdboden erfüllen und frey offentlich außgeruffen werden wird. Ebener massen, wie nachdem hierbevor viel gottseliger Leute deß Bapste Tyranney heimlich und gantz verzagt angestochen [verärgert], Er hernach auß Deutschland mit grossem Ernst und besonderm Eyffer vom Stuel abgestossen [vom Stuhl heruntergestoßen] und gnugsam mit Füssen getretten worden, dessen entlicher Untergang biß auff unsere Zeit vergesparet, daß Er alsdenn auch gleichsam mit den Nägeln zerkratzet und seinem Eselgeschrey durch eine newe Stimme ein Ende gemacht werden soll, welches wir wissen, daß es vielen Gelehrten in Deutschland schon ziemblicher massen offenbahr und bekandt worden, inmassen denn ihre Schrifften und heimliche Congratulationes und Glückwüntschungen solches gnugsam bezeugen / . Wir köndten allhie wol einführen und besehen die gantze Zeit, so von Anno 1378, in welchem Jahr unser Christlicher Vatter geboren, bißhero verflossen, da wir denn wol erzelen möchten, was er die hundert und sechs Jahr seines Lebens über für Verenderungen in der Welt gesehen und unsern Brüdern, wie denn auch uns selbst, nach seinem glückseligen Abschiedt zu erfahren verlassen [überlassen] habe. Aber die Kürtze, deren wir uns hie befleissen müssen, leidets auff dißmal nicht, kan vielleicht ein ander mahl füglicher geschehen und außgeführt werden. Jetzunder ist es genug, für die, so unsere Erinnerung nicht verachten, daß wir kürtzlich [in Kürze] das jenige berühret haben, dardurch ihnen zu naher Verwandtnuß mit uns der weg gemacht werden kan.

Zwar welchem es zugelassen, daß er die grossen Buchstaben und Characteres [Zeichen], so Gott der Herr dem Gebäw Himmels und der Erden eingeschrieben und durch / die Verenderung der Regimente [Herrschaften] für und für ernewert hat, anschawen lassen und zu seinem Unterricht gebrauchen kan, derselbe ist schon allbereit, wiewol ihme selbst noch unwissend, unser und wie wir wissen, daß er unsere Beruffung nicht verachten werde, also soll er sich keines Betrugs befahren, denn wir verheissen und sagen offentlich, daß keinen seine Auffrichtigkeit und Hoffnung betriegen soll, der unter dem Sigill [Siegel] der Verschwiegenheit sich bey uns angeben [melden] und unser Gemeinschafft begeren wird. Den falschen Heuchlern aber und denen, so etwas anders als weißheit suchen, sagen und bezeugen wir hiemit offentlich, daß wir nicht können offenbar gemacht und verrahten, viel weniger aber zu unserem Verderben gebracht werden, ohne den Willen Gottes, sie aber werden der Straffe in unser Fama vermeldet, gewiß theilhafftig werden, auff da also ihre Gottlose Anschläge sie selber treffen, uns / aber unsere Schätze gelassen werden, biß daß der Lewe komme [bis zu Jesu Wiederkunft; Apk. 5, 5] und dieselben für sich fordern, einnehmen, empfangen und zu seines Reichs Bestettigung anwenden wird.

Müssen demnach dieses allhie wol mercken und jederman zu verstehen geben, daß Gott gewiss und eigentlich beschlossen, der Welt vor irem Untergang, welcher bald hernach erfolgen wirdt,

noch eben ein solche Warheit, Liecht, Leben und Herrligkeit wie-
derfahren zu lassen und zu geben, wie der erste Mensch, Adam
nemlich, im Paradeiß verlohren und verschertzet hat, da hernach
seine Nachkommen mit ihm ins Elend verstossen und vertrieben
worden. Wird also alle Dienstbarkeit, Falschheit, Lügen und
Finsternuß weichen und auffhören müssen, welche allgemach
mit Umbweltzung der grossen Weltkugel in allen Künste, Wercke
und Herrschafften der Menschen sich eingeschleichet und /
diesselben zum grösten Theil verdunckelt haben, denn daher ist
so ein unzehliche Menge allerhand falscher Opinionen [Meinun-
gen] und Ketzereyen entstanden, welche auch den allerweisesten
Leuten den Delectum oder die Wahl schwer gemacht und nicht
leichtlich haben können unterschieden werden, weil sie auff einer
Seite durch das ansehen der Philosophen und gelehrter Leute,
auff der andern Seite aber durch die Warheit der Experientz und
Erfahrung auffgehalten und irre gemacht worden. Welches alles,
wenn es dermaleins wird auffgehaben werden, und wir nun
sehen werden, daß anderoselben statt ein richtige und gewisse
Regel eingeführet worden, so wird zwar denen, so sich darum
bemühet, die Dancksagung gebühren, das gantze Werck aber an
ihm selbst wird der Glückseligkeit unsers Seculi [Jahrhunderts]
müssen zugeschrieben werden.

Gleich wie wir nun gerne bekennen, daß viel vortrefflicher
Leute der zukünff- / tigen Reformation mit Schrifften nicht
geringen Vorschub thun, also begehren wir uns diese Ehre gar
nicht zuzuschreiben, als wenn ein solch Werck uns allein befoh-
len und aufferlegt worden, sondern wir bekennen und bezeugen
offentlich mit dem Herrn Christo, es werde eher geschehen, daß
die Steine sich auffwerffen und ihre Dienst anbieten, eher es an
Executoren und Vollstreckern deß göttlichen Raths mangeln
werde.

Es hat zwar Gott schon etliche Botschafften vorhergesandt,
die von seinen Willen bezeugeten, nemblich etliche newe Sterne,
so am Himmel in Serpentario und Cygno [den Sternbildern
Schlangenträger und Schwan] entstanden, welche denn als hoher
und wichtiger Sachen kräfftige Signaculae [Zeichen] menniglich

bezeugen und zu erkennen geben, wie allen Dingen, so von Menschen erfunden, die heimliche verborgene Schrifften und Characteres darzu dienlich seyen, daß, obwol das grosse Buch der Natur allen Menschen / offen stehet, dennoch sehr wenig verhanden, die dasselbe lesen und verstehen können. Denn gleich wie den Menschen zum Gehör zwei Organa, deßgleichen auch zum sehen zwey und zum riechen zwey, aber nur eins zum reden gegeben worden, und man die Sprache von den Ohren, die Unterscheidung aber der Stimmen und deß Gethöns von den Augen vergeblich erwartet: also seyn Seculo oder Zeiten gewesen, die gesehen haben. Es seyn auch Zeiten gewesen, die gehöret, gerochen und geschmeckt haben. Nun ist noch ubrig, daß mit Abkürtzung der Zeit, der Zungen auch ihre Ehre gegeben und durch dieselbe, was man vorzeiten gesehen, gehöret und gerochen hat, nun endtlich einmal außgesprochen werde, wenn die Welt nemblich von ihrem schweren Schlaff auffwachen und der new auffgehenden Sonnen, mit eröffnetem Hertzen, entblöstem Haupt und nacketen Füssen frölich und frewdig entgegen gehen wird. /

Solche Characteres und Buchstaben, wie Gott hin und wider der heiligen Bibel einverleibet, also hat er auch dem wunderbahren Geschöpff Himmels und der Erden, ja aller Thiere gantz deutlich eingedruckt, daß eben auff solche weise, wie ein Mathematicus und Sternseher die zukünfftige Finsternussen lange zuvor sehen kan, also wir auch die Obscurationes und Verdunckelungen der Kirchenhändel und wie lange sie wehren sollen, eigentlich abnehmen und erkennen können, von welchen Buchstaben wir denn unsere Magische Schrifften entlehnen und uns ein newe Sprache erfunden und zuwege gebracht haben, in welcher zugleich die Natur aller Dinge außgedrucket und erkläret wird, daß es daher kein Wunder, daß wir in andern Sprachen nicht so zierlich seyen, welche wir wissen, daß sie sich keines weges mit unsers ersten Vatters Adams oder Enochs Sprache sich vergleichen, sondern durch die Baby- / lonische Verwirrung gantz verdecket worden.

Dieses müssen wir aber nicht unterlassen, daß alldieweil noch etliche Adler Federn unserm vornehmen [Vorhaben] im wege stehen und hinderlich seyn, wir menniglich zu fleissiger und immerwehrender Lesung der heiligen Bibel vermahnen, denn wer an derselbigen all sein Gefallen hat, der soll wissen, daß er ihm ein stattlichen Weg gemacht habe, zu unser Fraternitet zu kommen. Denn gleich wie diß die gantze Summa und der Inhalt unser Regel ist, daß kein Buchstabe in der Welt seyn soll, welcher nicht wol gefasset und in acht genommen werde: also seyn diejenigen uns fast gleich und nahe verwant, die das eintzige Buch, die heilige Bibel ein Regel ihres Lebens, alles Studierens Ziel und Zweck, ja der gantzen Welt Compendium und Innhalt seyn lassen, nicht zwar daß sie dieselbige stetigs im Munde führen, sondern daß sie / derselben eigentlichen Verstandt auff alle Zeiten und Alter der Welt zu appliciren [anzuwenden] und zu richten wissen, denn auch unser Gebrauch nicht isr, die heilige Schrifft also zu prostituiren und gemein zu machen, daß weil ein unzehliche Menge der Außlegern gefunden wird, etliche dieselbe auff ihre Meynung ziehen, etliche aber dieselbe calumnijren [verspotten] und boßhaffterweise einer wächsernen Nasen vergleichen, die zugleich den Theologis, Philosophis, Medicis und Mathematicis dienen könne.

Wider dieselben alle bezeugen bezeugen und bekennen wir offentlich, daß von Anfang der Welt kein fürtrefflicher, besser, wunderbarlicher und heilsamer Buch den Menschen gegeben worden, als eben die heilige Bibel. Selig ist, der dieselbe hat, noch seliger ist, der sie fleissig lieset, am allerseligsten aber ist, der sie außstudiret und welcher sie recht verstehet, der ist Gott am aller gleichsten und ehnlichsten. / Was aber in der Fama von den Betriegern wider die verwandlung der Metallen und die höchste Medicin in der Welt gesaget worden, das wollen wir also verstanden haben, daß diese so fürtreffliche Gabe Gottes keines weges von uns vernichtet oder verkleinert werde, sondern dieweil sie nicht allezeit der Natur Erkenntnuß mit sich bringet, diese aber so wol die Medicin, als auch sonst unzehlich viel andere Heimligkeiten und Wunder eröffnet, so billich sey, daß man sich am allermeisten den Verstandt und die Wissenschafft der Philosophy zu erlangen befleisse und sollen demnach vortreffliche Ingenia nit eher zur Tinctur der Metallen angeführet werden, biß sie zuvor in Erkenntnuß der Natur sich wol geübet haben. Der muß je wol ein unersetiger Geitzhalß seyn, der so weit kommen, daß ihn kein Armuth, Ungemach oder Kranckheit schaden kan, ja welcher höher als alle Menschen erhaben, über das jenige herr- / schet, darvon andere Leute gequelet, geengstiget und gepeiniget werden und sich erst wieder zu nichtigen Dingen wenden, Häuser bawen, Krieg führen oder sonst stoltzieren will, weil je von Goldt und Silber eine unerschöpffliche Quelle vorhanden.

Gott hat es viel anders gefallen, denn derselbe erhöhet die Nidrigen, aber die Hoffertigen kräncket er mit Verachtung, denen so still und von wenig Worten seyn, schicket er die heiligen Engel zu, daß sie mit ihnen Sprach halten, aber die unnützen Wescher [Schwätzer] verstösset er in die Wüsten und Einöde, welches denn der rechte Lohn ist deß Römischen Verführers, welcher seine Gotteslesterung mit vollem Halse wider Christum außgespihen auch noch bey hellem Liecht, da in Deutschland seine Grewel und abschewliche Hölen alle entdecket worden, von seinen Lügen nit abstehet, damit er das Maß der Sünden ja wol erfülle und zur Straffe recht- / zeitig werde. Wird derohalben einmahl die Zeit kommen, da diese Otter recht geschweiget und das dreyfache Horn [die päpstliche Tiara] zunichte gemacht werden wird, wie hievon nach unser Zusammenkunfft weitläufftiger und eigentlicher soll gehandelt werden.

Zum Beschluß unser Confession müssen wir noch dieses mit fleiß erinnern, daß man wegthun soll, wo nicht alle, doch die meisten Bücher der falschen Alchymisten, welche es für einen Schertz und Kurtzweil halten, wenn sie entweder der heiligen hochgelobten Dreyfaltigkeit zu unnützen Dingen mißbrauchen oder mit wunderseltzsamen Figuren und dunckelen verborgenen reden die Leute betriegen und die Einfeltigen umbs Gelt bringen, wie denn solcher Bücher zu dieser jetzigen Zeit viel außgangen und an Tag kommen seyn, die der Feind Menschlicher Wolfahrt zu dem Ende unter den guten Samen vermischet, daß man desto schwerlicher der / Warheit glaube, weil dieselbe schlecht [d. h. schlicht], einfeltig und bloß, die Lügen aber prechtig, stattlich, ansehnlich und mit einem besondern Schein Göttlicher und Menschlicher Weißheit geschmücket ist. Meidet und fliehet dieselben Bücher, die ihr witzig [gewitzt, klug] seyet, und wendet euch zu uns, die wir nicht ewer Gelt suchen, sondern unsere große Schätze euch gutwillig anbieten: Wir stellen ewren Gütern nicht nach mit erdichteten lügenhafften Tincturen, sondern wir begehren euch unserer Gütter theilhafftig zu machen: Wir reden nicht mit euch durch Sprichwort, sondern wollen euch gerne zur schlechten einfeltigen und gantz verstendlichen Außlegung, Erklärung und Wissenschafft aller Geheimnisse anführen: Wir begeren nicht von euch auff und angenommen zu werden, sondern wir laden euch in unseren mehr denn Königliche Häuser und Pallästen und das alles zwar nicht auß eigenem Gutdüncken, sondern (daß ihr / eben wisset) auff Antrieb deß Geistes Gottes, von Gott ermahnet und durch gegenwertiger Zeit Beschaffenheit gezwungen.

Was meinet ihr nun lieben Leute und wie ist euch zumuthe, nachdem ihr itzt verstehet und wisset, daß wir uns zu Christo rein und lauter bekennen, den Bapst verdammen, der wahren Philosophy zugethan seyn, ein Christlich Leben führen und zu unser Gesellschafft noch viel andere, denen eben dieses Liecht von Gott auch erschienen, täglich beruffen, laden und bieten? Gedencket ihr nicht, wie ihr nicht allein in Erwegung der Gaben, so in euch seyn, und der Erfahrung, die ihr in Gottes Wort habet, neben fleissiger betrachtung der Unvollkommenheit aller Künste und vieler ungereimbter Sachen in denselben, entlich mit uns anfangen möget, nach der Verbesserung zu trachten, Gott stille zu halten und euch in die Zeit, in welcher ihr lebet, recht zu schicken? / Fürwar wenn ihr das thun werdet, wird euch euer Nutz darauß erwachsen, daß alle Güter, so die Natur an allen örter der Welt wunderbarlich zerstrewet hat, euch zugleich miteinander werden verliehen und mitgetheilet werden, wie ihr denn auch alles, was den Menschlichen Verstandt verdunckelt und dessen Wirckung verhindert, leichtlich werdet ablegen und wie alle Eccentricos und Epicyclos [Begriffe der überholten vorkopernikanischen Astronomie] aus der Welt abschaffen können.

Welche aber vorwitzig seyn und entweder von dem Glantz deß Goldes verblendet, oder (eigentlicher davon zu reden) welche jetzunder zwar from seyn, aber durch den unverhofften Zufall so vieler Güter, leichtlich möchten verderbt und bewegt werden, sich in Müssiggang zu begeben und ein uppiges ubermütiges Leben anzutretten, dieselben wollen gebetten seyn, daß sie mit irem unzeitigen Geschrey uns nicht unruhig machen, sondern gedencken, ob schon eine Artzeney möchte vorhanden / seyn, die zugleich alle Kranckheiten heilet, dennoch diejenigen, welche Gott beschlossen mit Kranckheit zu plagen und allhie unter den Ruthen zu halten, zu derselben Artzeney nimmermehr kommen und gelangen mögen: Ebenso also auch wir, ob wir wol die gantze Welt reich und gelehrt machen und von unzehlichem Jammer erledigen können, wir doch keinem Menschen ohne Gottes sonderbare [besondere] Schickung nimmermehr offenbar und bekanndt werden mögen, ja es fehlet so weit, daß jemand unser ohne oder wider den Willen Gottes geniessen und unser Gutthaten theilhafftig werden kann, daß er auch eher das Leben im suchen und nachforschen verlieren wird, als daß er uns finde und also gelange und komme zur gewünschten Glückseligkeit der Fraternitet des Rosen-Creutzes."

3. Die „Alten Pflichten" („Old Charges") der Freimaurer in ihrer Fassung von 1723

Der folgende Text ist eine Übersetzung eines Abschnittes aus James Anderson, The Constitutions of the Free-Masons, Containing the History, Charges, Regulations etc. of That Most Ancient and Right Worshipful Fraternity. For the Use of Lodges. London. Printed by William Hunter, for John Senex at the Globe, and John Hooke at the Flower-de-luce over against St. Dunstan´s Church, in Fleet-Street. In the Year of Masonry 5723. Anno Domini 1723". Der Abschnitt, um den es uns im besonderen geht, ist überschrieben: „The Charges of a Free-Mason Extracted from the Ancient Records of Lodges beyond Sea, and of those in England, Scotland, and Ireland, for the Use of the Lodges in London: To Be Read at the Making of New Brethren, and when the Master Shall Order it."

Hauptstück: Von Gott und der Religion

Der Maurer ist durch seinen Beruf verbunden, dem Sittengesetz zu gehorchen, und wenn er seine Kunst recht versteht, wird er weder ein Atheist aus Einfalt noch ein religionsfeindlicher Wüstling sein. Aber obgleich in alten Zeiten die Maurer verpflichtet waren, in jedem Lande von der jeweiligen Religion des Landes oder der Nation zu sein, so hält man doch jetzt für ratsam, sie bloß zu der Religion zu verpflichten, in welcher alle Menschen übereinstimmen und jedem seine besondere Meinung zu lassen, das heißt, sie sollen gute und wahrhafte Männer sein, Männer von Ehre und Rechtschaffenheit, durch was für Sekten und Glaubensmeinungen sie auch sonst sich unterscheiden mögen. Hierdurch wird die Maurerei ein Mittelpunkt der Vereinigung und ein Mittel, treue Freundschaft unter Personen zu stiften, welche sonst in ständiger Entfernung voneinander hätten bleiben müssen.

Hauptstück: Von der bürgerlichen Obrigkeit, der höchsten und der untergeordneten

Der Maurer ist ein friedfertiger Untertan der bürgerlichen Gewalt, wo er auch wohnet und arbeitet, und muss sich nie in Meuterei oder Verschwörung gegen den Frieden und die Wohlfahrt der Nation einlassen, noch sich pflichtwidrig gegen die Unterobrigkeiten betragen. Denn gleichwie Krieg, Blutvergießen und Verwirrung der Maurerei immer nachteilig gewesen sind, so waren auch vor alters Könige und Fürsten sehr geneigt, die Zunftgenossen ihrer Friedfertigkeit und Treue wegen, wodurch sie den bösen Leumund ihrer Gegner mit der Tat widerlegten, aufzumuntern und die Ehre der Brüderschaft zu fördern, welche immer in Friedenszeiten blühte. Sollte daher ein Bruder ein Empörer gegen den Staat sein, so muss er in seiner Empörung nicht bestärkt werden, obgleich er als ein unglücklicher Mann zu bemitleiden ist, ja, wird er keines anderen Verbrechens überführt, so kann — wenngleich die treue Brüderschaft seine Empörung missbilligen soll und der bestehenden Regierung weder Vorwand noch Grund zu politischer Eifersucht geben darf — sie ihn doch nicht aus der Loge stoßen, und sein Verhältnis zu derselben bleibt unverletzlich.

Hauptstück: Von den Logen

Eine Loge ist ein Ort, wo sich Maurer versammeln und arbeiten. Daher wird eine solche Versammlung oder gehörig eingerichtete Gesellschaft von Maurern eine Loge genannt, und jeder Bruder muss zu einer gehören und ihren besonderen Gesetzen und den allgemeinen Anordnungen unterworfen sein. Die Loge ist entweder eine einzelne oder eine allgemeine, wie solches durch den Besuch derselben und die unten folgenden Anordnungen der allgemeinen oder Großen Loge deutlicher erhellen wird. In alten Zeiten durfte kein Meister oder Mitbruder in der Loge fehlen, besonders wenn ihm selbige angesagt war, ohne sich einer strengen Bestrafung auszusetzen. Es wäre denn, dass sich der Meister oder die Aufseher überzeugt hielten, entschiedene Notwendigkeit habe ihn abgehalten. Diejenigen, welche zur Mitgliedschaft einer Loge zugelassen werden, müssen gute, wahrhafte, frei geborene Männer von reifem und verständigem Alter, keine Leibeigenen, keine Frauenzimmer, keine unsittlichen oder anstößigen Menschen, sondern von gutem Rufe sein.

Hauptstück: Von den Meistern, Aufsehern, Gesellen und Lehrlingen

Aller Vorzug unter Maurern gründet sich allein auf wahrem Wert und persönlichem Verdienst, damit die Bauherrn wohl bedient, die Brüder nicht beschämt werden und die königliche Kunst nicht in Verachtung gerate. Daher wird kein Meister oder Aufseher nach seinem Alter, sondern nach seinem Verdienst erwählt. Es ist unmöglich, dies schriftlich auszudrücken. Jeder Bruder muss sich auf seinem Posten einfinden und diese Dinge auf eine der Bruderschaft eigentümliche Art erlernen. Nur das mögen Bewerber wissen, dass kein Meister einen Lehrling annehmen darf, wenn er nicht hinlängliche Arbeit für ihn hat und solcher ein vollkommener Jüngling ist, ohne körperliche Mängel und Gebrechen, welche ihn unfähig machen könnten, die Kunst zu erlernen, dem Bauherrn seines Meisters zu dienen und zum Bruder, in gehöriger Zeit zum Gesellen aufgenommen zu werden, nachdem er die Anzahl Jahre gedient hat, welche die Gewohnheit seines Landes vorschreibt. Und dass er von ehrlichen Eltern geboren sein muss, damit er, wenn er sonst dazu taugt, zu der Ehre gelangen könne, Aufseher und darauf Meister der Loge, dann Großaufseher und endlich seinen Verdiensten gemäß Großmeister aller Logen zu werde. Kein Bruder kann Aufseher werden, wenn er nicht zuvor Zunftgenosse (Geselle) gewesen ist, noch Meister, wenn er nicht als Aufseher gedient hat, noch Großaufseher, wenn er nicht Meister einer Loge gewesen, noch Großmeister, wenn er nicht vor seiner Wahl Zunftgenosse gewesen ist. Auch muss letzterer entweder von hohem Adel oder ein wohlerzogener Mann von feinen Sitten, ein Mann von Stande, ein ausgezeichneter Gelehrter, ein Kunst erfahrener Baumeister oder sonst ein Künstler sein, von ehrbaren Eltern abstammend und dabei nach der Meinung der Logen besondere große Verdienste besitzen. Damit er aber sein Amt besser, leichter und ehrenvoller verwalten kann, hat der Großmeister die Gewalt, sich seinen eigenen Deputierten Großmeister zu wählen, welcher Meister einer besonderen Loge gewesen sein muss und das

Vorrecht besitzt, jede Handlung, die dem Großmeister, seinem Vorgesetzten, zusteht, zu vollziehen, wenn besagter Vorgesetzter nicht etwa selbst gegenwärtig ist oder seine Autorität schriftlich geltend macht. Diesen höchsten und untergeordneten Ordnern und Vorgesetzten der alten Loge soll in ihren bestimmten Ämtern zufolge der Alten Pflichten und Verordnungen von allen Brüdern mit Bescheidenheit, Ehrfurcht, Liebe und Bereitwilligkeit Gehorsam geleistet werden.

Hauptstück: Von dem Verhalten der Zunft bei der Arbeit

Alle Maurer sollen an den Werktagen redlich arbeiten, damit sie an Festtagen mit Ehren leben können; auch sollen sie die durch die Landesgesetze angeordneten oder durch das Herkommen bestimmten Arbeitsstunden einhalten. Der Erfahrenste von den Zunftgenossen soll zum Meister oder Oberaufseher über des Bauherrn Werk erwählt oder angesetzt und dann von denen, die unter ihm arbeiten, Meister genannt werden. Die Zunftgenossen sollen sich aller Schimpfreden enthalten, auch einander nicht bei beleidigenden Namen, sondern Bruder und Gefährte nennen und sich in und außerhalb der Loge höflich betragen. Der Meister, welcher sich seiner Kunstgeschicklichkeit bewusst ist, soll des Bauherrn Werk so billig als möglich übernehmen und dessen Eigentum so redlich, als wäre es eigenes, verwalten, auch keinem Bruder oder Lehrling mehr Lohn geben, als derselbe wirklich verdient. Beide, der Meister und die Maurer, die ihren Lohn richtig erhalten, sollen dem Bauherrn treu sein und ihr Werk redlich vollenden, es mag im ganzen oder im Taglohn verdungen sein; auch sollen sie keine Arbeit für Gesamtlohn nehmen, bei welcher Taglohn herkömmlich ist. Niemand soll die Wohlfahrt eines Bruders beneiden, ihn verdrängen oder von seinem Bauwerke zu vertreiben suchen, wenn derselbe die Fähigkeit besitzt, es zu vollenden; denn niemand kann eines andern Werk so zum Vorteile des Bauherrn vollenden als derjenige, welcher mit den Entwürfen und Grundrissen dessen, der es angefangen hat, durchaus bekannt ist. Wenn ein Zunftgenosse zum Aufseher des Werks unter dem Meister erwählt ist, so soll er sowohl dem Meister als den Genossen treu sein, in des Meisters Abwesenheit über das Werk zum Vorteile des Bauherrn sorgfältige Aufsicht führen und seine Brüder sollen ihm gehorchen. Alle angestellten Maurer sollen ihren Lohn in Ergebenheit ohne Murren oder Meuterei in Empfang nehmen und den Meister vor Beendigung des Werkes nicht verlassen. Ein jüngerer Bruder soll in der Arbeit unterrichtet werden, auf dass er nicht aus Mangel an Beurteilung die Materialien verderbe und damit die Liebe zunehme und fortwähren mag. Alle Werkzeuge, deren man sich bei der Arbeit bedient, sollen von der Großloge gebilligt werden. Kein Handlanger soll an dem eigentlichen Werke der Maurerei angestellt werden; auch sollen Freimaurer nicht ohne dringende Not mit solchen, welche nicht befreihitet sind, arbeiten, noch sollen sie Handlanger und nicht angenommene Maurer unterrichten, wie sie einen Bruder oder Zunftgenossen unterrichten würden.

Hauptstück: Von dem Betragen

Betragen in der Loge, wenn sie geöffnet ist. Ihr sollt ohne Erlaubnis des Meisters keine geheimen Ausschüsse oder ab gesonderten Verhandlungen pflegen, noch von etwas Ungehörigem oder Unziemlichem sprechen, auch weder dem Meister noch dem Aufseher, noch einem mit dem Meister sprechendem Bruder in die Rede fallen. Desgleichen sollt Ihr nicht Possen oder Scherz treiben, während die Loge mit ernsthaften und feierlichen Dingen beschäftigt ist; noch dürft Ihr unter irgendwelchem Vorwand eine ungebührliche Rede führen, sondern Ihr habt Eurem Meister, Euren Aufsehern und Genossen schuldig Achtung zu erweisen und sie in Ehren zu halten. Wenn Klage einläuft, so soll der schuldig befundene Bruder dem Urteil und der Entscheidung der Loge unterworfen sein, welche der eigentliche und regelmäßige Richter aller solcher Streitigkeiten ist (es sei denn, dass Ihr an die Große Loge appellieren wollt) und wo sie anhängig gemacht werden müssen; jedoch darf des

Bauherrn Werk nicht verzögert werden, in welchem Falle eine außerordentliche Untersuchung stattfinden mag. Allein Ihr sollt nie in Sachen, welche die Maurerei betreffen, vor bürgerliche Gericht gehen, wenn es der Loge nicht als unumgänglich notwendig einleuchtet.

Betragen, wenn die Loge vorüber ist, die Brüder aber noch nicht auseinander gegangen sind. Ihr mögt Euch in unschuldiger Lust ergötzen und Euch einander nach Kräften bewirten. Ihr müsst aber jede Ausschweifung vermeiden und keinen Bruder zwingen, über seine Neigung zu essen und zu trinken, oder ihn am Weggehen hindern, wenn ihn seine Angelegenheiten abrufen. Ihr müsst auch nichts tun oder sagen, was beleidigen oder eine ungezwungene und freie Unterhaltung stören könnte; denn dies würde unsere Eintracht zerrütten und unsere löblichen Absichten vereiteln. Daher dürfen keine Privathändel und Streitigkeiten über die Schwelle der Loge mitgebracht werden, am aller wenigsten Streitigkeiten über Religion oder Nationen oder Staatsverwaltung. Denn wir gehören als Maurer bloß zu der oben angeführten allgemeinen Religion, auch sind wir von allen Nationen, Zungen, Geschlechtern und Sprachen und sind entschieden gegen politische Erörterungen, welche noch nie zur Wohlfahrt der Loge gereicht haben und nie dazu gereichen werden. Diese Pflicht ist jederzeit streng eingeschärft und befolgt worden, besonders aber seit der Reformation in Britannien oder seit dem Abfall und der Trennung dieser Nationen von der Gemeinschaft mit Rom.

Betragen, wenn Brüder zusammen kommen, ohne dass Fremde zugegen sind, doch nicht in einer förmlichen Loge. Ihr sollt einander höflich grüßen, wie man Euch lehren wird, Euch unter einander Bruder nennen, Euch offen gegenseitig dienliche Unterweisung geben, doch ohne bemerkt oder behorcht zu werden und ohne Anmaßung gegeneinander, auch ohne der Achtung zu nahe zutreten, welche jedem Bruder gebührt, wenn er nicht Maurer wäre. Denn obgleich alle Maurer als Brüder miteinander auf gleicher setzwaagegerechter Ebene stehen, so entzieht doch die Maurerei keinem eine Ehre, welche er zuvor besaß. Vielmehr vermehrt sie seine Ehre, besonders wenn er sich um die Brüderschaft wohlverdient gemacht hat, welche Ehre geben, dem Ehre gebührt, und schlechte Sitten vermeiden muss.

Betragen in Gegenwart von Fremden, welche nicht Maurer sind. Ihr sollt in Reden und Betragen vorsichtig sein, dass auch der scharfsinnigste Fremde nichts zu entdecken vermöge, was nicht geeignet ist, ihm eröffnet zu werden. Zuweilen müsst Ihr auch ein Gespräch ablenken und es klüglich zur Ehre der Ehrwürdigen Bruderschaft leiten.

Betragen zu Hause und in Euerer Nachbarschaft. Ihr sollt handeln, wie es einem sittlichen und weisen Manne geziemt und besonders Euerer Familie, Euren Freunden und Nachbarn nichts entdecken, was die Loge betrifft usw., vielmehr weislich Euere eigene und der alten Brüderschaft Ehre in Erwägung ziehen, aus Ursachen, welche hier nicht angeführt werden können. Ihr müsst ferner auf Euere Gesundheit bedacht nehmen und nicht zu spät zusammen und zu lange, nachdem die Logenstunden verflossen sind, vom Hause bleiben, auch Schwelgerei und Trunkenheit vermeiden, damit Eure Familie nicht vernachlässigt oder gekränkt, Ihr selbst aber nicht zur Arbeit unfähig werden möget.

Betragen gegen einen fremden Bruder. Ihr sollt ihn vorsichtig prüfen, und zwar so, wie Euch die Klugheit eingeben wird, damit Ihr nicht von einem Unwissenden durch falsche Ansprüche hintergangen werdet. Mit Verachtung und Spott müsst Ihr einen solchen abweisen und Euch in acht nehmen, ihm den geringsten Wink von Eueren Kenntnissen zu geben. Wenn Ihr aber in ihm einen echten wirklichen Bruder entdeckt, so ehrt ihn als einen solchen. Ist er dürftig, so helft ihm, wenn Ihr könnt, oder gebt ihm sonst Anleitung, wie ihm geholfen werden möge. Ihr müsst ihm entweder einige Tage Arbeit geben oder sonst ihn zur Arbeit empfehlen. Ihr seid aber nicht verbunden, über Euer Vermögen zu tun; nur sollt Ihr einen armen Bruder, welcher ein guter und treuer Mann ist, unter gleichen Umständen jedem andern armen Menschen vorziehen.

Der Schluss der Alten Pflichten

Endlich: Alle diese Vorschriften habt Ihr zu befolgen, wie auch diejenigen, welche Euch auf einem anderen Wege kundgemacht werden. Übt brüderliche Liebe, den Grund- und Schlussstein, den Kitt und Ruhm der alten Bruderschaft. Vermeidet allen Zank und Streit, alle Lästerungen und Afterreden. Auch erlaubet nicht, dass andere einen rechtschaffenen Bruder verleumden, sondern verteidigt seinen Ruf und leistet ihm alle guten Dienste, soweit es mit Euerer Ehre und Wohlfahrt bestehen kann, aber nicht weiter. Tut ein Bruder Euch Unrecht, so sollt Ihr Euch an Euere oder an seine Loge wenden. Von der könnt Ihr an die Vierteljahrs-Versammlung der Großen Loge berufen und von diese an die jährliche Große Loge, wie es das alte löbliche Verfahren unserer Vorväter bei jedem Volke gewesen ist. Gehet aber nie vor Gericht, außer wenn der Fall nicht anders entschieden werde kann, und gebet geduldig dem ehrlichen Rate des Meisters und Euerer Genossen Gehör, wenn sie Euch von einem Rechtsstreite mit Fremden abzuhalten oder Euch zu bewegen suchen, allen Rechtshändeln ein schnelles Ende zu machen, damit Ihr den Angelegenheiten der Maurerei mit desto mehr Freudigkeit und Erfolg nachdenken könnt. Was aber prozessierende Brüder oder Genossen betriff, denen sollen der Meister und die Brüder ihre Vermittlung liebreich antragen und soll selbige von den streitenden Brüdern mit Dank angenommen werden. Sollte es aber untunlich sein, sich dem zu fügen, so müssen sie dennoch ihren Prozess oder Rechtshandel ohne Grimm und Erbitterung führen (wie es sonst geschieht) und nichts sagen und tun, was Erneuerung oder Fortsetzung brüderlicher Liebe und guter Dienste verhindern könnte, damit jedermann den guten Einfluss der Maurerei erkenne, wie alle echten Maurer getan haben vom Anbeginne der Welt und tun werden bis ans Ende aller Zeiten."